经济简史

[德]马克斯·韦伯　著　　赵丽慧　译

北京理工大学出版社
BEIJING INSTITUTE OF TECHNOLOGY PRESS

图书在版编目（CIP）数据

经济简史 /（德）马克斯·韦伯著；赵丽慧译. — 北京：北京理工大学出版社，2020.6

ISBN 978-7-5682-8105-8

Ⅰ.①经… Ⅱ.①马… ②赵… Ⅲ.①经济史—世界 Ⅳ.①F119

中国版本图书馆CIP数据核字（2020）第021404号

出版发行 / 北京理工大学出版社有限责任公司

社　　址 / 北京市海淀区中关村南大街5号

邮　　编 / 100081

电　　话 /（010）68914775（总编室）

　　　　　（010）82562903（教材售后服务热线）

　　　　　（010）68948351（其他图书服务热线）

网　　址 / http://www.bitpress.com.cn

经　　销 / 全国各地新华书店

印　　刷 / 大厂回族自治县德诚印务有限公司

开　　本 / 880毫米×1230毫米　　　1/32

印　　张 / 11　　　　　　　　　　　　　　　　责任编辑 / 时京京

字　　数 / 258千字　　　　　　　　　　　　　文案编辑 / 时京京

版　　次 / 2020年6月第1版　2020年6月第1次印刷　责任校对 / 刘亚男

定　　价 / 39.80元　　　　　　　　　　　　　责任印制 / 施胜娟

译者序言

马克斯·韦伯可能是继施穆勒（Schmoller）之后德国社会思想界中最杰出的人物，而且，最近进行的一项研究也表明在德国，马克斯·韦伯是言论被援引得最多的一位社会学家。（详见《美国社会学杂志》，1926年11月，第464页。）此外，在英国，特别是在美国，经济思想的重点由一般演绎理论转移到了方法论三角中的另外两个角中，即心理和历史解读与统计研究。因此，我们有充分的理由来将韦伯的最后一部作品，也就是《经济简史》翻译出来，供英语读者参阅。尽管正如德语版编辑所说的那样，韦伯并不是这一领域的专家，但他为经济简史这门课程的教授做了大量的准备工作，这为他提供了一个特殊的机会，可以让他把他之前提出的那些解释经济生活与变化的主要思想汇集起来，并在适当的范围内提出这些思想，他的这些思想闻名于德国和其他国家。

这份英译本是针对社会科学学生和一般读者所著。在编译时，我们尽量避免了对文本内容的改动，但鉴于实际情况，有些地方还是与德语版本存在一些差异。此外，我们删除了德语版编辑所写的那篇名为《概念绪论》的高度专业性序言。在本书中的几个地方，特别是第一章，我们将脚注中的内容编入正文。而且，一些脚注被删除或简化了，很多包含大量德国书籍和文章的参考书目也被删减，只留下了英文参考书目和马克斯·韦伯的其他作品，以及一些一般性的德语和法语著作。保留的所有注释被按章节汇编在本书结尾。

　　在此，我们有必要提醒一下严苛的读者，在对这样一本调查范围广泛、知识驳杂而语言非常简洁的作品进行翻译时，我们会遇到诸多问题。例如，在某些地方，特别是在涉及中世纪制度的章节中，因为没有足够详细的介绍，且原文中的很多表达的意义范围并不清楚，所以内容的历史精确性无法得到保证。此外，对于书中的很多事实，英语历史中没有密切相关的事件，而且，许多术语在英语用法中没有相应的对等词。特别是因为这本书的意义在于其解释性意义而不是细节的准确性，所以我们在这本书中更倾向于使用具有一般意义的广义术语来表达，而不是进行过长的解释或比较。在几个表达的使用上，我以前的经济史老师 A. P. 厄舍教授（Professor A. P. Usher）认真地解答了我的问题，并为我提供了有价值的建议。最后，我们还需要提醒读者，从开始到本书的最后一章（总结了韦伯提出的关于宗教与资本主义文化史关系的著名论断），内容的内在价值和作者提出的论断的意义会逐渐增加。

F.H.K

德语版编者序言

在 1919—1920 年的冬季学期，马克斯·韦伯教授了"社会与经济史概论"这一课程，这门课程的内容也就是我们在此书中公布的内容。这些课程是应学生的迫切需求教授的，因为他的兴趣完全集中在他所从事的伟大社会学工作上。但在同意教授这门课程后，他就全身心地投入了这项工作中，将自己的全部精力和时间毫不保留地奉献给这份工作，这就是他的特点。这是他所完成的最后一门课程，因为在 1920 年夏季学期教授另一门课程，即国家政治与一般理论期间，韦伯就去世了。

不过，即使韦伯能够多得几年的时间，他也不会将自己的《经济史》发表，至少不会以我们现在所用的形式发表。他的相关言论证明，他认为这是强加给他的即兴讲演，其中存在有大量缺陷。不过，与每一位伟大的学者一样，他对自己的要求总是最严厉的。因此，在面对是否可以出版这本著作的问题时，韦伯夫人和她选定的编辑在几经犹豫后最终做出了肯定的答复。他们认为，科学需要马克斯·韦伯的这部著作。这部著作的意义不在于详细的内容（马克斯·韦伯不是这方面的专家，而且这方面的专家们会在书中发现很多他们无法认同的内容），而在于该著作中适用的概念（根据这个概念，经济生活分析方案可适用于现代资本主义的准备和发展概述）和作者的精湛技巧（作者通过这些技巧将调查结果用于为这一理念服务）。

上文所述的情况为编辑们设定了任务，而且是非常艰巨的任务。韦伯根本没有留下他所写的手稿，甚至没有留下明确的大纲。编辑们只在韦伯遗留下来的文件中找到一束草稿纸，上面有一些类似提示的笔记，但笔迹凌乱，即使是熟悉韦伯笔迹的人也难以辨认。因此，他们只能根据学生们的笔记恢复正文内容，好在这些学生也愿意将笔记本借给编辑使用几个月。编辑们能够以马克斯·韦伯的名义向世界公布一部经济史著作，首先要感谢的就是这些学生。不过，编辑们只能通过这种方法恢复韦伯的论证，但至于他的有力、精彩表达方式，编辑们就无能为力了，因为这些学生的笔记并不能以完整、清晰的方式呈现这些论证。此外，要将这些笔记编成一本著作，则不得不干预这些笔记的编排，因此，编辑们认为需要将不同部分组织和连接成段落，并添加副标题，这将有助于阅读和理解该作品。然而，他们的工作就到此为止了——他们的主要任务是将内容串联起来。对作者提供的任何材料采取任何立场，参加争论或试图事先消除肯定会对他的论点产生的怀疑的论点，这些都不是他们的任务。然而，在某些地方，编辑们对作者或文章的明显错误进行了纠正，以完善他的表述，不过，这只是偶尔进行的。

S. 黑尔曼（S. Hellmann）

M. 帕伊（M. Palyi）

慕尼黑，柏林，1923 年 4 月

目录

第三部分　前资本主义时期的商业与交易

第四部分　现代资本主义的起源

第一部分
家庭、氏族、村落与庄园[*]（农业组织）

★ 一般参考书目——A. 迈岑（A. Meitzen），《东、西日耳曼人及凯尔特人、罗马人、芬兰人和斯拉夫人的定居与农业制度》，共 4 卷，柏林，1896；G. F. 克纳普（G. F. Knapp），《浅谈 A. 迈岑所著的定居与农业制度》，载于他自己编著的《庄园与骑士封地》，第 101 页及以下（对迈岑的批判）；马克斯·韦伯，论文，《古代农业史》，载《政治学手册》，第三版，I，52 页及以下，耶拿，1909。

第一章
农业组织与农业共产主义的问题[1]

根据关于古代德国经济组织的一些研究，尤其是汉森（Hanssen）与冯·毛雷尔（von Maurer）进行的研究，[2] 人们首次提出了这样一个观点，即所有经济发展的开端都是原始农业共产主义。这些人最先提出了古代德国农业共产主义理论，这个理论在学术界得到了广泛传播。之后，他们通过类比其他地区与古代德国农村组织，最终提出了所有经济发展的开端都是农业共产主义的理论，而且，E. 德·拉弗勒（E. de Laveleye）对该理论

---

[1] 参考G. 汉森（G. Hanssen），《对史前时代农业制度的看法》，载《新国民杂志》，卷三（1835）和卷六（1837）——再次刊载于他的《农业史论文集》，共两卷，莱比锡，1880—1884；另可参考G. 冯·毛雷尔（G. von Maurer），《马尔克、庄园、村落和城市制度导论》，慕尼黑，1854年；E. 德·拉弗勒（E. de Laveleye），《浅谈财产及其原始形态》，巴黎，1874（英译本，《原始财产》，伦敦，1878）。

如需了解争论的起源和经过，可参考G. 冯·贝洛（G. von Below），《一个经常被提及但很快就消失的学说》，载《经济史问题》，蒂宾根，1920；另可参考马克斯·韦伯，《关于古代日耳曼社会制度的性质的争论》，载《国民经济与统计年鉴》，卷83（1904）。

[2] 海得组织最近一直是人们争论的主题，该争论与围绕原始共产主义学说展开的争论有着密切联系。较早的看法是海得组织是集体土地制度的结果与表现，但之后的作者却认为海得组织源自庄园制度。鲁贝尔（Rubel）认为它最初是萨利系法兰克人独有的一种制度，并在之后由法兰克王国传播到整个法国。

进行了专门的研究。用于类比的区域主要是俄国和亚洲（特别是印度）。然而，学术界最近出现了一种强烈的倾向，即假定无论是在德国还是其他经济体系中，在我们所能追溯的最古老时期，土地私有制和庄园式发展已经存在。

如果我们选择首先对18世纪的德意志民族的农业组织进行研究，并由此追溯至可考资料较少的更早时期，我们在一开始必须将我们的研究限定到条顿人最初定居的区域。因此，我们会排除以下区域：第一，斯拉夫人之前居住的地区，位于易北河与萨尔河以东；第二，罗马人之前居住的区域，即莱茵河流域、黑森州和德国南部（大致是从黑森州边界到里根斯堡附近的一条线以南的区域）；第三，凯尔特人最初定居的区域，位于威悉河左岸。

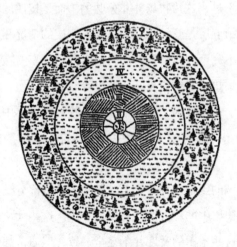

原始村落示意图
I 住宅地块；II 园地；III 耕种区域；IV 牧场；V 森林

在最初的日耳曼人定居区域内，土地垦殖与定居是以村落的形式而不是独立农庄的形式组织的。村落之间原本是没有连接道路的，因为每个村落在经济上都是独立的，不需要与邻近村落建立联系。而且即使是之后出现道路，这些道路也不是系统规划的，而是来往的路人根据需要踩踏出来的，且会在下一年消失，就这样年复一年，直到经过几个世纪以后，道路维护义务得以确定（这取决于个人土地持有）。因此，当前的这一区域简图看起来像是不规则的网状物，其中的节点就是村落。

在上面这幅略图中，第一层或最内层包含分布不规则的诸多住宅地块。第二层包含由篱笆围起来的诸多园地，这些园地的数量与村落中的最初住宅地块数量一样多。第三层是耕种区域（详见下文）。第四层是牧场，每个家庭都有权利在这里放养同等数量的牲畜。不过，这片牧场并非公共的，而是按照固定份额划分给个人的。第五层是森林，其情况与第四层的情况相同，但这片森林有时并不完全归村落所有。村落里的居民享有在这片区域砍伐树木、收集垫材和橡树果实等的平等权利。房屋、住宅地块和个人在园地、耕种地区（详见下文）、牧场和森林中所占的份地构成了"海得"（等同于德语中的"胡符"，与"拥有"是同源词）。

耕种区域的土地被划分为若干部分，这些部分被称为大块田地（等同于德语中的"大块共有耕地"）。这些大块田地又被划分为条田，这些条田的宽度并不完全一致，但通常都是比较狭窄的。村落中的每名农民在每个大块田地中都占有这样一块条田，所以，他们在耕种区域中所占的份地是相等的。把可耕土地划分为若干大块田地的主要目的是确保村落中的成员拥有的不同区域、不同质量的土地相等。耕种用地的交错拥有还可以带来另一个好处，即村民受灾难（例如雹暴）影响的概率相等，个人承受的风险减少。

条田划分方法与罗马人的惯例（采用方田划分方法）形成了鲜明的对比。日耳曼人之所以采用条田划分方法，是与他们所用的犁具的特点有关。最开始，人们普遍使用的工具是用手挥舞或由动物拖拽的锄状工具，只能用于刨松田地表面的土壤。因此在那时，为了疏松土壤，所有的人都必须使用这种锄状工具一遍遍地犁耕土地。所以，最适用的土地划分方法是将田地划分为方田，例如，自恺撒大帝统治时期开始，意大利就采用这样的土地划分方法，而且，坎帕尼亚的简略地图与个人持有土地之间的外部边界标记也体现出了方田的划分。不过，据我们所知，日耳曼人使用的犁具明显不同于罗马人所使用的犁具。日耳曼人所用的犁具由一个可以垂直破开土壤的犁刀、一个水平破开土壤的犁铧和位于右侧的翻土犁板组成。在使用这种犁具翻耕土地时，农户无须一遍遍地翻耕，因此，将土地划分成条田是最适合的做法。鉴于此，一块条田的大小是根据一头耕牛在一天内能够耕完且不会筋疲力尽的工作量决定的——因此，日耳曼人提出了单位"摩根"（Morgen，是英语中的"morning"，但等于英亩[1]）或

---

[1] 1英亩=4 046.873平方米。

"塔格韦克"（在英语中的一天的工作）。然而，这种犁具的右侧犁板会逐渐向左偏移，经过一定的时间以后，条田的划分就会出现混乱。因此，犁沟变得不均匀，而且，因为条田之间没有田埂（至少一开始没有），只有地边沟，农户常常会翻耕到别人的条田中。"土地管理员"不得不经常使用杆子或之后的所谓弹簧卷尺恢复原来的土地划分。

因为各地块之间没有道路，所以需要按照村落的公共计划同时进行土地耕种。土地耕种通常是按照三圃农作制进行的，该制度在德国虽然不是最古老的耕作方法，但却是最普遍的耕作方法。三圃农作制的出现至少可以被追溯至公元8世纪，因为在莱茵河流域的洛施修道院中保留的一份从公元770年左右流传下来的文件中，这种耕作制度被视为理所当然的事情。

三圃农作耕种方法是指将整片可耕种区域划分为三个大块田地，在第一块田地被用于播种冬季作物时，第二块田地就用于播种夏季作物，第三块田地休耕，且会被施以肥料（至少在历史上是这样）。此外，这些大块田地每年会轮作，以确保用于播种冬季作物的一块田地在下一年被用于播种夏季作物，并在之后的一年休耕，其他两块田地也进行相应的轮作。此外，牲畜在冬季会被圈养在畜栏内，在夏季则会被赶到牧场。在这种耕种制度下，所有人的耕作都必须与村落中的其他人相同，他的一举一动都受到了集体的约束。村长决定何时播种，何时收割，并下令用篱笆将播种作物的地块围起来，以将其与休耕的地块分开。在收割作物以后，围在周围的篱笆将会被拆掉。如果有人没有在集体收割日期完成农作物收割，他的农作物可能会被赶往茬地的牛群踩踏。

海得是归个人所有的，且是可以世袭的。[1]海得的大小是不固定的，而且，几乎每个村落的海得大小都不相同。根据常见的一种标准，40英亩经常被视为支撑一个典型家庭生活所必需的耕地数量。私有土地区域（包括住宅用地和园地）可由个人自由使用。其中，每套房屋是由狭义上的家庭——包括父母和孩子，通常包括成年儿子——居住。耕种区域中的各份条田由个人占有，而剩下的已开发田地则属于海得农或农户（小农）（即村落的正式成员或自由民）组成的集体所有。这里所说的海得农仅包括有权在三块田地中各拥有一块份地的农民。没有土地或不能在每块田地中拥有一块份地的人不能被视为海得农。

比村落更大的一个共同体是"马尔克"公社，马尔克公社拥有森林和荒地（这里的森林和荒地是有别于共有地或牧场的）。这个较大群体由若干个村落组成。虽然马尔克组织（马尔克合作社）的起源与最初形式已无从考证，但它的起源可以追溯至加洛林王朝将全国划分成若干政治区域之前，但这个组织与百户不同。马尔克组织内设有可以世袭的"马尔克首领"（德语，Obermarkeramt）一职，马尔克首领可以配备一定数量的土地，这个职位通常由国王或封建领主占据。除了这个职位之外，马尔克组织内还设有一个"森林法庭"和一个由马尔克组织内各村落

---

[1]　参考马克斯·韦伯，《宗教社会学论文集》，蒂宾根，1920，卷一，第350页，以及其中引用的参考资料。

的海得农代表组成的代表大会。

从理论上说，这个经济组织内的成员在最初是绝对平等的。但因为每户中可以继承遗产的子女的数量不同，这个平等在之后逐渐消失了，而且还出现了半海得农和四分之一海得农。此外，海得农不是村落里的唯一居民。除了海得农之外，村落里还有其他居民。第一种是无权继承份地的幼子。这些人可以在份地外围的未开发区域定居，且拥有在牧场放牧的权利，不过，他们需要为这两项权利缴纳捐税（胡符捐税、牧场捐税）。除此之外，这些幼子的父亲可以在他的住宅地块中划出一部分给他们，让他们建造房屋。第二种是从外面迁来的手工艺者和其他邻居，他们并不属于海得农组织。这样，海得农与村落里的其他类居民被区分开来，其中，村落里的其他居民在德国南部被称为雇工或佃农（雇佣工、有房无地的村民），而在北部被称为"住在公社边缘的小农户"或"贫农"。这些人属于这个村落的原因是他们在村落内拥有住房，但他们没有可耕种的土地。不过，如果在获得村长或领主（最初是氏族）同意的情况下，某些农民愿意将他的部分份地售卖给他们，或村落愿意将一部分共有地租赁给他们，这些人可以获得此类份地。这类地块被称为"流转份地"（流动耕地）。这类土地并没有附带海得份地的特殊责任，也不受庄园法庭的管辖，且是可以自由转让的。另一方面，这类土地的持有者不能分享海得农的权利。这些在法律方面具有较低地位的居民的数目并不少，甚至有些村落的一半耕种土地都转变成了这类流转份地。

结果，从土地所有权方面来说，农民人口被分成两个阶层：海得农及各个子分类以及位于海得组织外的其他人口。不过，在海得农阶层上面还形成了一个特殊经济阶层，这个经济阶层与其拥有的土地都位于主要村落组织之外。在德国农业制度建立之初，只要还存在未开发的土地，个人就可以开垦并圈占未开垦的土地。而且，只要他继续耕种这些土地，这些所谓的"圈占地"就一直属于他所有，但如果他不再继续耕种，这些土地就属于马尔克公社所有。想要获得这类"圈占地"，个人就必须拥有大量的耕牛和奴隶，因此通常只有国王、王公和领主才能获得此类土地。除了这种获得土地的方法之外，还可以通过国王的赏赐获得土地。国王可以将马尔克拥有的土地赏赐给他人，因为他对马尔克拥有最高权威。不过，这类赏赐是在海得土地分配之外的情况下进行的。在这种情况下，此类土地分配会影响具有明确边界的森林的面积，因为赏赐的土地首先需要被开垦为可耕地，而且此类土地不像份地一样附加敞田地的义务，所以处于有利的法律关系之下。在测量这类赏赐土地时使用了一种被称为王室海得的特定面积单位，即面积为40～50公顷的矩形土地（1公顷约等于2½英亩）。

这种古老的日耳曼聚落形式和海得制度从易北河与威悉河之间区域流传了出去。传播到的地区包括：斯堪的纳维亚，远至挪威的卑尔根市、瑞典的达尔河、丹麦诸岛和日德兰半岛；盎格鲁–撒克逊人和丹麦人入侵的英格兰（敞田制度）；几乎整个法国北部和比利时的大部分（远至布拉班特省，而比利时的北部、佛兰德斯与荷兰的一部分则属于采用不同定居形式的萨利系法兰克人）；在德国南部，多瑙河、伊勒河与莱希河之间的区域，包括巴登和符腾堡的部分地区，以及上巴伐利亚或慕尼黑周围的区域，特别是艾布灵附近区域。随着日耳曼民族的殖民扩张，这种古老的日耳曼聚落形式还传播到了易北河以东，不过，这是以某种合理的方式传播的，因为使该地区能够容纳更多的居民的目的致使采用更有利的财产制度和最大经济生活自由的"街道村落"建立。在街道村落中，房屋地块不是规则地聚集在一起，而是分布在村落街道的左右两侧，且位于各自的份地或海得上（每块份地呈长条形，且排列在一起）。不过，将耕地分成田地的方法和强制共同耕种的制度保留了下来。

随着日耳曼民族的土地垦殖定居制度传播到原始定居区域之外，各种明显差异逐渐显现。这种情况在威斯特伐利亚地区尤为突出：这个地区被威悉河分隔成两个区域，而这两个区域在定居模式方面存在明显不同。日耳曼人的定居模式在传播到威悉河时便戛然而止，威悉河的左岸逐渐出现了独立农场形式的定居区域。这些区域没有村落或公有土地（公用地），而且，混合分布的份地在这些区域也很少见。独立农场是从马尔克公社划分出来的，最初是未开垦的土地中。具体的经过是通过开垦获得新的耕地，这些新开垦出来的耕地会被分给公社成员，即所谓的"世袭地持有农"。而且，通过这种划分方法，其他居民可以被允许加入马尔克公社中，这类居民多少类似于更东边的"贫民"——与世袭地持有农具有承租关系或依靠世袭地持有农的雇佣劳工的手工艺人、小农户和劳工。受定居方式的影响，威斯特伐利亚的世袭地持有农或农户平均占有大约200英亩的土地，他们远比持有混合分布份地的农户要独立得多。个体独立农场制度在威悉河至荷兰海岸一带区域成为主要制度，包括了萨利系法兰克人的主要定居地。

在东南部，日耳曼人的定居区域与阿尔卑斯高山农业区域和南斯拉夫人定居区域相邻。阿尔卑斯高山农业完全依赖畜牧养殖与放牧，所以公有牧场或公有地具有非常重要的地位。因此，所有的经济规则都是根据"份地划分"（估价、划分）的必要性提出的，也就是说，是根据对有权使用牧场的农户的牧场使用机会的控制提出的。份地划分涉及将牧场划分成若干"斯特赖克"（德语Stosze——斯托泽），一斯特莱克等于供养一头牲畜一年所需的牧场大小。

昔时，位于塞尔维亚、巴纳特和克罗地亚的南斯拉夫人使用的经济单位不是村落，而是家庭共同体或扎德鲁加，不过，这个经济单位的存在历史却是存在争议的。扎德鲁加是指一个大家庭，这个大家庭由家庭中的男性首领领导，包含这个首领的所有子孙（通常包括已婚的配偶），成员人数可达40~80人，整个家庭在共产主义的基础上开展经济生活。他们通常并不生活在同一所房屋内，但在生产和消费方面，他们却是作为一个家庭行事，即"吃大锅饭"。

在西南方，日耳曼民族的农村组织与沿用下来的罗马人土地分配方法相结合，因此在这里，隶农的不独立小块田地之间分布有领主的地产。在下巴伐利亚、巴登和符腾堡，这两种制度出现相当大程度的混合。这在这一地带的高地和丘陵区域尤为明显，日耳曼人的制度趋于消失。在这些区域分布有混合分布份地，但另一方面，一些村落的已开垦土地有时也会变成相连的田地，在这片田地中虽然有个人土地，但他们的田地没有平均分配且没有根据任何可以发现的规律分配。这种"小村庄分配"〔正如迈岑（Meitzen）所说的〕的起源是不确定的，这可能源自对非自由民的土地赏赐。

这种特殊的日耳曼农业制度的起源是无法确定的。在加洛林王朝统治时期，该农业制度已经存在了，而且，将敞田划分为相等的条田这个方法非常系统，不可能是在这个时期才出现。迈岑曾证明在该制度出现之前存在过另一种制度，即将田地划分成所谓的拉格莫根（"地亩"）的制度。拉格莫根是指一位农民使用多头牛拖拉的犁具在一上午可以耕种的土地数量，不过这个数量会因土壤的质量、田地的位置以及与住宅地块的距离而发生变化。如此一来，拉格莫根成为敞田或共有耕地的基础，而与之后将土地划分成同等大小的条田形成的规则形状相比，这种旧式划分制度留存下来的地方总会显示出不规则的形状。

该观点否认了里彻尔（Rietschel）试图证明日耳曼土地和耕种制度的军事来源的近期尝试。根据里彻尔的理论，这个制度由百户的组织发展而来。他的理论认为，一方面，百户既是一个战术单位，又是一个包含大约一百名海得农的政治共同体，这些海得农的份地至少是后来的海得公社的四倍。这个组织的中心人物可以到军队服役，因为他们生活所需的收入来自他们的农奴的劳动，他们可以被从公社中抽调出来。因此，海得（胡符）与之后的盎格鲁–撒克逊人的户口田一样，是一个理想单位，适用于承担供养一名全副武装的战士的负担。有人认为，海得公社是按照一个合理化过程，通过将大海得农的份地划分成四块、八块或十块田地而从这类海得组织发展出来的。不过事实却与这一理论相反，日耳曼海得组织的田地划分并非源于合理化过程，而是从拉格莫根发展出来的。另一方面，在这方面仍然存在一个问题，即在法国北部，萨利系法兰克人只在他们征服的区域采用这种海得组织，但并没有在他们原有的居住区域采用这种海得组织。

原始的日耳曼聚落形式已不复存在。这种聚落形式的瓦解在很早之前就开始了，而且，这不是农民采取的相关措施的结果（农民不能够引起此类变革），而是农民上层阶级的干涉引起的。农民的地位在很早的时候就降低了，需要依附于一个政治长官或封建领主。作为一名公社海得农（小农），农民在经济和军事方面都低于王室海得农。在获得持续和平之后，贵族对经济事务越来越感兴趣。而且，正是一部分贵族的这些管理活动推动了该农村组织的瓦解，这在德国南部尤为显著。例如，在16世纪，肯普滕帝国修道院开始了所谓的"圈地"活动，这种"圈地"活动一直持续到18世纪。开垦的耕地被重新分配，农民建立了紧凑且用围墙围住的农场（即所谓的独家农户），且尽可能将农场建在已开垦耕地的中心。在德国北部，这种旧的土地分配方法在19世纪才被取消。特别是在普鲁士，这种旧的土地分派方法是被通过专横的武力取消的。例如，旨在推动向交换经济过渡的1821年《农村分配法令》或《公社分配条例》是在反对混合份地、土地共有的马尔克和牧场的自由主义思想的影响下颁布的。拥有混合份地的共同体被以强制合并的方法取消，公有的牧场或公用地也被一律加以分配。这样，农民被迫走上了个体经济生活。在德国南部，有关当局对公有田地制度的"清理"非常满意。最开始是在不同的田地之间建立道路网。这样做的结果是个人份地之间出现了很多交换，看起来趋于整合。公用地被保留了下来，但因为冬季饲养牲畜的做法被引进来，公用地被广泛地改为耕地，用于作为村民个体的补充收入来源或用于老年人的供养。这类发展在巴登尤为典型。在这里，确保人口供应的目标始终占有重要地位，这最终致使当地的居民变得非常密集。除此之外，甚至还会对迁徙者给予津贴，最后在某些地区，这种情况导致人们尝试区别新旧定居者，并向那些迁入的居民授予公用地使用权利，允许他们使用村落共同体的特殊公用地。

很多学者认为日耳曼农村组织代表了所有地区采用过的原始农业共产主义，并一直在其他区域寻找示例，希望将日耳曼制度的历史追溯至历史上无从考证的阶段。为此，他们想要在卡洛登战役（1746年）之前的苏格兰农业制度（小块土地占有制）中找到与日耳曼制度相似的地方，从而帮助他们提出关于原始阶段的推论。在苏格兰，耕地被划分成条田，农户的份地混合在一起，而且也存在公共牧场——从这几个方面来说，苏格兰的制度确实与日耳曼的制度存在相似的地方。但是，这些条田会被以抽签的方式每年或定期重新分配，这样就产生了一种淡淡的村落共产主义色彩，而在作为我们可以追溯的最古老的日耳曼田地划分制度的基础的日耳曼拉格莫根制度中却没有这些方法。与这个制度同时出现，有时可以作为这个制度的一部分的另一个制度是在盖尔人与苏格兰人地区出现的"萨瓦尔制"，即共同耕种的惯例。如果想要开垦已经荒置很长一段时间的土地，必须使用由八头牛拉的重型犁来破土。为此，耕牛的所有者会与重型犁的所有者（一般是村里的铁匠）联合起来，并作为一个整体耕地：一个人负责扶犁，另一个人负责赶牛。农作物的分配则是在收割之前或联合收割之后进行。

此外，苏格兰人的农业制度区别于日耳曼农业制度的另一个事实是苏格兰人将耕地区域划分成两个子区域。在这两个子区域中，内部的子区域是根据三圃轮作的方法施肥和耕种的，而外面的子区域被分为五至七部分，每年只有一部分用于耕种，剩余的部分被用作牧场。这种"粗放草田"农业的特点体现了当时的犁耕组合的发展。但在内部的子区域内，苏格兰农民却像日耳曼农民一样独立耕作。

苏格兰农业制度是近期出现的一种制度，而且还代表了耕种的高度发展。如果想要了解凯尔特人的原始农业制度，我们必须将研究重点转向爱尔兰。在爱尔兰，农业最初完全以畜牧为基础，这是因为受气候条件的影响，牲畜全年可以放养在户外。牧场被分配给家庭共同体（"塔特"），家庭共同体的首领通常可以拥有300头牲畜。在大约公元600年，爱尔兰的农业出现了衰退，其经济组织发生了变革。不过，与之前一样，土地的分配并不是永久性的，但最长可以达到一代。土地的重新分配由首领（塔尼斯特）负责，这一直持续到11世纪。

因为我们了解的最古老的凯尔特经济形式仅与牲畜饲养有关，我们无法从凯尔特经济形式或苏格兰的萨瓦尔制得出关于日耳曼农业初始阶段的相关结论。据我们所知，典型的日耳曼农业制度肯定是始于耕种和牲畜饲养几乎同等重要的一个时期。这种制度或许是在恺撒时代才开始出现，塔西佗时代明显是粗放草田农业为主。不过，根据罗马作者的记叙进行研究是比较困难的，而且，他们记述塔西佗的辞藻比较华丽，尤其使人怀疑。

与日耳曼土地制度形成鲜明对比的是俄国的米尔制度（米尔村社）。这种制度在俄国占有重要地位，但这仅局限于内部政治区划，在乌克兰、白俄罗斯则没有这种制度。俄国米尔中的村落是街道村落，该街道村落的规模非常庞大，通常包含有三千至五千居民。田园和田地位于住宅用地后面。新成立的家庭则安置在这排份地的末端。除了耕地之外，还有共有牧场可供村民使用。耕地会被划分成大块田地，这些大块田地之后又被划分成条田。与日耳曼土地制度相反，俄国的条田不是严格地按户分配，而是根据每户的人口或拥有的劳动力分配。鉴于条田是根据每户拥有的人口或劳动力按比例分配的，条田的分配并不是永久的，而是暂时性的。相关法律规定每隔12年进行一次条田重新分配，但条田的重新分配实际上比这个规定要频繁很多，通常每一年、三年或六年就进行一次。土地权（纳迪尔）属于个人所有，与家庭共同体无关，但与村落有关。土地权利是永久性的，甚至是祖先之前已经从米尔迁出的工厂工人也可以回来并行使这种权利。反之，未经公社允许，任何人都不得离开公社。土地的定期重新分配就体现了这种土地权利。然而，村落所有成员一律平等这个规定通常只流于形式，因为重新分配土地所要求的多数同意往往是很难实现的。赞成土地重新分配的是那些人口增长比率较大的家庭，但也有一些其他家庭会反对土地重新分配。米尔村社的决定仅仅在名义上是民主的，但事实上，这些决定是按照资本主义方法决定的。因此，因为缺乏粮食，一些单个家庭通常会对村落中的中产阶级或"富农"负有一定程度的债务，这样，这些中产阶级或富农就能通过借款来控制大量的无产阶级群众。在面对土地重新分配问题时，在进行土地重新分配时，中产阶级或"富农"会判断是让债务人一直贫困下去对他们有利，还是允许债务人获得更多土地对他们有利，然后依此对村落的决定进行干预。

关于在俄国的农村制度瓦解之前的米尔村社经济活动，人们一直存在两种不同的看法。其中一个观点认为这与个人主义的农村组织相反，是经济生活的救助。而且，每个迁出工人返回村落并要求获得属于他的那部分份地的权利是一种社会问题解决方法。持有这种观点的人虽然承认这会在农业方法发展和其他方面造成一些阻碍，但还认为土地权利可确保在每一次发展都可以囊括所有人。米尔村社的反对者认为米尔村社是发展的阻碍，是反动沙皇政策的最大助力。

在20世纪初，社会革命的力量不断增长，对社会构成威胁，最终导致米尔制度的瓦解。在1906—1907年的《土地改革法案》中，斯托雷平（Stolypin）授予农民在规定条件下退出米尔村社的权利，以及要求对授予他们的份地免除日后重新分配的责任的权利。退出米尔村社的成员的份地必须是连在一起的单块土地，这在原则上就与阿尔高的圈地制度一样——农民分散开来，每个个体都居住在他们持有的份地的中心并单独经营。于是，财政大臣维特（Witte）所期望的结果，即米尔制度的瓦解，终于实现了。自由党始终不敢走到这一步，或像立宪民主党人一样相信改革的可能性。斯托雷平进行的土地改革的直接结果是使比较富裕的农民（拥有大量资金、按照家庭成员的比例来说拥有相对较多的土地的那些农民）退出米尔村社，致使俄国的农民分成两个阶级。其中一个阶级是富裕的大农场主，他们退出了米尔村社，开始转向个体农场经营。另一阶级比较落后，人数较多，占有的土地非常少，并被剥夺了土地重新分配的权利，因此被称为农村无产阶级。农村无产阶级仇视富裕大农场主阶级，认为他们是米尔村社神圣法律的违反者，后者则成为现有政权的无条件支持者，而且，如果不是因为世界大战的爆发，他们会为沙皇统治提供新的支持和"武装保卫"。

对于米尔制度的起源，俄国学者具有不同的意见。不过，根据得到民众普遍认可的一个观点，米尔村社并不是一个原始组织，而是税收制度与农奴制的产物。直到1907年，不仅米尔村社的个体成员对村落享有土地权，村落反过来对他们享有征用劳动力的权利。即使米尔村社的个体成员已经在村落首领的允许下离开并从事了一个完全不同的职业，村社依旧可以随时将这位成员召回，并向他分摊他应该负担的公共负担。这些公共负担主要与免除农奴身份的补偿和免除税务责任的赎金的分期偿付相关。在土地肥沃时，在除去应该承担的负担之后，持有这些土地的农民可以获得一些结余，因此，城市劳工通常会认识到自发返回村落是有利的。在这种情况下，米尔村社常常会对放弃土地所有权的人支付赔偿金。但是，如果税收过高，且事实证明在其他地方可以获得较高收入，留下来的农民承担的税收负担就会增加，因为这是一项共同责任。在这种情况下，米尔村社会强制其成员返回村社来从事农业生产。其结果就是，这种共同责任制度限制了个体成员的自由行动，这无异于使已经废除的农奴制通过米尔组织持续下去——农民不再是领主的农奴，而是米尔村社的农奴。

俄国的农奴制是异常残酷的。农民备受折磨，监工每年会将适婚年龄的男女配成一对，并为他们分配土地。领主拥有传统权力，且没有必须遵循的法律。领主可以随时取消这类安排。在农奴制时期，贫瘠的土地是根据单个农户中的劳动者数量重新分配的，而肥沃的土地则是根据单个农户中的人口数量重新分配的。无论是哪种情况，只要公社共同承担向领主支付赋税的责任，农民对土地的责任就会超越他们对土地的权利。同时，即使是到现在，俄国庄园对农民的剥削依然非常严重——领主几乎不提供任何东西，而是使用农民的资金和马匹进行耕种。他们的土地要么被租赁给农户，要么是在庄园管家的监督下，由农民使用自己的工具和牲畜进行耕种。

对领主的共同责任和农奴制是在16世纪和17世纪之后出现的。重新分配土地的惯例就是从中发展起来的。不过，在16世纪和17世纪，乌克兰和未被莫斯科公国统治的俄国部分地区（特别是西部的部分地区）没有出现土地重新分配惯例。在这些地区，土地被永久地分配给各个农户。

荷兰东印度公司在他们的殖民地中实施的经济制度也是以共同责任原则为基础。该公司要求村落或公社对粮食和烟草税共同负责。这种共同责任的结果是公社最终强迫个体留在村落里，以帮助分担税款。在19世纪，随着共同责任制被废除，具有强制成员留下的公社也衰落了。

在这种经济制度中有两种水稻栽培方法：一种是产量相对较低的旱种方法（旱地稻田）；一种是湿润栽培方法（湿地稻田）。根据湿润栽培方法，稻田周围设有田埂，内部被划分成若干小块，以控制水稻栽种用水的排出。那些开发湿地稻田的人对稻田拥有不可剥夺的世袭产权。对于旱地稻田，则适用于与苏格兰农村公社外区土地的粗放草田经济制度类似的游牧式农业制度。村落共同开垦土地，但个人单独耕种和收割。在三至四年的播种收割之后，开垦的田地必须休耕长草，整个村落需要迁移并开垦新的土地。我们从之前的情况可以明确地看出，引起重新分配制度出现的只有荷兰东印度公司的残酷和剥削制度。

在19世纪30年代，荷兰东印度公司采用的制度被强制栽植政策取代。根据这个政策，个人必须用五分之一的土地为国家耕种，而且应该在这块田地中种植规定的农作物。在19世纪，这个制度也被废弃了，被一个更合理的农业模式取代了。

根据中国文言文作家的报告可知，中国曾经也采用过类似的制度。[1] 在当时的中国，耕地会被划分成九片方形田地，其中外面的八片田地被分配给各个农户，中间的一片田地则被留给皇帝。分给各个农户的田地仅供农户使用，在户主去世以后，土地会被重新分配。这种制度只在当时具有暂时的重要意义，且只在大川大河附近的区域（那些可以通过灌溉来进行水稻栽培的区域）得到普遍适用。在这种情况下，农业共产主义组织也是取决于财政方面的考虑，而不是源于原始条件。这种原始中国经济组织存在于当时中国村落中仍然常见的氏族经济中，在村落中，氏族都有自己的小型祠堂和私塾，并共同耕种、经营经济生活。

假定的农业共产主义制度的最后一个示例是印度共产主义农业制度。当时，在印度存在有两种不同的农村组织形式。这两种形式的共同点是存在公共牧场和园地，其中园地等同于日耳曼制度

---

[1] 印度情况稳定的原因并不是这些制度安排，而是种姓制度，像卡尔·马克思的论断一样，这正如中国情况稳定的主要因素是氏族经济一样。

中雇佣劳动者和佃农赖以生存的那部分耕地。在印度，依赖园地进行生存的是手工艺者、寺庙僧侣（与婆罗门相比，他们只处于次要地位）、理发师、洗衣工以及属于村落的各种劳动者——村落"居民"。他们遵从"造物主的"基本原则，也就是他们的工作不是换取具体的报酬，而是为公社服务，以获得分享土地或收成的权利。[1] 各个村落的土地所有权不尽相同。在采用莱特瓦尔制的村落中，土地所有权是属于个人所有的，税收负担也是由个人承担。村落的首领是村长。村落里的农民在马尔克公社中不享有份地，马尔克公社的土地属于皇帝（王公）所有。如果想要开垦土地，个人就必须为开垦土地所需的特权支付一定的费用。

另一种农业组织形式则表现为处于一个共同体之下的村落，这个共同体是指一群享有特权的贵族，即没有首领的农村贵族阶级——包括完全土地终身持有者或海得农。这些农户（世袭地持有农）会将土地出租出去，而且，马尔克组织的共有土地属于他们所有。这样，他们的地位就处于真正的耕种者与王公之间。这一农业组织形式中存在两种类型的村落。其中一种是采用帕提达里制的村落，在这类村落中，田地被明确地划分与分配。在土地使用者死亡后，他的份地会由与他有血缘关系的后代继承，但在进行再一次的继承时必须重新进行分配。另一种是采用巴雅查拉

---

[1] 欧洲与其他地区，特别是亚洲地区在农业经济方面存在的主要差异可以被追溯到这样一个事实：中国人和爪哇人都不懂得利用动物的乳汁，而在欧洲，早在荷马时代，人们就已经开始利用动物乳汁。另一方面，印度自中世纪开始禁止宰牛，而且即使在现在，上层阶级依旧谴责吃牛肉的行为。所以，在亚洲的大部分地区未出现产乳动物和肉食动物。

制的村落。在这类村落中，土地是根据各个持有农的劳动力或阶级分配的。除了上述村落之外，印度还存在另一种村落：村落里的所有人都处于税款包收人和领主的完全控制之下。这些村落就是采用柴明达里制的村落，而采用帕提达里制的村落也是通过封建土地的分割发展起来的。印度情况的一个特点是存在大量通过租税的承包和分包来介入君主和农民之间的租金包收人。根据这种方法，通常会产生一连串的四五名租金包收人。在这群租金包收人和大农场主内演化出了一种名义上的共产主义。在这种共产主义制度中，几名农民一起进行共产主义农业生产，但他们分享的是收成而不是土地，而且租金是在有权分享一份收成的几名农民之间分配的。因此，这种农业共产主义的起源也可以被追溯至财政方面的考虑。

此外，在德国，很多学者希望可以在摩泽尔河流域的所谓"农家公社"的土地持有制度中发现原始共产主义的踪迹，这种趋势一直持续到拉姆普雷希特对该持有地的特性形成明确认识。这些份地现在主要由林地组成，但在之前还包括牧场和耕地（这些牧场和耕地是按照公有田地的方法，通过抽签的方法定期进行分配的）。这种方法并不是原始的，而是源自领主的政策。最初，农家公社是通过小农，即马尔克公社成员的劳动进行耕种的庄园式农场或地产。但在领主成为骑士、不再亲自从事直接经营时，他们发现利用农民的自私心，按照固定的租金将土地出租给农民的做法更为有利。我们在这里也发现了共同责任原则。马尔克组织负责固定的利益分配，或负责通过抽签的方法重新分配土地。

因此，并非所有这些事例可以证明拉弗勒提出的理论，即在社会发展的最初，农业共产主义以共产耕种的形式存在，这不仅仅是对土地的共同所有权——这是需要严格区分的两件事。这个理论并不成立，因为耕种实际上在一开始并不是共同的。在这方面，人们的观点存在明显的矛盾：社会主义作者认为财产会引起美德向罪恶的堕落，而自由主义者则试图尽可能将其追溯至假定的人类远祖时代。事实上，我们无法对原始人的经济生活做出概括性的结论。如果我们到欧洲情况未影响到的民族中寻求答案，我们会发现这些民族的情况并不一样，而是存在非常鲜明的对比。

在原始农业生活中，所谓的耨耕占据主要地位。在这个时期，人们既不使用犁具，也不使用驮兽，而是使用一根尖棍进行耕种——男人拿着尖棍在田间来回走动，用尖棍在田地中挖出小孔，妇女在之后将种子撒入小孔中。不过，通过这种方法，人们可以联合形成不同的组织形式。例如，在巴西境内的瓜托人发展了个体经济，而且没有任何迹象表明之前存在任何其他组织。每个农户自给自足，家庭之间没有专门的劳动分工（家庭成员之间存在一些劳动分工），部落之间的交换关系也非常有限。与之正相反的一个事例是工作集中在一个较大的中央住所内，正如易洛魁人的长屋的情况一样。在这里，所有的妇女在一个女性首领的领导下聚集在一起，由这个首领将工作、产品分配给各个家庭。男子则履行战士和猎人的职责，并承担繁重的工作，例如开垦田地、建造房屋和放牧牲畜。在一开始，放牧牲畜也是一种高尚的职业，因为驯养牲畜需要力气和技巧。后来，人们对这项工作的尊重是源自传统和惯例。我们可以在世界的各个地区（尤其是在黑人部落中）发现类似的情况。在这些部落中，田间劳动由妇女负责。

第二章
财产制度与社会群体

（A）占有形式

财产占有与农业一样存在多种形式。最开始，所有区域的所有权都属于家庭共同体所有。但是，家庭共同体可能是单个家庭（南斯拉夫人的扎德鲁加）或一个更大的组织（例如，易洛魁人的长屋）。财产的占有可依据两个不同的基础执行。其中一种基础是劳动的物质手段，尤其是指土地（这些物质手段被视为工具），在这种情况下，这些财产常常属于妇女及其亲属所有。另一种基础是被视为"枪地"的土地，即男子征服并保护的区域，在这种情况下，所有权属于男系氏族或其他男性组织。无论任何情况，原始占有形式和劳动分配并不仅仅是由单纯的经济因素决定的，还与军事、宗教和巫术方面的动机有关。

在过去，个人必须调整自己，以适应其所属的组织的简单多数要求。组织的类型如下所示。

（1）家庭。家庭的结构各种各样，但无论结构如何，它始终是一个消费群体。生产的物质手段（特别是动产）也可能属于家庭群体所有。在那种情况下，可以在家庭群范围内对占有进行进一步的划分，例如，武器和男性服装属于男子，并可以以特殊的方式继承，而装饰品和女性服装属于女子所有。

（2）氏族。氏族也可以依据各种程度的所有权持有各种物品。氏族可以拥有土地，但在任何情况下，氏族的成员通常对家庭共同体的财产仍然享有一些权利，例如，在出售财产时必须征求成员的同意、优先购买权。此外，氏族需要对个人的安全负责。氏族需要承担进行复仇和执行复仇法则的责任。氏族还有权利分享杀人赔偿金，且对氏族内的女性享有共同所有权，因此可以分享一份新娘聘金。从组织方面来说，氏族可以是男系氏族或女系氏族：如果财产和其他权利属于男性氏族所有，我们可以说这个氏族是父系或男系氏族；否则，我们可以说这个氏族是母系或女系氏族。

（3）巫术群体。在巫术群体中，最重要的群体是图腾氏族，这类氏族是在万物有灵论和精神实体信仰占据支配地位的时期产生的。

（4）村落和马尔克组织，本质上具有重要的经济意义。

（5）政治群体。这类组织负责保护村落占有的领土，且通常在土地垦殖方面具有广泛的权力。此外，这类组织有权要求个人提供军事和司法服务，并为个人授予相应的权利。[1]这类组织还负责征派封建徭役和赋税。

个人还需要在不同的情况下考虑以下几点：（6）在个人耕种的土地不归个人所有时，土地的所属权；（7）在个人并非自

---

[1]　与从农民战争时期开始存在的佩带武器权利做比较。我们由此可以发现自由民有参加司法共同体的义务，也有相应的权利。

由民而是受他人奴役时，人身的所有权。

在过去，每位日耳曼农民都与拥有土地和人民的领主有关联，且与政治首领也有关联：他们都有权利要求农民服徭役。农业可以以不同的形式发展，这主要取决于领主和政治首领是由不同的人还是同一人担任：在由不同的人担任时，农民可以借助领主与政治首领之间的竞争来获得一些自由；但在由同一人担任时，有可能会形成奴隶关系。

（B）家庭共同体与氏族

现在的家庭共同体通常就是一个小家庭，即由父母和子女组成的共同体。它以假定为永久的合法婚姻为基础。这种小家庭的经济生活在消费方面是作为一个整体进行的，且至少在名义上与生产组织的经济生活不同。在每个家庭中，对所有财产的权利属于一家之主所有，但对于妻子和孩子的特殊所有物，一家之主的权利会受到不同程度的限制。此外，父亲和母亲一边的亲属关系是同等的，不过，这种亲属关系的重要性实际上仅限于继承问题。古老意义的氏族概念已经不复存在，人们只能在旁系的继承权中发现这一概念的痕迹，而即使在这一方面，也存在这些关系的年代和历史问题。[1]

社会主义学说是基于婚姻制度存在不同演化阶段的这个假设提出的。根据该学说，婚姻制度的原始状态是原始人群中的自发混乱两性结合（同部族婚姻），这与完全不存在私人财产的情况对应。我们可以从各种所谓的原始状态残余痕迹中找到这一假设的证据：原始人类建立的具有狂欢性质的宗教制度，以及酒、肉、毒品狂欢会——在这些场合中并不存在两性关系的限制；在一些种族中，男女享有在婚前发生性行为的自由；古代东方寺庙的奴隶为了敬神而献身于任何男子的杂乱性交；最后，在以色列民族和其他区域出现的娶寡嫂制，包括同族兄弟娶已故兄弟的遗孀，从而为已故兄弟传宗接代的特权和义务。我们可以在这些情况中发现原始同部族婚姻的痕迹，人们认为原始同部族婚姻已经逐渐缩小到对特定个体的权利。

根据该社会主义学说，婚姻制度的第二个演化阶段是群婚，即一些群落（氏族或部落）会与其他群落建立一个婚姻单位，其中一个群落中的任何一位男子会被看作是另一个群落中的任何一个女子的丈夫。这个假设的论据来自下列事实：在印第安人中，

---

[1] 这些研究可以被追溯至J. J. 巴霍芬（J. J. Bachofen），《母权论》，斯图加特，1861。巴霍芬提出的家庭"母权"起源论被L. H. 摩根（L. H. Morgan）（特别是《论古代社会》，纽约，1871）和H. S. 梅因（H. S. Maine）（《论古代法律》，伦敦，1861）引用到了他们的著作中，而且成为社会主义学说的基础。可参考倍倍尔（Bebel）、恩格斯（Engels）和库诺夫（Cunow）的著作。E. 格罗斯（E. Grosse）编著了《论家庭与经济形势》（弗莱堡和莱比锡，1896），代表对这种片面的母权说的一种反击。可以表明当前的认识且几乎没有偏见的是玛丽安妮·韦伯，《权利演变中的妻子与母亲》，蒂宾根，1907。

除了父亲和母亲的称谓之外，没有关于任何亲属的称谓。在到达一定年龄后，所有的印第安人都可以获得爸爸或妈妈的称谓。此外，我们还可以从南太平洋群岛中的婚姻群落的个案中发现类似证据，即在这些婚姻群落中，一定数量的男子对一位特定女子同时或相继具有性权利，或者相反，一定数量的女子对一位特定男子同时或相继具有性权利。

此外，社会主义学说认为"母权"（同德语Mutterrecht：母权制）是一个基本的过渡阶段。根据该学说，在人们尚未认识到性行为与新生儿出生之间的因果关系的时期，家庭共同体不是现在所说的家庭，而是母系群落，只有母系亲属在礼仪和法律方面具有相关地位。关于这个阶段的推论的提出依据是广泛传播的"舅权"制度，根据这种制度，女方母亲的兄弟是女方的保护者，女方的子女会从女方的兄弟那里继承遗产。此外，还有人认为这种母权制是一个发展阶段。在很多公社中，根据该制度，首领的职位非女性莫属，而且，女性首领是经济事务，尤其是家庭共同体的经济事务的决策者。人们认为，这种情况向父权制的过渡是通过抢婚制度实现的。在经过一定阶段的发展后，乱婚的礼仪基础受到人们的批评与质疑，异族结婚取代同部族婚姻成为一般原则，即两性关系被限制为以其他族群中的人为对象，这通常包括通过暴力手段抢夺其他族群中的女子。之后，在该婚姻习惯之中发展出了买卖婚姻。人们可以在以下事实中找到支持此类发展过程的一个论据：在很多很早之前就已经采取契约婚姻制度的文明民族中，婚礼仪式中依然存在着暴力绑架的象征痕迹。最后，根据社会主义思想，向家长制（父权制、父权）和合法一夫一妻制的过渡与私人财产的起源及人们为保护合法继承人所做的努力有关。这导致人们陷入罪恶的深渊，即卖淫制度开始与一夫一妻制婚姻并肩发展。

以上就是母权说和以母权说为基础的社会主义学说的概述。尽管从细节上看，该学说是站不住脚的，但从整体上说，该学说为问题的解决做出了非常有价值的贡献。这证明了一个古老的真理，即对于科学来说，独创性的错误比呆板的正确更有益。关于该学说的一项批评促使人们首先开始考虑卖淫制度的演化，当然，在这一方面不涉及任何道德评价。

我们对卖淫的理解是为了获得一定的金钱收入，以一定的价格提供两性关系服务，并以此为职业的行为。从这种意义上说，卖淫并不是一夫一妻制和私人财产制度的产物，而是从远古时代遗留下来的。人们可以在任何历史时期和任何演化阶段发现卖淫制度。虽然卖淫制度在伊斯兰教文明中并不常见，且在一些民族中并不存在，但人们可以在社会主义学家认为未建立私有财产制的民族中发现关于同性和异性卖淫的规定和惩罚。无论在何时、何地，从事卖淫职业的人都会被作为一个社会阶层单列出来，且通常会被给予非常低贱的地位，但宗教外衣下的卖淫除外。在卖淫职业与各种婚姻形式之间还存在永久或临时两性关系的所有可能中间形式，这些形式不一定会受到道德或法律层面上的谴责。虽然在现在，提供婚姻外的性快乐的契约是无效的，即违背道德之对价，不生诉权（turpi causa），但在托勒密王朝时期的埃及存在性契约自由，女性可以通过满足他人性欲来换取食物、财产权或其他报酬。

卖淫不仅仅以无管理的性屈从的形式出现，还以符合圣礼仪式要求的仪式卖淫形式出现，例如，印度和古代东方寺庙中为敬神而献身的奴隶。这些奴隶都是女奴隶，必须在寺庙中履行与宗教服务有关的职责，其中一部分职责就是在性狂欢会中献身。此外，寺庙中的这些女奴隶还需要委身于公众，以获得报酬。这种女奴隶制度的起源可被追溯至祭祀，被追溯至具有性欲特征的万物有灵巫术，这会因逐渐达到兴奋状态而演化为性乱交。

作为促进丰收的一种巫术形式，性交在从事农业生产的民族中得到广泛传播。那时的人们甚至还在耕地上进行性狂欢，期望能够以此增加土地的产量。在印度，卖淫在圣礼中的出现引起了在印度文化生活中具有重要作用的舞妓的产生，这些舞妓是自由的艺妓，与希腊从事艺妓职业的女性一样。虽然他们的生活条件较好，但他们被认为是最低等的阶层。如印度舞妓戏剧所表演的一样，如果舞妓有幸嫁人，她们的社会地位得到了提升，而且虽然她们的生活条件下降，她们都认为这是最大的幸运。

除了这种寺庙女奴隶之外，人们还可以在巴比伦和耶路撒冷发现寺庙妓女，这些妓女的主要客户是过往的商人。虽然这份职业失去了神圣和狂欢性质，但在寺庙物质利益的保护下，这些人仍然继续从事她们的职业。伟大的救世宗教的先知和祭司（例如，祆教教主查拉图斯特拉、婆罗门和《旧约全书》的先知）开始极力反对正式合法的卖淫，及其起源（即性狂欢）。他们对此提出反对的原因是出于道德和理性的考虑，所以这是那些希望丰富人类内心生活的人进行的战斗，他们认为屈从于情色是成功实现宗教目的最大障碍。此外，此时的教派斗争也在这方面发挥了部分作用。古以色列人信奉的神是山林之神，而不是像火神巴力一类的幽冥之神。而且，在这场斗争中，祭司获得了警察力量的支持，因为国家担心狂欢现象引起的情感激动会促使下层阶级发起革命运动。不过，在国家所担忧的狂欢会被废止之后，卖淫行为还是残存下来了，但被宣布为不合法和不正当的。在中世纪，虽然教会的教义明令禁止，卖淫还是得到了官方认可，并组织成了一个行会。在日本，茶寮中的女子会间或作为妓女的风俗也流传了下来，但这并没有让她们的地位受损，反而让她们在婚姻方面更受欢迎。

直到15世纪末，在法国查理八世对那不勒斯进行征战期间，大规模性病暴发，卖淫情况才因此得以转变。从那时起，人们对卖淫的人进行了严格的隔离，而在此之前，卖淫可以在贫民区存在。在新教（尤其是加尔文教派）中兴起的禁欲主义倾向抵制卖淫，这与之后的天主教的教规一致，但天主教的教规更加温和、谨慎。宗教在抵制卖淫方面所取得的结果与同样抵制性狂欢行为的穆罕默德和犹太法典编纂者所取得的结果相差无几。

在对婚外性关系进行分析时，必须将卖淫与女性性自由区分开来。男子的性自由一直被认为是理所应当的，三大一神宗教首次对男子性自由提出了谴责。而且，在犹太法典颁布之前，犹太教并未对此提出谴责。女性最开始拥有平等的性自由，人们可以在以下事实中发现证据：在穆罕默德统治时期，虽然永久婚姻已经得到认可，阿拉伯人中仍然有为换取生活资料的临时婚姻、试婚。此外，试婚还在埃及和其他地区存在。上层阶级的女孩尤其不愿意接受夫权婚姻中的严厉家庭限制，且不愿意放弃她们的性自由——她们会留在自己的父母家，并按照自己的意愿与男子订立各种契约。

除了个人性自由的事例之外，还必须研究氏族利用女性获利和为换取食物而出租女性的可能性。此外，还需要识别所谓的性接待，即让自己的妻子和女儿为尊贵的客人提供性服务的义务。最后，还需要研究在之后发展起来的纳妾制，纳妾与婚姻的区别在于妾所生的孩子无法获得完全合法的地位。在阶级内婚姻制度确定后，纳妾一直受到社会阶级之间的差异限制，且涉及跨阶级限制的同居。在罗马帝国时期，纳妾已经完全得到法律许可，特别是对禁止结婚的士兵和因社会阶级原因而导致结婚机会受到限制的参议员来说，纳妾是完全合法的。纳妾制一直被保留至中世纪，并在1515年的第五次拉特兰会议中被首次严厉禁止（不过，改革教会在纳妾制确立之初就对其加以谴责），从那时起，得到法律认可的纳妾制在西方世界消失。

对关于母权制的社会主义学说进行的进一步研究表明，我们无法证明该学说提出的各个性生活阶段按照一般演化程序步骤存在。而且在这些阶段按照一般演化程序步骤存在，当时的环境总是非常特殊的。杂乱性交（如果存在）是具有狂欢性质的特殊现象或更古老的严格性生活监管的退化产物。在母权说方面，我们必须承认，万物有灵论宗教信仰的历史表明人们一开始并不理解生育行为与生育之间的关联。因此，父亲与子女之间的血缘关系并未得到承认，子女就像现在的私生子女一样与母亲生活在一起。不过，子女与母亲生活在一起（没有父亲）的纯粹母系组织并不普遍，只在非常特殊的情况下出现。

家族内的内婚制或兄弟姐妹结婚是一种贵族制度，旨在维护皇室血统的纯洁，就如托勒密王朝所做的一样。

氏族的优先权（根据该优先权，在嫁给其他氏族的男子之前，女子必须首先考虑本族成员，或必须买回他们的优先权）可以被理解为是财富差异引起的，或可以被视为防范财产耗损的一种手段。娶寡嫂制也不是源于原始情况，而是由这样一个事实引起的，即因为军事和宗教原因，需要防止男子的灭绝，不能任由没有武士的家庭没有子嗣并最终灭绝。

在社会阶层化出现以后，更深一层意义的阶层内婚姻出现，即必须把女儿嫁给特定政治或经济群体的成员。希腊民主政体曾广泛推行这种制度，以确保财产被保留在城市市民阶层内，并通过限制城市市民阶层的扩展来帮助市民垄断政治机会。

在阶级分化非常严重时，如在印度的种姓制度中，阶级内婚姻也采取了与上层阶级联姻的形式。根据该制度，高一级种姓的男子可以与低于他的种姓的女子发生性关系或结婚，但女子却被禁止这样做。因此，种姓低的女性会被用于换取金钱，而种姓高的女子会由他人代表她用金钱来换取一个男子。这种婚约是在小时候订立的，男子可以与多名女子结婚，且可以由这些女子的父母抚养，因此，这个男子会轮流从一个家庭转到另一个家庭。在印度，英国政府废止了这种惯例，并强制要求这种名义上的丈夫抚养这些女子。无论在哪些区域发现阶级内婚姻制度，该制度都应该被假定为一种退步现象，而不是一个发展阶段。

针对家族而言的外婚制在世界各地得到了广泛应用，只有少数例外。该制度得到广泛应用的原因是人们希望防止家族内的男子产生嫉妒心理，而且，人们认识到一起长大的人不可能会对彼此产生强烈的性冲动。针对氏族而言的外婚制则通常与属于图腾制度的万物有灵论思想有关。不过，虽然可以在诸如美洲和印度群岛这样的分离区域发现该制度，但如果说这个制度在世界得到广泛传播，证据却是不足的。受害者的亲属通常认为抢婚是不合法的，认为这是血亲复仇或索要赔偿金的正当理由。不过，抢婚同时也被看作是一种英勇的冒险行为。

根据家长制的规定，合法婚姻的显著特征就是从某个社会群体的角度来看，只有相关男子的某个妻子所生的孩子具有完全合法的地位。上文所说的社会群体可能是以下几种类型。（1）家庭共同体。只有婚生子女享有继承权，偏房和妾室所生的孩子没有继承权。（2）氏族。只有婚生子女有权参与血亲复仇、分享赔偿金和继承的权利。（3）军事群体。只有婚生子女有权佩带武器、分享战利品或被占领的土地，或参与土地分配。（4）阶级群体。只有婚生子女才是本阶级的正式成员。（5）宗教群体。只有合法后代才被视为适合进行祖先祭司仪式，而且，神灵只接受他们供奉的祭品。

除了家长制的合法婚姻之外，还存在以下可能的体制。（1）纯母权制。在该体制中，作为家长制中的群体首领的父亲并不存在；人们只承认子女与母亲或母亲的亲属之间的亲属关系。纯母权群体尤其与男权社会有关联。（2）纯男权（男系）群体。一位父亲的所有子女都具有相等的地位，包括偏房、妾室和女奴隶所生的子女，以及收养的子女。他的子女和妇人都应服从他的无限权威。家长制中的合法婚姻就是从这个情况发展出来的。（3）尽管家庭共同体中包括父亲和母亲，仍然按照母权原则继承。子女属于母亲的氏族，而不是父亲的氏族。这种情况与图腾制有关，且是男馆组织的遗留痕迹。

（C）受经济和非经济因素影响的家庭演化

要讨论这个问题，需要首先对原始经济生活进行综合研究。当前科学讨论中采用的将原始经济统一划分成三个不同阶段的方案（狩猎经济、游牧经济和农业经济）是站不住脚的。纯狩猎民族与纯游牧民族都不是原始部落，且如果这些民族存在，他们不可能不依赖他们之间和他们与农业部落之间的交换。因此，原始经济与之相反，是处于耨耕水平的游牧农业，且一般与狩猎有关联。耨耕是一种不涉及家畜饲养（尤其没有牛马）的农业，犁具则代表着向现在意义上的农业的过渡。牲畜的驯养需要很长一段时间，而且在开始时驯养的可能是役畜，之后才是用于挤奶的牲畜。而直到现在，在东方，一些地区仍然不知道饲养用于挤奶的牲畜。肉食牲畜的驯养又在这两种牲畜之后。作为一种偶然现象，屠宰的出现比较早，它的出现与肉食狂欢的仪式具有一定关联。最后，我们还发现了军事目的的牲畜驯养。从公元前16世纪开始，在一些平原上就出现了用于骑乘的马匹，且在其他地区出现了拉重物的动物。而且，中国、印度和爱尔兰人民熟知的英勇战车战斗时期开始了。

耨耕可以由小家庭单独进行，也可以由若干家庭聚成的集体（成员人数甚至达到上百人）进行。后一种耕种方式是在技术得到相当大的发展之后出现的。狩猎最初是共同进行的，但其社会化是环境使然。牲畜的饲养可以单独进行，且应该一直都是这样。不管怎样，从事牲畜饲养的社会群体不会很大，因为大量牲畜的散养需要非常广阔的区域。最后，粗放农业可以通过各种方法进行，但土地的开垦却需要共同行动。

在探讨耕种方式的差异时需要穿插着考虑两性之间的劳动分工形式。最开始，土地的耕耘及收获主要由女性负责。只有在涉及繁重劳动时，例如，在使用犁具代替锄头时，男性需要参与劳动。以纺织为主的家务劳动只由女性负责。男子的工作包括狩猎、饲养诸如耕牛之类的家畜（而小动物的饲养则又由女性负责）、木工和金属加工，以及最后但最重要的一项工作——战争。女性需要连续不断工作，而男性只需要间歇工作，不过随着工作的难度和强度增加，男性逐渐开始需要连续劳动。

从这些情况的相互作用下产生了两种类型的公社化：一种是家庭和田间劳动的公社化；一种是狩猎和战斗的公社化。其中，家庭和田间劳动的公社化以女性为中心，而且，在这个基础上，女性通常占有主要社会地位，她们通常掌握完全控制权。女馆最初就是工作作坊。狩猎和战斗的公社化则导致了男性社会的产生。但一般说来，无论一家之主是男性，还是像印第安人一样是女性，家族中总存在一种传统束缚以及对应的家长地位。与之相反的是，狩猎和战斗的社会化是在根据优点和能力选出的狩猎或战斗首领的领导下进行的。在此起到决定作用的不是他的亲属关系，而是他的个人品质，他是一位自由选任的首领，拥有自由选择的追随者。

　　与经济活动由女性进行的家庭共同体相对应的是男馆。在25岁至30岁这个人生阶段，男子需要远离他们的家庭，与其他男子一起住在一个会馆内。他们会以这个会馆为中心，进行狩猎、征战、巫术活动，并制作武器和其他重要铁质工具。年轻的男子通常会通过抢婚的方式娶妻，而且，他们通常会成群结队地抢婚，因此当时的婚姻具有一夫多妻的特征。除了抢婚之外，他们还会通过购买的方式娶妻。此外，为了保守秘密，女性不允许进出男馆。人们通过引起恐惧的环境来保持男馆的神圣性，正如南太平洋岛民的杜克-杜克。在氏族族外婚制得到广泛采用时，舅权制通常与男馆制度具有关联性，且经常（虽然不是总是）与母系亲属有关。此外，男子通常会被按照年龄划分成若干组。在达到一定的年龄后，他们会搬离男馆，回到村落与他们的妻子一起生活。男馆一般也接收见习士。在达到一定年龄以后，男孩会被从家里接出来，进行一些巫术仪式（通常包括洗礼），举行成年礼，并在男馆开始他们的生活。男馆是一种营房，一种军事制度，且在解体后出现了多种不同的发展方向，例如，巫术组织或意大利克莫拉式的秘密政治组织。该制度的事例包括斯巴达的会团、希腊的胞族和古罗马的库里亚。

这种原始军事组织并未在所有区域出现，而且，就算这种组织在某些地方出现，这个组织很快就消失了，其原因可能是非军事化行动的影响，或者是军事技术得到发展，更有利于进行需要使用重型武器且需要对战士进行特殊训练的单独战斗。战车战斗和马背战斗尤其推进了这一方面的发展。结果就是，男子回到他们自己的家庭，与他们的妻子生活在一起。人们不再通过男馆的共产主义实现军事保护，而是通过向每位战士授予对土地的特殊权利，使他们能够进行自我武装的方法实现军事防御。这时，血缘关系开始变得特别重要，与此同时，原始万物有灵论或巫术出现，这在之后以一些形式在世界各地出现。

我们显然可以在男馆制度中找到图腾制的起源[1]，且图腾制以万物有灵论为基础，不过图腾制与万物有灵论的关联在之后逐渐消失。图腾可以是被认为被神灵依附的动物、石头、手工制品或任何其他东西，而且，图腾氏族中的所有成员都与该神灵有亲缘关系。如果图腾是一只动物，图腾氏族的成员则不能宰杀这种动物，因为这种动物与这个共同体有着同样的血统。此外，从这种禁忌中会衍生出各种仪式禁忌。属于同一图腾的人们会形成一个文化统一体，一个和平的群体——成员之间不能发生争斗。这些成员执行外婚制，图腾氏族成员之间的婚姻会被视为乱伦，违反该规定的成员需要接受严厉的惩罚来赎罪。因此，一个图腾

---

[1] 参考 J. G. 弗雷泽（J. G. Frazer），《图腾崇拜与异族婚姻》，伦敦，1910。

氏族会与其他图腾氏族组成婚姻群体。就这一点而言，图腾群体是一个经常贯穿在家族和政治团体中的仪式概念。此外，尽管在个别民族，父亲与他的妻子和子女生活在一个家庭团体中，但母系继承原则得到了普遍采用，子女属于母亲的氏族，并在礼仪方面与父亲疏远。这是所谓的母权制社会的事实基础，因此，与图腾制一样，母权制是从男馆制度时代遗留下来的。在没有实施图腾制的区域，我们可以发现家长制或按照父系继承的父权制。

可以根据建立的土地使用权来确定不断发展的父权制趋势与之前的母权制的斗争。土地的分配可以按照经济原则进行，即土地被认为是女性的工作场所，或按照军事原则分配，在这种情况下，土地被认为是战利品、军事保护的目标。如果主要耕种任务由女性承担，则土地由作为子女监护人的舅父继承。如果正好与之相反，土地被视为"枪地"，那么土地的所有权归军事组织所有，子女也归父亲所有，这样的结果就是女性对土地并不享有任何权利。军事群体试图通过将土地分配保留为父权氏族的一项职能，维持其成员提供军事服务的经济基础。这些努力最终导致产生娶寡嫂制，以及关于女性继承人的法规，即最亲近的亲属有权利和义务迎娶作为某个支系的最后一人的女性后代。在希腊，这种制度特别常见。

另一个可能性是父权组织和母权组织之间的关键性因素是个人财产关系。在经济实力平等的人们之间，比较古老的婚姻形式显然是换妻，[1] 特别是在家族与家族之间，年轻男子经常会用

---

[1] 参考《创世纪》，34—8及以下内容。

他们的姐妹进行交换。随着经济地位出现分化，女性被看作是劳动力，会被作为一种有价值的物件、一种用来干活的动物买卖。无力购买妻子的男性需要为妻子服务，并永远住在她的家里。买卖婚姻和通过服务获得的婚姻（分别代表父权制和母权制）可以同时存在，甚至可以在同一个家族中存在。因此，这两种都不是得到普遍实行的制度。无论是在女性自己的家庭共同体中，还是在买下这位女性的男性的家庭共同体中，女性总是处于男人的权威之下。买卖婚姻与通过服务获得的婚姻一样，可以是一夫多妻或一妻多夫的。富裕的人可以根据自己的意愿购买妻子，而无财产的人，特别是兄弟，可以一起购买一个共有的妻子。

我们可以将这些关系追溯至群婚制，群婚制可能是从具有巫术意义的婚姻限制（例如，图腾群体或家庭共同体之间的婚姻限制）中发展而来的。根据群婚制，男子可以相继或同时娶另一个家庭共同体中的多名姐妹，或者在一群女性因为群婚制成为娶她们的群体的财产后，将这些女性接过来。群婚制只在个别地区偶然出现，且明显不是婚姻制度演化的一个一般阶段。

通过买卖获得的妻子通常应该服从男子的绝对父权制权威。这种最高权威是原始时期的一个事实。原则上说，这种最高权威总是作为原始民族的一个特征出现。

（D）氏族的演化

现在，我们将开始讨论氏族的演化。在盖尔语中，氏族一词的含义是"血缘亲属"，且与对应的德语词语Sippe（氏族）一样，与拉丁语中的proles（子孙、后裔）的含义相等。在对氏族的演化进行探讨之前，需要对不同类型的氏族进行区分。

（1）氏族成员在巫术意义上具有亲属关系，且需要遵守食物禁忌、成员之间的特定仪式行为规则等的氏族。这类氏族是图腾氏族。

（2）军事氏族（胞族），这类氏族是最初设有男馆的那类共同体。他们对后裔的控制具有非常广泛的意义。根据原始人类的用语，没有在男馆见习且没有经过严格锻炼和与之有关的体力测试，或没有参加过祭礼的个人无异于一个"女人"，且不能享有男子享有的政治特权或随之而来的经济特权。在男馆消失之后，军事氏族还在很长一段时间内保持着他们的早期重要意义。例如，在雅典，个人就是通过这类团体获得公民权。

（3）作为一定范围内的血缘关系群体的氏族。在这类氏族中，男系氏族是最重要的，而且，当前的论述也只与男系氏族有关。这类氏族的职能是：履行对外族人实施血腥复仇的责任；在群体内部进行罚金的分配；氏族是"枪地"的土地分配单位，而且直到有历史记载的时期，根据中国、以色列和古代日耳曼的法规，氏族男性成员具有特殊权利，在将土地卖给外族之前应该满足这些权利。从这一点上说，男系氏族是一个经过挑选的群体；只有在身体和经济方面有能力参加战斗的男子才会被允许成为氏族的成员，不能满足该要求的人只能将他自己"委托给"领主或保护人保护，并服从领主或保护人的权威。因此，男系氏族实际上拥有了财产所有者的特权。

氏族可能是有组织的，也可能是无组织的，而氏族的最初状态可能是处于这两个状态之间。每个氏族中通常都有一位族长，不过在有历史记载的时期，氏族的情况往往不是这样。原则上说，这位族长只是同辈中居首位的人。他会在氏族成员出现争执时充当仲裁者，并负责成员间的土地划分。当然，在做这些事情时，他是根据传统而不是自己的意愿行事，因为氏族成员享有同等的权利，或者就算是存在不平等，这些不平等至少也有明确的规定。最典型的族长是阿拉伯地区的酋长，这些酋长只通过劝告和好榜样来管理氏族中的成员，这与塔西佗时代的日耳曼族长一样，日耳曼族长通过榜样而不是命令的方法管理族人。

氏族制度在不同区域的命运截然不同。在西方，氏族最终完全消失了，而在东方，氏族被完整地保留了下来。在古代，家族和氏族发挥了非常重要的作用。每个古老城市最初都是由氏族而不是个人组成的。个人只是以一个氏族、军事组织（胞族）和负担分配组织（族系）的成员身份属于一个城市。印度的情况也是这样，上层种姓（特别是骑士种姓）的人员必须拥有一个氏族成员身份，而下层种姓和后来建立的种姓的成员属于迪维克（devak），也就是一个图腾群体。在这里，氏族的重要性体现在这样一个事实上，即土地制度以氏族首领的土地授予为基础。因此，我们在这里还可以发现作为土地分配原则的世袭身份或神授力量。一个人不会因为拥有土地而成为贵族，但相反，一个人会因为贵族氏族的成员身份而拥有土地的继承权。另外，在西方的封建制度中，土地由封建领主分配，与氏族和血缘关系无关。而且，封臣的忠诚也是个人义务。在中国，当前的经济制度依旧是半共产主义的，并以氏族为基础。氏族在各自的村落中建立了学校和仓库，并维持田地的耕作、参与继承问题、对氏族成员的轻微罪过负责。个人的全部经济生活依赖于他的氏族成员身份，而且，个人的信誉通常就是其所在氏族的信誉。

氏族制度的瓦解是由两种力量引起的。其中一个是预言的宗教力量：先知试图建立他自己的共同体，不考虑氏族成员身份。耶稣说："我来，并不是叫地上太平，而是叫地上动兵刀。因为我来是叫人与父亲生疏，女儿与母亲生疏"（马太福音10：34-35节），"人到我这里来，若不恨自己的父亲、母亲、妻子、儿女、弟兄、姐妹……，就不能做我的门徒"（路加福音14-26节），这表明了每位先知对作为一种制度的氏族的计划。在中世纪，教会力图废除氏族的继承权利，以确保他们可以保留捐给他们的土地。不过在这一方面，不仅只有教会如此，在犹太人中也有一些力量在做着同样的努力。直到犹太人被逐出时，氏族一直保持着活力。在被逐出之后，平民被登记在之前为上层社会家庭所保存的氏族宗谱中。但是，氏族之间的界限在之后却消失了，这可能是因为最初具有军事性质的氏族在非军事化的犹太国家中没有基础，所以那里只有依据血统和个人信仰获得宗教团体成员资格的人。

促使氏族制度瓦解的第二种力量是政治官僚主义。我们发现，在古代，政治官僚主义在新帝国时期的埃及得到了极大的发展。在埃及，氏族组织的痕迹已经荡然无存，因为国家并不允许氏族制度的存在。因此，在埃及出现了男女平等和性契约自由，子女通常会使用母亲的姓氏。埃及皇室害怕氏族，因此鼓励官僚主义的发展。这一做法的结果与中国的情况正好相反，在中国，皇室并没有足够的能力打破氏族的权力。

（E）家庭共同体的演化

原始家庭共同体不一定是纯共产主义的。在家庭共同体中，所有权，甚至是对子女的所有权，尤其是之后对铁制工具和纺织产品的所有权，通常都得到了相当大的发展。而且，家庭共同体中还存在女子继承女子遗产和男子继承男子遗产的特殊权利。此外，在一般情况下还存在绝对家长权，但在其他组织中（例如，图腾组织或母系氏族），家长权会被削弱。不过，虽然家庭共同体在财产方面不是纯粹共产主义的，但在消费方面却绝对是纯粹共产主义的。在此基础上，家庭共同体采用了不同的发展方案，并实现了不同的结果。

小家庭可以逐渐发展成大家庭，这个大家庭可以是自由共同体形式的，也可以是庄园式家庭形式的——就如拥有土地的男爵或王公的家庭形式一样。自由共同体一般是在经济基础上发展起来的劳动集中的结果，而庄园发展则是政治环境引起的结果。

家庭共同体逐渐演变，在南斯拉夫人居住区域发展成了扎德鲁加，在阿尔卑斯山区发展成了公社。在这两种情况下，家长通常都是选举产生的，且通常是可以被罢免的。最初的家庭共同体在劳动方面通常是纯粹共产主义的。退出该团体的人会被没收分享公共财产的所有权利。不过在其他地方，例如在西西里岛和东方，人们有时会采用不同的发展方法，因为共同体不是遵循共产主义原则组织的，而是以份额为基础组织的。这样，无论个人想要去哪，个人总是可以要求划分财产，并获得自己的份额。

庄园发展的典型形式是家长制。家长制的显著特点是所有财产权归一个人所有，即归家长所有，家长之外的其他任何人都无权要求核算账目。此外，这个专制地位是世袭的，家长可以终身享有该地位。这种专制权利可以适用于妻子、子女、奴隶、牲畜和工具，即罗马法律中规定的家产（罗马法律显示了家长制的经典、完善情况）。这种完全所有权是绝对的，且与对女性的夫权或对子女的父权的相关原则存在差异。作为家长的父亲的权力非常大，可以处死或买卖妻子、买卖子女或出租子女去为他人劳动。他的这些权力只受到一些仪式上的限制。根据巴比伦、罗马和古代日耳曼的法律，父亲可以在有子女的情况下收养其他子女，并给予养子女与亲生子女平等的待遇。女奴隶与妻子之间、或妻子与姜室之间、或养子与奴隶之间没有任何区别。而养子之所以被称为子女的原因是他们与奴隶之间存在一个区别，即他们某一天会有机会成为家庭的首领。简而言之，这个制度是一个纯粹的男系氏族制度，与游牧经济和单独进行战斗的骑士组成的军事阶级有关系，或与祖先崇拜有关系。不过，不能将祖先崇拜与对死者的祭司混为一谈，在没有祖先崇拜的情况下也可以存在对死者的祭司，以埃及的情况为例。祖先崇拜涉及对死者的祭司与氏族成员身份的组合，例如，在中国和罗马，父权的不可动摇地位就是以这种组合为基础。

不过，家长制家庭共同体在之后不再以最初、未改变的形式存在了。其最初形式的瓦解是由阶级内婚制的引入引起的，因为根据阶级内婚制，上层阶级氏族只会将他们的女儿嫁给同阶级的人，并要求她们的地位高于女奴隶。此外，在妻子的主要职能不再是劳动时——这也首先出现在上层阶级——男子也不会再将她们作为劳动力来购买了。这样，一个准备嫁女儿的氏族就需要为他们的女儿提供维持其阶级标准所需的嫁妆。该阶级原则的实施造成了合法、一夫一妻制婚姻与家长权之间的区别。带有嫁妆的婚姻成为正常的婚姻形式，女方的氏族要求女方成为正室，而且只有女方的子女能够成为继承人。因此，事实并不像社会主义学说所假定的那样，即男子对其财产的合法继承人的关心促进了婚姻制度的发展。男子可以通过很多方法实现其对继承人的想法。女性对确保她的子女获得丈夫的财产的关注在婚姻制度的发展中具有决定性作用。不过，该发展并不是一定会涉及一夫一妻制婚姻。总的来说，部分地区仍然实施一夫多妻制。也就是说，除了正室以外，男子还可以迎娶第二位妻子，第二位妻子所生的子女具有有限的继承权或不具有继承权。

据我们所知，作为主要婚姻形式的一夫一妻制首先出现在罗马，是以罗马的祖先崇拜形式正式确定的。与希腊的情况不同（一夫一妻制已经为希腊人所熟知，但该制度的实施却依然比较宽松），罗马人严格执行该婚姻制度。后来，这项制度获得了基督教诫命的宗教支持，而且，犹太人也效仿基督教的事例建立了一夫一妻制，但这是在加洛林王朝统治时期发生的。合法婚姻制度涉及妾室与正妻之间的区别，而且，女方氏族也在保护女方权益方面做出了进一步的努力。在罗马，女性首先在经济和人身方面从男方权威中解放出来，建立了所谓的自由婚姻——任何一方都可以随时终止该婚姻，且在该婚姻中，女性可以对自己财产享有完全控制权，不过，如果婚姻结束，她将失去对子女的所有权利。即使是查士丁尼也不能废除该制度。从带嫁妆的婚姻到合法婚姻的演化曾体现在很多法律制度中发现的带嫁妆的婚姻与不带嫁妆的婚姻之间的区别上。埃及的情况和犹太人在中世纪的情况都是很好的例证。

第三章
领主所有权的起源

　　小家庭可能是共产主义家庭发展的起点，但也可能会演化成较大规模的庄园式家庭。从经济关系角度来看，庄园式家庭主要是农业所有制发展的中间阶段，因此也是庄园制和封建制度的中间阶段。

　　在该发展的基础上出现的财富分化是由多种原因引起的。其中一个原因是酋长的影响——不管是氏族的酋长还是军事共同体的酋长。氏族成员之间的土地分配由氏族的酋长决定。该传统权力通常会发展成为可以世袭的领主权力。氏族成员对这种世袭身份的尊重表现为赠送礼物、提供与耕种和房屋建筑有关的协助，不过，这些表达从开始的应邀劳动变成了之后的义务。军事领导者可以通过内部分化或征服氏族外部区域来获得土地所有权。在任何地方，军事领导者可以在战利品分配和占领土地分配方面享受特权。他的追随者也要求在土地分配方面享受特殊待遇。这种领主土地通常不用承担普通土地划分所需的负担，如古代日耳曼经济制度一样，但却要由普通份地的耕种者帮助耕种。

　　随着军事技术的发展和军事设备质量的改进，专业军人阶级出现，这导致了内部分化的逐渐加剧。在经济上不独立的人无法参与军事训练，也无法获得军事设备。因此，那些依靠自己的财产可以参与军事服务并为此装备自己的那类人与无法做到这一点且因此无法维持完全自由人状态的那类人之间产生了一些区别。与军事发展一样，农业技术的发展在这方面也发挥了类似的作用。其结果就是普通农民越来越被束缚在他自己的经济职能中。此外，受这样一个事实的影响，内部分化出现了进一步的发展：擅长作战且能够为自己提供装备的上层阶级通过自己的军事活动不同程度地积累了战利品；而无法做到这一点的非军事人员却需要承担越来越多的劳役和赋税。这些劳役和赋税要么是直接通过武力强加的，要么是由豁免购买引起的。

内部分化的另一个推动因素是敌人的征服。在最初，被征服的敌人会被屠杀，且征服者在一些情况下还会举行自相残杀的狂欢仪式。人们只是在后来才开始利用俘虏的劳动力，并将他们变成一种承担沉重负担的奴隶阶级。这样就出现了一个拥有劳动力的领主阶级，这个阶级的人因此可以开垦和耕种土地——这是普通自由民无法做到的事情。奴隶和奴役人口可以由集体共同使用，被作为整个群体的共有财产而被用于进行土地的集体耕种，这在一定程度上与斯巴达奴隶类似，或可以归个人所有，被分配给各个领主去耕种领主个人的土地。后面一种情况的发展促进了贵族阶级在获胜地区的产生。

除了征战和内部分化之外，我们还需要考虑无装备人员对军事首领的统治的自愿服从。无装备人员需要获得保护，所以需要承认一位领主是他的保护人（在罗马）或主人（就像梅罗文加王朝的法兰克人一样）。这样，无装备人员就获得了出庭申述的权利（就像在法兰克帝国一样），获得了请善战者替他参加决斗来进行诉讼决断的权利，或获得了由领主而不是族人证明他无罪的权利。作为回报，他需要承担提供徭役和赋税的责任，不过，这一发展的意义并不在于对依附者的经济剥削。这些依附者可以被要求召集起来履行与自由民身份相等的徭役，特别是兵役。例如，在罗马共和国覆灭之前，很多元老院议员通过这种方法召集了数百名隶农和被保护者来对抗恺撒。

领主所有权的第四个起源是封建条件下的土地垦殖。拥有大量劳动力和役用动物的酋长可以开垦新的土地，而且开垦的规模远大于普通农民的规模。此外，按照相关原则，只要土地开垦者能够继续耕种被开垦的土地，被开垦的土地就属于开垦者所有。这样，对人类劳动力的控制差异可直接和间接影响领主阶级对土地的获得。利用优越经济地位的一个示例就是贵族对罗马公田行使的占有权。

在开垦后，领主土地经常会被以出租的方式耕种。土地会被出租给外来者（例如出租给手工艺者，手工艺者因此会受到国王或领主的保护），或被出租给贫民。对于后者，我们还发现存在牲畜出租的情况，这在游牧民族中尤其常见。另外，如需耕种贵族的土地，移居者通常需要承担赋税和徭役。这就是所谓的隶农制，该制度在东方、意大利、高卢人居住区和日耳曼人居住区都有采用。货币采邑和粮食采邑，尤其是贷款，通常也是积累农奴和土地的方法。除了隶农和奴隶之外，苦工或债务奴隶也发挥了重要的作用，特别是在古代的经济生活方面。

从氏族关系中产生的那些依附形式通常与从领主权力中发展出来的依附形式混合在一起。对于领主保护下的无地民或外来者来说，氏族成员身份不再是问题，而且在封建依附者范畴中，氏族成员、马尔克成员和部落成员间的区别消失了。导致领主权力发展的另一个因素是巫术职业。在很多情况下，酋长不是从军事首领，而是从祈雨法师发展而来的。巫医可以对特定目标施咒，被施咒的人会受到"塔布"的保护，因此不会受到任何干扰。这样，巫术贵族获得了祭司的财产，而且，如果王公与祭司达成联盟，王公就会通过禁忌来保护自己的私人财产，这种情况在南太平洋诸岛中尤其常见。

促进领主所有权发展的第六个因素是贸易。对与其他共同体之间的贸易的管理通常完全由酋长负责，而且在最初，酋长在使用该权利时必须考虑部落的利益。但在之后，酋长开始通过征税的方法来增加自己的个人收入，而在最初，税收只是外商为酋长给予的保护需要支付的款项，因为他会向他们授予市场特许经营权并保护市场交易（不用多说，这肯定是为了获得报酬）。而在后来，酋长经常以自己的名义进行贸易，通过排除共同体（村落、部落或氏族）的成员来建立垄断。这样，他就获得了借贷的手段，而借贷正是他将部落成员变成劳役偿债者的手段，也是他积累土地的手段。

这些酋长可以用两种方法进行贸易：其中一种方法是单个酋长掌握贸易的管理权，因此，掌握贸易的垄断；另一种方法是一群酋长联合起来达成贸易协定。第二种方法可以导致城市和商人贵族阶级的形成，其中，商人贵族阶级是那些依赖于通过贸易利润累计的财产来获得地位的特权阶级。第一种情况常见于很多黑人部落，就像喀麦隆海岸的情况一样。在古埃及，贸易的垄断通常掌握在个人的手中，法老的皇权在很大程度上依赖于他们的个人贸易垄断。此外，我们还可以在昔兰尼加地区的国王以及之后的部分中世纪封建主义中发现了类似的情形。

第二种酋长贸易形式及城市贵族的发展在古代和中世纪早期最为典型。在热那亚和里亚尔托河畔的威尼斯，只有住在一起的贵族家庭才是正式市民。他们会通过各种形式的贷款为商人提供资金，但自己并不会参与贸易。这种行为的结果就是其他群体，特别是农民对城镇贵族负有大量债务。这促成了古代贵族土地所有权与军事王公的产生。因此，古代国家的特点是城镇聚集在沿海，而城镇中住着拥有大片土地且很多与贸易有着密切利益关系的贵族。一直到希腊时期，古代文化都带有这种沿海特性。在这段历史时期，没有城镇位于距离海岸超过一天路程的内地。不过，与这种情况相反，贵族酋长及其租户位于乡村。

从税收组织和国家官僚机构这两个方面来看，领主所有权的产生还可能存在财政根源，而且存在两种可能性。其中一种情况是产生属于王公所有的集权个人事业，其中员工对他们所使用的资源没有所有权，因此，政治权力仅属于王公所有。另一种情况是产生负责经营的阶级组织，其中包括封臣、税款包收人和官员的事业，他们的事业会与王公的事业一起经营并发挥辅助作用。在后一种情况中，王公会向下属授予土地，而下属需要承担所有经营费用。根据这两种制度中一种或另一种制度的影响，国家的政治和社会制度完全不同。而对于哪一种制度能够占统治地位，这在很大程度上取决于经济方面的因素。在这一方面，东方与西方的情况正好相反。在东方经济中——中国、小亚细亚、埃及——灌溉农业占有主要地位，而在通过土地开垦发展起来的西方，林业占有重要地位。

东方的灌溉农业是从原始的耨耕直接发展而来的，不涉及耕畜的使用。与灌溉农业一起发展的还有园林耕种，主要利用大江大河进行灌溉。例如，在美索不达米亚，用于灌溉的是底格里斯河与幼发拉底河；而在埃及，用于灌溉的是尼罗河。灌溉及其管理的先决条件是系统而又组织的农业，近东地区的大型皇室事业就是从中发展出来的，新底比斯帝国中的情形是最典型的示例。亚述国王和巴比伦国王率领起源于男馆制度的家臣进行的军事行动主要是为了掳掠劳动力，以确保建筑运河与将沙漠改造成耕田所需的人力。[1]

君主保留有水利监管的控制权，但该权利需要由组织有序的官僚机构执行。埃及与美索不达米亚的农业和灌溉官僚机构（因此，其基础是经济）是世界上最古老的官僚机构。在历史时期，该机构一直是君主个人经济组织的附属物。其中的工作人员是奴隶或国王的依附者或士兵，这些人员被烙上了印记，以防止他们

---

[1] 这说明了以色列人在埃及的命运。

逃跑。国王的赋税管理以实物贡纳为基础，缴纳的实物被储存在仓库中，国王可以使用这些物资来供养他的管理人员和劳动者。这类物品供应是最古老的工资形式。

从整体来说，这个制度的结果是让民众与王公建立奴役与被奴役的关系。该关系主要体现在所有依附者的义务徭役及村庄对强加负担的共同责任，并最终体现在托勒密王朝规定的被称为户籍的原则上。根据该原则，个体农户不仅被束缚到土地上，还被束缚到村落中，而且，如果他不能证明自己的户籍，他实际上就是一个不法之徒。这个制度不仅被埃及采用，还被美索不达米亚和日本采用。此外，我们发现，在7世纪到10世纪之间，日本还采用了班田制。在这些情况下，农民的地位与俄国的米尔成员一致。

从依附人口的义务徭役中逐渐发展出了以王公为中心的货币经济。该发展也可能有多个历程。其中一个历程是通过王公负责生产和贸易的个体经济发展，另一个历程是王公利用在政治上臣服于他的劳动力生产物品，这些物品不仅是供他使用的物品，还可以用于交易，正如埃及和巴比伦王国的情况一样。贸易和以贸易为目的的生产是大家庭作为副业进行的，因此，家庭与工业企业之间没有界限。就是被罗德贝图斯（Rodbertus）称为家庭经济的经济组织类型。

这种家庭经济又是多种发展的初级阶段。其中一种发展是埃及的谷物银行制度。法老拥有分布在各地的谷物仓库，农民不仅需要将其应缴纳的实物贡纳送到仓库，还需要将他的全部产品送到仓库。对于这些产品，国王可以开具可以作为货币使用的单据。另一个可能性是皇室货币税务的发展，不过，该发展以货币使用在私人经济关系中的较大程度渗透，以及国内生产和一般市场的长足发展为先决条件。在托勒密王朝时期的埃及，所有这些条件都得到了满足。不过，受当时行政管理技术的发展状态的限制，该制度在编制预算方面遇到了困难。因此，统治者通常会将计算风险转移给别人，而且，统治者通常会采用以下三种方法中的一种来转移风险：他会将税收分包给冒险家或官员，他会将税收直接委托给需要税收来供养的士兵，他会将任务交给领主。将赋税征收任务交给私人的做法是缺乏可靠管理机器的结果，而可靠管理机构的缺乏则是官员在道德方面的不可靠造成的。

将税收分包给冒险家的做法在印度也得到了最大限度的发展。[1] 这类扎明达尔都有可能发展成为领主。士兵招募工作也被交给了被称为查吉达的承办者进行，这类承办者需要招募一定数量的士兵，无论士兵的组成如何。这些承办者也在力求成为领主。这些领主与完全独立的封建贵族类似，其地位与同样需要招募士兵的瓦伦斯坦（Wallesstein）类似。统治者在将税收交给官员时，他会通过协议的方式约定一个明确金额，超出该金额的部分归这些官员所有，不过，这些官员还需要负责下属管理人员的费用。这正是中国早期官僚机构及古代东方的省长组织采用的制度。随着税收制度向现代税收制度的过渡，中国统计资料表明中

---

[1] 参考马克斯·韦伯，《宗教社会学论文集》，卷二，第69页及以下。

国人口出现激增，这是中国官员一直故意少报的结果。以王公为中心的货币经济引起的第三个可能性是将税收委托给士兵。这是在国家即将破产时采取的挽救方法，且是在王公无法支付军饷时采用的。而且，正是这种方法的采用导致了从10世纪开始，哈里发国的事务转而由土耳其士兵统治。士兵逐渐成为军事贵族，因为中央政府实际上不再对税收拥有管理权，且已经将其职权转交给了军队。

征收货币和招募新兵的最初政治职能的三个个人化形式（即集中到私人包办人、官员或士兵手中）成为东方封建主义的基础。东方封建主义是在货币经济瓦解（这是国家在通过官员管理税收方面的技术能力不足造成的）时发展起来的。其结果是产生了一种次要的合理化农业共产主义，其中农民共同体对税款包收人或负责征收税款的官员或军人担负共同责任，而且共同体中的农民共同耕种，并被束缚在土地中。明显不同于西方制度的一点是，在东方没有产生私有地经济（庄园田产经济），占有主要地位的是强制赋税的征收。不同于西方制度的另一个特点是，如果在从实物贡纳向用货币贡纳过渡的过程中遇到困难，就存在回到物物交易经济的可能性。在这种情况下，东方政治制度很容易会从高度发达的文化状态跌回到原始物物交易经济的文化状态。

我们发现，实现王室收入的第四种，也是最后一种方法是将这个职能交给酋长或领主。这样，王公可以避免行政管理组织的问题。他可以将赋税的征收，有时也包括新兵的招募，转移给早已存在、具有私人性质的机构。这就是在帝国时代，罗马的文明从沿海向内陆传播、国家从原来的沿海城市联盟向封建割据国家转化时发生的情况。内陆采用的只是庄园经济，且没有使用货币。在获得征收赋税和招募新兵的职能后，领主，即有产者，变成了统治阶级，这一直持续到查士丁尼时代。他们所统治的依附人口可以使他们能够缴纳赋税，但帝国管理制度的发展并不能与帝国的发展保持一致。从行政管理技能方面来说，这个情况的主要特征主要体现在这样一个事实中，即在自治城出现的同时，封建割据地区也出现了。封建割据地区的首领是拥有土地的贵族，他们对国家的责任是征收赋税和招募新兵。基于这种情况，西方逐渐发展出了隶农制，但在东方，隶农制与户籍制一样古老。在罗马皇帝戴克里先（Diocletian）统治时期，这项基本原则被应用到整个帝国。每个人都被划分到一个属地征税单位，且不准离开该地区。在经济和政治生活的重心已经从沿海转移到内地，这类地区的首领通常是一个地方领主。

这种发展的一个特殊事例是殖民地所有权的出现。最初，获得殖民地的利益是纯财政性质的——殖民资本主义。殖民者通过要求臣服的原住民以货币形式缴纳赋税或上交产品（特别是食物和香料）的方式实现该目标（即经济剥削）。国家通常会把对殖民地的剥削转交给商业公司进行——例如，英国东印度公司与荷兰东印度公司。原住民酋长成为共同责任的中间人，并因此逐渐发展成了地方领主，而原本自由的农民变成了他们的农奴或被束缚在土地上的依附者。对土地的依附关系，以及封建责任和公共耕种、重新分配土地的权利和义务都出现了。殖民地所有权发展的另一个形式是领主的个人土地分配。这种类型的土地分配正是西班牙南美洲殖民地的托管地[1]。托管地是一种封建赐封地，附带有强加给印第安人强制徭役、赋税或劳动义务的权利，这种形式一直持续到19世纪初期。

与东方的政治特权私人化制度形成（出于财政的原因，与货币经济有关）对比的是西方封建制度和日本封建制度的产品经济，以及通过领地授予促进的封建所有权的发展。[2]封建制度的一般目的是通过将土地和领主权利赏赐给可以承担封臣义务的那些人来供养骑兵。这有两种形式，取决于所有权是被作为封地还是俸禄授予。

对于作为俸禄而授予的土地，土耳其封建主义的组织是典型代表。土耳其并没有确定永久的个人所有权，只是授予终身个人所有权，作为服役的报酬。这些封地的价值是根据其产量来评估的，而其分配是根据封地被授予者的家庭地位和封地被授予者的军事服务进行的。因为这些封地是不可继承的，因此被授予者的儿子只能在提供了特定军事服务时才能继承这些土地。根据法兰克王室管家的相关规定，土耳其宫廷作为最高封建机关，对所有细节进行了监管。

这种制度与最初在日本实施的制度类似。在10世纪以后，

---

[1] 参考A. 赫尔普斯（A. Helps），《西班牙对美洲的侵略》，4卷，伦敦，1855—1861。委托监管制的前提条件是采用分配制度，即在根据人员数量在领主之间分配印第安人。

[2] 参考马克斯·韦伯，《经济与社会》（《社会经济学概论》的第三部分），蒂宾根，1922，第724页及以下。

日本的制度从之前的班田制过渡到了一种基于俸禄原则的制度。幕府将军（即天皇的封臣和主将）在其幕府的帮助下，根据田地的水稻产量对田地进行了估值，并将田地授予给他的部署——大名，大名又将土地赏赐给他们的部下，即武士。之后，封土的继承制度建立起来。不过，之前对幕府将军的依赖仍然存在，且以幕府将军管理大名，大名监督其下属武士的行为的形式存在。

俄国封建制度与欧洲的封建制度相近。在俄国，封土被作为向沙皇履行特定服役义务和承担税收义务的报酬而授予。耕地被授予者必须担任文武官职，这条规定在叶卡捷琳娜二世（Catherine II）统治时期才被取消。在彼得大帝统治时期，土地税收征管制度转变为人头税征管制度，这致使土地持有者开始根据其家庭中的人口数量（根据定期人口调查确定）缴纳赋税。我们在之前已经说过该制度对整个农业组织的影响。

继日本之后，中世纪西方是封建主义发展最纯粹的地方[1]。罗马帝国后期的情况为封建主义的发展做了铺垫，特别是在土地占有制方面。罗马帝国后期的情况已经具有了半封建性质。日耳曼酋长的土地权与罗马的情况融合在了一起。通过土地开垦和占有（获胜的军队必须配备土地）以及最后的大规模"托庇"，土地持有的规模和重要性得到了大幅增加。随着军事技术的进步，没有财产的农民或不能为自己配备服兵役所需的装

---

[1] 参考P. 维诺格拉多夫（P. Vinogradoff）的概述，《封建主义的起源》，载《剑桥中世纪史》，卷二，第631页及以下，和《轮封建主义》，载《剑桥中世纪史》，卷三，第458页及以下。

备的农民不得不投靠一个经济能力更强大的人。封建主义发展的另一个影响因素是土地被大规模地转移给教堂。不过，对封建主义发展具有决定性影响的是阿拉伯人的入侵和通过法兰克骑兵反抗伊斯兰教的必要性。查尔斯·马特尔（Charles Martel）进行了大规模的宗教财产还俗活动，希望使用从被没收的土地中产生的利益来建立一支庞大的封臣骑士军队（军队中的军人需要全副武装）。最后，除了授予封地之外，分封官职和特权的惯例也逐渐形成。

第四章
庄园

　　领主所有权的内部发展，尤其是西方庄园[1]的内部发展，首先取决于政治和社会阶级关系。领主的权力由三个因素构成：土地持有（领土权），人员的占有（奴隶），政治权利的占有——通过强夺或分封。最后一项因素特别适用于司法权，司法权是一种与西方的发展有关的最重要单一力量。

　　无论在任何地方，领主都在争取获得"豁免权"，以与上面的政治力量相抗衡。他们不允许君主的官员进入他们的领地，即使允许，君主的官员必须直接找到领主，请领主帮助他完成他代表政治当局执行的任务，例如封建赋税的征收或征召人员入伍。除了这个消极方面之外，豁免权还存在积极的一面。至少从国家

---

　　[1] 参考 A. Dopsch（A. 多普施），《加洛林时期的经济发展》，第2版，共两卷，魏玛，1921—1922；另可参阅P. 维诺格拉多夫的概述，见第三章的注5；H. 泽（H. See），《法国的农村阶级与庄园制度》，巴黎，1901；F. 西博姆（F. Seebohm），《英国村落共同体》，第4版，伦敦，1890；P. 维诺格拉多夫，《英国的隶农制度》，牛津，1892，以及《庄园制的发展》，第2版，伦敦，1911；F. W. 梅特兰（F. W. Maitland），《末日审判簿及其前史》，剑桥，1897；F. Pollock（F. 波洛克）和F. W. 梅特兰，《爱德华一世统治时期前的英国法律史》，第2版，共2卷，剑桥，1898；R. 科茨克（R. Kotschke），《经济史》，第80页及以下。

官员手中拿走的一些直接行使权利成为豁免权持有者的特权。这种形式的豁免权不仅存在于法兰克帝国中，在此之前已经在巴比伦王国、古埃及和罗马出现。

司法权的占有与使用具有决定性意义。各地的土地和劳动力所有者都在努力争取该特权。在穆斯林哈里发辖区内，这些所有者并未成功获得该特权，政府的司法权并没有被削弱。不过，西方的情况正好与之相反，领主在这方面的努力通常都成功了。在西方，领主通常对他的奴隶享有无限制的司法权，而自由民只受公众法院的管辖。对于非自由民，官方法庭的刑事判决具有最终效力，而根据早已形成的惯例，奴隶的刑事判决必须有领主参加。随着时间的推进，自由民与非自由民之间的差异逐渐消失，领主对奴隶的权力被削弱，但领主对自由民的权力却得到加强。在10世纪至13世纪期间，公共法庭开始越来越多地干涉涉及奴隶的案件的审判，而且涉及奴隶的刑事案件经常会被提交给公众法庭审判。尤其是在8世纪到12世纪，奴隶的地位得到稳步提高。随着大规模征服活动的停止，奴隶贸易开始下降，奴隶市场的奴隶供应出现问题。但与此同时，因为开发森林的原因，人们对奴隶的需求出现大幅度增长。为了获得并留住奴隶，领主开始逐渐改善他们的生活条件。与拉丁的所有者不同，这里的领主主要是武士而不是农场主，很难对非自由依附者进行有效监管，这导致奴隶的情况得到逐步改善。另一方面，随着军事技术的发展，领主对自由民的权力得到加强，这导致领主的家庭权力得到扩张——由之前的仅限于家庭扩张至他的整个领土范围。

自由和非自由土地租用条件与自由和非自由民之间存在一定的对应关系。在这一方面，我们需要考虑租佃和分封。租佃是指以契约文件为基础建立的一种出租关系，是由各个阶层的自由民订立的。最初，该契约是可以根据个人意愿终止的，但在不久之后，该契约逐渐演变成一种每五年续签一次但实际上是终身且通常可以世袭的契约。分封是为交换劳役（最初是各种形式的劳役），或在某些情况下，为交换赋税而进行的一种领地授予。后来，分封开始分化为对自由封臣的分封（那些承担封建徭役义务的封臣）和对自由民的分封（那些需要在领主土地中劳动的自由民）。除了这两种形式，还存在第三种土地租赁形式，即土地垦殖租赁，通过这种方法，领主可按照一定的税收将土地授予农民开垦，被授予者可以世袭占有土地。这就是所谓的免役租（永佃权），在之后促进了城镇的发展。

这三种形式都与村落共同体之外的土地有关。与这三种形式正相反的是庄园地产（庄园）及其所属土地，查理曼大帝（Charlemagne）的《庄园法典》对此进行了详细规定。[1]庄园中包含两种土地：一是领主土地或私有地，包括萨利克宅基地（直接由领主的管理人员管理）和分有地，即领主份地（位于自

---

[1] 参考G. 拜斯特（G. Baist），《社会与经济史季刊》，第七期（1914），22 页及以下，和J. 尤德（J. Jud）、L. 斯皮策（L. Spitzer），《言语与事物》，卷六（1914/15），第116页及以下，这与多普施将《庄园法典》解释为对阿基塔尼亚的特别赦免的尝试不同。

由农民村落中）；二是农民的份地或海得地。农民的份地或海得地又被分成具有无限徭役的奴隶份地和具有有限徭役自由份地，这取决于是常年提供人工劳动或团队工作，还是在耕种和收获时提供人工劳动或团队工作。农民上交的实物贡纳和领主私有地（皇室份地被称为皇庄）的全部收成都被存放在仓库中，用于军队的供养。如果有剩余，剩余的产品会被售卖。

　　自由民与非自由民之间的关系发生决定性变化的推动因素是对领主和法官的管辖权确定以领土边界为基础的限制（农役租佃区域或法院司法管辖区——司法权区）。最初，该限制的确定遇到了一个困难，即份地的分布比较分散，例如，富尔达修道院持有数千份分散在各地的田地。从中世纪早期开始，司法权和财产权的持有者开始试图争取合并他们持有的土地。在某种程度上，土地合并一部分是通过"真正的依附关系"实现的：如果农民拒绝同时遵从人身宗主权，领主会拒绝授予某块份地。一方面，因为司法管辖区域和领主农庄中的自由民和非自由民混合在一起，庄园法律得到了发展，并在13世纪发展到了最高点。领主在最初仅对其家族中的非自由成员行使司法权，且如果超出这个范围，他只能根据皇室许可，在他享有"豁免权"的领域行使司法权，但他在自己的份地中需要面对应该为其提供同样劳役的各个阶层的人。在这种情况下，自由民可以迫使领主与他的所有依附者一起组建一个庄园法庭，而且在该法庭中，依附者可以发挥裁判官的作用。这样，领主就丧失了专断控制依附者需义务的权力，而且，这些情况逐渐发展成惯例（与这种情况类似的是在德国革命时期，士兵试图建立士兵委员会，以代表他们对抗军官）。另一方面，从10世纪到12世纪，这样一个原则得以发展，即依据法律，仅根据田地许用这个事实，土地接受者应该服从领主的司法权。

这种发展造成的结果是依附者的自由状态和奴役发生了改变。自由状态的改变在政治上取决于领主对那些因为经济原因无法武装自己的自由民享有的司法权，而非自由状态发生改变的原因是因为森林开发和德国向东殖民的需求不断增加的缘故，对农民的需求出现大幅增加。这两种情况都可以帮助非自由民摆脱领主的管辖，并使领主之间出现竞争，促使领主为他们的依附者提供更有利的生活条件。此外，奴隶贸易停止，新奴隶的供应也因此停止，领主必须为可奴役的人员提供更好的条件。领主的政治状况也有利于提高依附者阶级的条件。领主通常并不是农场主，而是一名职业军人，因此不能有效地进行农业生产。他无法根据不断波动的收入来为他的事务编制预算，因此倾向于根据传统方法确定依附者的赋役，并因此愿意通过契约的形式对这些进行约定。

这样，中世纪的农民内部出现强烈分化，并通过领主权力和庄园法律联合在一起。除了依附者阶级之外，还存在位于领主产业范围之外的自由农民，他们持有免役租的自由保有土地，因此本质上是个体所有者。领主对这类农民不享有司法权。这些自由保有土地持有者从未完全消失，但人数较少，只有少数地方出现了众多此类农民。其中一个地方是挪威，那里的封建制度未得到发展，他们被称为"自由拥有"农民，与依附于他们的无地、非自由阶级相对照。另一个地方是北海的沼泽地——弗里西亚和迪特马什,阿尔卑斯山区的某些地方、提洛尔和瑞士,以及英格兰部分区域的情形也与之类似。最后,在俄国很多地方还有披甲农民,他们是个体所有者。之后出现了属于平民士兵阶级的哥萨克骑兵,他们的社会地位是小农。

作为封建制度发展的结果,在拥有土地的贵族开始征收赋税时,贵族获得了免于缴纳赋税的豁免,但需要负责非武装农民的赋税征收。为了增加领地的军事力量,法国的封建法律规定了"凡土地皆有领主"的原则,他们确定该原则的最初目标是增加俸禄,以作为军事力量的保证。基于这一原则,日耳曼国王还针对每一次土地授予提出了强制再分封规定。税款征收责任的这种分化形成了王公为维护农民份地而实施的政策的基础。他们不会允许农民脱离海得地,因为这样会造成应交税区域减少。因此,王公采取了保护农民,并禁止贵族没收农民份地的制度。

这产生了以下几种经济影响。

(1)领主的大家庭与农民的小家庭并存。农民应承担的赋役最初只是为了满足领主的需求,且是根据惯例确定的。除了维持生活和缴纳应缴赋税所需的农业产品之外,农民并没有试图获得更多的产量,而在从事市场生产之前,领主对增加农民的应缴赋税也没有多少兴趣。领主的生活方式与农民的生活方式相差不大。因此,正如卡尔·马克思(Karl Marx)所说,"他(领主)的肚皮限制了他对农民的剥削"。根据惯例确定的农民阶级的赋税受到了庄园法律和共同权益团体的保护。

（2）因为涉及税收，国家愿意维护农民阶级，法学家也开始参与农民相关的事务，这种情况在法国尤为突出。罗马法并没有像人们通常认为的那样促进了旧日耳曼农民法律的瓦解，而是相反，在帮助农民抵抗贵族剥削方面发挥了重要作用。

（3）让农民依附于土地。这种依附关系（由个人的忠诚引起或由赋税义务引起）在领主开始负责农民赋税征收时出现，而且，贵族开始越来越多地通过篡夺权利来建立这种依附关系。农民只能通过放弃土地并找到被人代替的方法退出共同体。

（4）农民对土地的权利变得异常复杂多样。对于非自由佃户，领主一般有权在佃户死后收回佃户的持有地。如果领主因为没有其他佃户租赁土地而放弃行使该权利，他至少需要征收特殊捐税，例如租地继承税等。自由佃户要么是持有可以随时终止的出租土地的佃户，要么是具有永久权利的公簿持有农。在这两种情况中，佃户的法律地位都是非常明确的，不过，国家通常干涉并禁止取消土地租约——就是所谓的佃权。那些之前曾以自由民身份托庇于领主的依附者开始依附于领主，而领主也反过来依附于他们。领主不能干脆地解散这些佃农，而且在《萨克森明镜》实施阶段，领主必须向佃户支付一点钱。

（5）领主通常会将马尔克组织的公有地据为己有，也常常将公共牧场或公用地据为己有。最初，酋长是马尔克组织的首领。在中世纪，从领主的监管权中逐渐发展出了对马尔克以及村落的公共牧场的封建所有制。在16世纪，在德国爆发的农民战争的矛头主要对准了该权力篡夺，而不是过多的赋税和捐税。农民需要自由牧场和自由林地，但牧场和林地已经不能出租，因为这些牧场和林地变得非常稀少，而且森林可能会被伐尽，就像西西里岛的情况一样。

（6）领主已经确定了很多对他有利的"停役租地权"或专利权，例如强迫农民在领主的磨坊里碾碎谷物，强迫农民使用领主的面包房、烤炉等。起初，这些垄断权的出现并不带有强制性，因为只有领主有能力建造磨坊或其他设施。但在后来，领主开始对农民施压，强迫他们使用这些设施。除了这些之外，领主还具有很多与狩猎和货物运输有关的专利权。这些权利由对酋长和之后对享有司法权的领主的义务发展而来，并被用于实现经济目的。

领主对依附于他们的农民的剥削是通过迫使他们缴纳租金而不是强迫他们劳役实现的，不过，在这方面存在两种例外情况，对此，我们将在后文结合庄园中的资本主义发展（参考第六章）进行说明。最初，这种剥削方式的基础是领主的墨守传统。他们缺少建立大规模企业，从而利用农民的劳动力的积极性。此外，只要骑兵还在军队中占有核心位置，领主就会被他们作为封臣的义务所束缚，无法顾及农业，而农民也不能避免战争的影响。而且，领主没有属于自己的流动资金，并更愿意将实际运营的风险转移给农民。最后，在欧洲，人们设立了对领主具有约束力的庄园法律。而在亚洲，因为没有类似与罗马法律的规定，领主无法获得进行市场生产的足够保护。因此，在亚洲，领主出租的私有地（庄园）或内田并没有发展起来。

领主通过多种方式收取租金。

（1）通过封建赋役，自由农民以实物的形式缴纳，农奴则通过劳动的方式缴纳。

（2）在佃户变更时收取的费用，这种费用是领主作为份地出售条件强制实施的。

（3）收取与继承和婚姻有关的费用，这种费用被作为将土地移交给继承人，或允许农民将女儿嫁到领主管辖区以外的条件。

（4）与林地和牧场有关的费用，这是农民在森林中采摘橡树果实的条件。

（5）通过向农民征派运输费用和建筑道路桥梁的负担来收取间接费用。

最初，所有这些费用和赋税的征收都是通过庄司制度征收的，该制度是德国南部和西部以及法国的庄园管理制度的典型类型，也是任何地区的土地开发的最古老封建组织形式。这个制度的前提条件是份地的分布式分布。领主为分散的各块份地（胡符）设立了庄司或庄头，负责向周围依附于领主的邻居征收税费，并监督这些邻居履行他们的义务。

第五章[1]
进入资本主义之前，西方各国农民的地位

法国：最初，奴隶（农奴）与半自由民同时存在。这些奴隶可能是人身农奴，需要承担无限徭役，而且除了生死之外，领主对他们享有绝对的权利。这些努力也可能是永业奴隶，需要承担有限的徭役并享有退租的权利，领主有权在佃户死亡或搬离时重新处置土地。半自由民或佃农有权转让土地，且需要承担固定的劳役或赋税——最初自由身份的象征。在之后出现的两种情况的影响下，这些关系经历了广泛变革。第一个情况是，早在12世纪至13世纪，大量农奴得到解放，农奴的数量大幅度降低。这与货币经济的引入是同时发生的，也与货币经济的出现存在相关联系。这符合领主的私利，因为自由农民可以承担更重的赋役负担。另一个情况是农民联合会的出现。村落共同体采取了自治体的组织形式，对应向领主缴纳的租金承担共同责任，以此获得在行政管理方面的完全自治——这种自治也得到了国王的保护。农民和领主都可以从这种安排中获利，即领主只需要与一位债务

---

[1] 一般参考书——E. Bonnemere（E. 博纳梅尔），《中世纪末到现在的农民史》，第4版，共3卷，巴黎，1886；G. 达汪奈尔子爵（G. Vicomte d'Avenel），《1200—1800年的财产、工资、商品和一般价格经济史》，共6卷，巴黎，1886—1920；以及下文第六章的参考文献。

人打交道，农民的权利则明显加强。这些联合会组织有时甚至还应召参加了三级会议。

贵族阶级发现，变革越便捷，他们越有可能（与当时的普鲁士容克相反）演化成为宫廷贵族，即一个食利阶层，远离土地，不再代表任何劳动组织，所以一旦发生变革，他们很容易在一夕之间被从国家的经济组织中铲除。

意大利：随着市民对土地的购买，或在政治动乱的情况下，占有者对土地的征用，最初的农业组织在很早之前就发生了变化。意大利的城镇也很早就废除了人役权，限制了农民应承担的劳役和赋税，并引入了分益经营的方法——最初引入该方法的目的不是为了发展资本主义，而是满足领主的需求。分益佃户需要为贵族提供食物供应，且需要承担提供各种产品的义务。流动资本通常是由拥有地产且不想将自己的财富用于资本主义农业的城镇居民提供。意大利及法国南部区别于其他欧洲国家的特点就是该分益租佃制度。

德国：在德国西北部与西南部以及与法国北部毗邻的区域，上一章结尾处提及的庄司组织的采用和分散份地的情况尤为突出。不过，从这一点开始的农业组织发展在西南部和西北部是通过不同路径实现的。在德国西南部，该庄司制度瓦解。领主对土地的权利、对个人效忠的权利和司法权逐渐变成单一的收租权，且只有少数强制劳役和与遗产转让有关的捐税仍然继续存在。这样，在莱茵河区域或德国西南部，农民实际上成为他自己的主人，能够出售他自己的封地或将份地转让给继承人。出现这种情况的主要原因是庄园法律在这里发挥了最大的效力，而且份地的分布非常分散，以至于一个村落里通常住着若干名土地持有者。土地持有权、司法权和君臣关系分别掌握在不同人的手中，农民因此能够让他们相互掣肘，以从中获取利益。在德国西部和西南部，土地持有者能够获得的主要利益是占有马尔克公社的大部分公有地，以及一小部分公共牧场。

在德国西北部，土地拥有者取消了庄司制度。在看到销售产品的可能性后，他们立即对增加土地收益和获得适于生产市场产品的土地产生了兴趣。因此，在《萨克森明镜》生效以及更早的时期，有大批的农奴得到解放。这样解放出来的土地被按照特定的租期出租给了被称为佃农的自由佃户，而且在国家的大力施压下（保护佃农的租金不会被突然提高），自由佃户的产业变成了可世袭的。根据国家要求，如果领主想要将某位佃户赶走，他就必须找到另外一位农民，以确保税收收入不会减少。领主对大片份地的兴趣导致了单一继承法的实施，领主借此迫使只有一位继承人继承份地。按照惯例，地租是以实物缴纳的，而强制封建劳役则由货币缴纳替代。在威斯特法利亚的某些区域，农奴制依旧存在，不过领主对他们的权利仅限于在佃户死亡后收回部分遗产。在东南部——巴伐利亚、上巴列丁奈特和南符腾堡，农民的财产权往往是无法得到保证的。世袭租赁与非世袭租赁之间，以及受保护租赁与无限制租赁之间存在一些差异。其中后者只以租赁者的一生为期，领主可以在土地使用者死亡后增加赋税或将份地转租给其他人。领主通常是支持强制继承法的。赋税包括什一税和租佃变更费用，而且其金额取决于财产的世袭和非世袭特征。徭役是非常轻的。直到18世纪，人身依附规则依然得到实施，但仅限于向依附的领主缴纳非常少、非常轻和受到各种限制的赋税义务，这些领主通常与庄园领主不是同一个人。

直到16世纪，德国东部的农民获得了最为理性的法律地位。耕者通常根据免疫租条款持有土地，无须服徭役，并享有人身自由。相对大片的土地一般掌握在开始时就享有大片海得地贵族手中，他们通常在每个村落享有三四块大片海得地或更多。司法权和土地持有权在很大程度上是一致的。这个特点使后来的强迫佃户承担强制劳役和将贵族直接管理的份地转成大片农田的行为变得更加容易。

在英格兰有等同于农奴的体仆和从严格的法律意义上来说地位比较高的庄园仆役。他们严格依附于土地，但也是公众法庭的成员。庄园法律得到有力的实施，致使领主无法压迫农民或增加他们的义务赋税。对土地享有的权利与司法权一致，而且在征服诺曼底时期，就有司法权与土地所有权一致的地域被赏赐给封臣。不过，在领主之上还有一个掌握强权的国家，英国国王为宫廷和受过培训的法学家授予了特定权利，使他们能够保护农民不受封建领主的侵害。

第六章
庄园的资本主义发展

庄园制度是在与经济有关的强大军事利益的压力下诞生的，其最初的目的是使用从属土地和从属劳动力来支持上层阶级的生活。该制度显示了向资本主义发展的强烈倾向，这主要表现在种植园和庄园经济这两个形式中。

（A）种植园

种植园是采用强制劳动进行生产，特别为市场生产园林产品的一种机构。种植园经济通常出现的地区是在领土占领期间产生的领主阶级进行农业生产，且能够进行集约化耕种的地区，而且种植园在殖民地区域尤为普遍。在近代，种植园的产品包括甘蔗、烟草、咖啡和棉花。在古代，种植园的产品是酒和油。其发展历程一般要历经一个初级的半种植园制度。在半种植园制度中，只有市场受到监管且权力集中到一人手中，而生产则被作为强制劳动交给农奴阶级来进行，该共同体承担共同责任，依附于土地且需要向半种植园（这实际上是一个殖民组织）的所有者缴纳贡纳。在南美洲，直到19世纪初的革命爆发之前，这种情况占主导地位，而且在新英格兰各州，这种情况在新英格兰与母国分离之前也占主导地位。

种植园在世界各地都有分布。而且，该制度得到了两次典型发展：第一次是古迦太基-罗马种植园；第二次是在19世纪，在美国南部各州出现的黑人种植园。种植园的正常运营需要有纪律的奴隶劳动。我们发现种植园经济与庄园经济不同，种植园经济中不存在大规模地产与农民持有的小块份地并存的情况，而且奴隶人口被集中安排在工房中。种植园面临的主要问题是劳动力的补充。这些劳动者没有家庭，而且本身不能生育。因此，种植园的长久运营主要依靠奴隶的捕捉，而奴隶的捕捉则依靠战争或对可以捕获大量奴隶的区域的定期入侵，例如非洲就是进行黑奴交易的地区。古代种植园[1]发展于迦太基，马戈（Mago）曾对该地区进行了科学的描述，而且在拉丁文献中，加图（Cato）、瓦罗（Varro）和科隆麦拉（Columella）也对这个地区进行了描述。种植园存在的前提条件是可以随时在市场中买到奴隶。罗马种植园的产品是油和酒。我们在罗马种植园中发现了隶农（即自由小佃户）和农奴（即奴隶）。隶农一般是使用领主提供的牲畜和工具耕种，因此构成了一种劳动力，而不是现代意义上的农民。奴隶没有家庭和财产，集体居住在集宿舍、隔离室和牢房于一体的工房中，可以防止他们逃跑。这些奴隶按照严格的军事规程工作——每天早晨在起床号响起时起床，排队上工下工，而且他们的衣服是由仓库统一分发的，且必须归还给仓库。唯一例外

---

[1] 参考马克斯·韦伯，《对国家和私法具有重要影响的罗马农业史》，斯图加特，1891；《简明词典》（第3版）中的词条"农业史"（马克斯·韦伯编写）和"永佃权"[M. 罗斯托左（M. Rostowzew）编写]，以及广泛的参考书。

的就是庄司或监工，他可以占有财产且是可以结婚的，这意味着他可以娶一名女奴隶，且有权利在领主的牧场中饲养一定数量的牲畜。

最大的难题就是保持劳动人口数量。鉴于仅仅通过奴隶之间的杂乱性交关系实现的自然增长是不够的，领主便通过允许女奴在生完三个孩子以后获得自由的方式来刺激生育。不过，结果证明该措施是无效的，因为这些获得自由的女奴隶只能依靠卖淫生活。而且，因为对奴隶的需求在持续稳定增加，领主面临的困难也有增无减。此外，在帝国时期开始后，随着世界大战结束后，奴隶市场的永久供应停止，奴隶工房注定会消失。奴隶市场的萎缩造成的影响无异于煤炭开采失败对现代工业造成的影响。造成罗马种植园的性质发生改变的另一个原因是古代文化的中心逐渐转移到内地，而奴隶制度的前提条件却是靠近海岸且需要依靠商业。随着重心向内地转移（在内地，传统庄园经济占主导地位，而且具有相应的运输条件），以及和平时代在帝国建立后的出现，该制度必然会向另一个制度过渡。因此在帝国没落时期，我们发现，就奴隶有关的农业工作而言，一方面，奴隶可以拥有家庭且定居在奴隶份地中；而另一方面，隶农开始承担劳役，而不是仅仅承担租金，这就是说，这两个阶级逐渐变得相似。有产阶级在帝国的经济和政治政策方面占据主导地位。货币经济与城镇生活日渐没落，情况接近物物交易经济阶段。

北美同盟的南部各州也出现了同样的困难。在这里，在关于棉花利用的伟大发明得以实施以后，种植园制度开始出现。在

18世纪的最后三四十年，英国发明了棉纺机器（1768—1769年）和织布机（1785），美国发明了将棉花纤维和棉花种子分离开来的轧棉机（1793）。轧棉机的发明使棉花作物的有效利用成为可能，于是，棉花的批发销售得到发展，取代了亚麻和羊毛生产。不过，棉花的机械生产在欧洲和美洲导致的结果是完全相反的。在欧洲，棉花的机械生产促进了自有劳动力组织的产生，在英国的兰开夏郡出现了第一批工厂。而在美洲，棉花机械生产的结果却是奴隶制。

在16世纪和17世纪，人们曾试图利用印第安人进行大规模生产，但很快就发现他们无法胜任，因此不得不依靠黑奴的进口来获得劳动力。不过，这些黑奴没有家庭且不能自行繁衍，因此在新英格兰各州逐渐开始禁止奴隶贸易以后，在经过一代以后，即到18世纪末，黑奴大量缺乏的情况开始出现。虽然有一些贫苦移民想要在种植园劳动，以支付远渡重洋的巨额费用，但仅仅依靠这些贫苦移民是不够的。另一个解决方法是蓄养黑奴，这个方法在南部诸州得到了系统的应用。据此，美洲各州可以被区分为蓄养黑奴的各州和消耗黑奴的各州。与此同时，为了争夺黑人劳动力，土地斗争爆发。这个制度需要廉价的土地和持续开垦新土地的可能性。如果劳动力昂贵，那么土地就会变得廉价。黑人因为只能使用最原始的工具，不能使用现代工具，所以被广泛用于种植劳动（过度使用）。因此，使用自由劳动的各州与使用非自由劳动的各州开始斗争。这样，一个特殊现象出现，即辅助生产因素"奴隶"会产生租金，而土地却不能产生租金。从政治方面来看，这种情况是北方资产阶级与南方种植园贵族之间的斗争。其中，资产阶级获得了自由农民的支持，而种植园主则获得了南部没有奴隶的白人（即穷苦白人）的支持。因为阶级地位和经济竞争方面的原因，后者非常害怕黑奴解放。[1]

奴隶制带来利润的一个条件是实施与残酷剥削有关的最严格纪律。另一个条件是奴隶的供养和蓄养成本低廉，且有进行大规模开垦的可能性，这一条件存在的前提是土地供给不受限制。如果奴隶的价格变得高昂，而且奴隶主无法再让他们保持独身生活，古老的种植园制度将会瓦解，与其相关的奴隶制度也会瓦解。在这方面，基督教并没有发挥通常被归于它的作用，保护奴隶家庭并允许奴隶结婚的反而是斯多葛派的帝王。在北美洲，贵格会在奴隶制度废除方面尤为活跃。不过，在议会决定于1808年开始禁止奴隶进口开始（1787）时，在可用土地不再充足时，奴隶制就注定会灭亡。即使没有实际上导致奴隶经济向分益佃农制度转变的美国内战（由南部各州脱离联邦引起），该转变依然会发生。北方战胜者对黑人的管理并不正确（他们甚至授予黑人一些特权地位），这致使在军队撤走以后，黑人被普遍排除在选举之外，黑人与白人之间形成了明显的等级区别。黑人成为受债务约束的分益佃农。因为铁路的经营掌握在白人领主手中，黑人失

---

[1] 参考J. E. 凯恩斯（J. E. Cairnes），《奴隶劳动力及其性质、职业和可能的发展》，纽约，1862；H. J. 尼布尔（H. J. Nieboer），《作为一种工业制度的奴隶制》，海牙，1900；B. 杜波依斯（B. DuBois），《非洲奴隶贸易的禁止》，纽约，1904；G. 克纳普（G. Knapp），《非自由和自由的农业工人》，第2版，利普西克，1909，第1页及以后。

去了经商机会，他们的活动自由仅停留在书面规定上。这样，在"土地"因素被消耗后，黑奴解放带来的无序状态逐渐自发形成。

（B）庄园经济

根据我们的理解，大庄园是指一个直接面向市场生产的大规模资本主义机构，该机构既可能专门从事牲畜养殖，也可能专门从事耕种，也可能同时从事牲畜养殖和耕种。如果专门从事牲畜饲养，该机构可以在没有资本的情况下运作，就像罗马坎帕尼亚的情况一样。罗马坎帕尼亚实施的主要制度是大庄园制，其起源可以被追溯至神权国家的贵族纷争。罗马的大贵族通常是位于罗马坎帕尼亚的领主。除了这些贵族之外，还有佃户，这些佃户主要饲养大量牲畜，为罗马供应牛奶。另外，还存在耕种者，但他们的土地被没收，为此不得不迁移到其他地区。

需要较少资本的大规模牲畜饲养在南美洲的潘帕斯草原和苏格兰也占主导地位。在苏格兰，耕种者的土地也被剥夺了。在1746年的卡洛登战役之后，苏格兰的独立主权丧失，而且根据英国政策，原有的氏族族长被视为领主，氏族成员被视为他们的佃农。这样的结果就是在18世纪和19世纪，领主获得了所有者的特权，赶走了佃户，并将土地转换成狩猎场或牧羊场。

在英格兰，随着英国羊毛产业的发展，以及在英国国王的推进下，集约的资本主义游牧经济得到了发展。在14世纪之后，考虑到征税的可能性，国王首先对原毛进口商给予支持，之后又对针对国内消费进行生产的羊毛生产商给予支持。[1]这样，自认为是公用地所有者的领主开始将公共牧场转化成牧羊场——圈地运动。领主通过整批买进耕种者的土地或与他们达成协议的方法让他们放弃土地，以此变成大农场主，并从事牧羊经济。这一做法从15世纪一直持续到17世纪，并在18世纪引起了人民和社会作家的反对，不过，这一做法的结果是促使大租户资本主义阶级的兴起，该阶级租用大片土地、投入最少劳动力，且主要从事绵羊养殖（为羊毛行业提供原料）。

另一种形式的庄园经济以谷物生产为中心。在罗伯特·皮尔（Robert Peel）推动废除《谷物法》之前的150年间的英格兰经济情况就是一个典型示例。当时，在保护关税制度和出口奖励制度的驱动下，大部分小农户被取代，以确保租户可以进行更有效的耕种。这样，租户可以单独经营绵羊养殖业或谷物种植业，或综合经营绵羊养殖业和谷物种植业。这种情况一直持续到谷物关税保护制度因清教徒和英国劳工阶级的反对而被废除。在此之后，谷物种植不再具有丰厚的利润，为进行谷物种植而占用的劳动力也被解放出来。英国低地区域的人口大量减少，而在当时的爱尔兰，领主的大片地产中仍然存在小租户农业。

俄国的情况与英格兰正好相反。[2]在16世纪，俄国确实有

---

[1] 详见第三章的注5和第四章的注1；另可参阅艾希莉（Ashley）、罗杰斯（Rogers）和坎宁安（Cunningham）的历史著作。

[2] 参考E. v. 斯特恩（E. v. Stern），《俄国的农业问题与俄国革命》，哈雷，1918。

奴隶的存在，但大部分农民是由自由分益佃农组成，他们需要将收获的农作物的一半交给领主。领主拥有在每年年末终止租赁的权利，但很少有领主行使该权利。不过，与经常发生波动的实物赋税相比，领主更希望收取固定的货币租金，所以他们要求农民缴纳固定的货币租金（代役租）。与此同时，他们还试图增加自由佃户的强制劳役，使他们负担原先由奴隶负担的强制劳役。在这方面，采用最经济耕种方式的寺院持有地起到了带头作用。货币经济的发展使农民背负了沉重的债务——只要一次农作物歉收就会让农民落到负债累累的田地，而且，农民会失去活动自由。从16世纪末开始，沙皇用他们的权力以及帝国整个刑侦管理机构的权力为贵族服务。不过，贵族的生存却面临着威胁，因为大领主可以向耕种者提供更有利的租赁条件，下层贵族因此面临租户缺乏的问题。因此，沙皇的政策旨在保护他们免受大贵族的侵害。沙皇鲍里斯·戈东诺夫（Boris Gudonow）在1597年颁布的法令就是旨在实现这一目的：该法令规定租赁不可终止，这致使农民被束缚在土地上；该法令还要求将农民登记在纳税清册中，这推动了领主保护农民的政策的产生。随着彼得大帝对人头税制度的改革，自由农民与农奴之间的差异消失了——自由农民和农奴都被束缚在土地上，而且领主对他们均享有无限的权力。农民享有的权利并不多于罗马奴隶。在1713年，领主被明确授予鞭笞权利，大庄园的监工可以随意指定青年男女结婚。而且，领主可以根据自己的意愿确定赋税的数量，并根据自己的意愿招募新兵。他们有权力将寻衅滋事的农民放逐到西伯利亚，有权力随时收回

任何农民的持有地，虽然很多农民可以藏匿财产，最后获得大量
财富。没有法庭为农民主持公道。领主可以剥削农民，将他们作
为租金或劳动力的来源：在俄国中部，农民被视为租金的来源；
而在能够进行出口贸易的西部，农民被作为劳动力的来源。在进
入19世纪时，俄国农民的情况就是如此。

在德国，西部区域（土地租佃仍然存在）与东部区域及奥地
利（私有地经济占主要位置）之间存在明显差异。[1]最初，在
西部和东部，农民的地位几乎是一样的，甚至在东部，农民的地
位更有利一些。在德国东部，人身奴役最初是不存在的，而且这
里实施的土地法是德国最好的。农民被授予面积与旧时王室海得
地相等的大海得地（大胡符），而且自普鲁士皇帝腓特烈威廉一
世和玛丽娅·特蕾莎（Maria Theresa）时期开始，国家就禁止剥
夺农民的土地，因为农民是纳税人和新兵补充资源。此外，在汉
诺威和威斯特法利亚，收回农民土地也是被禁止的。不过，在莱
茵河区域和德国西南部，收回农民土地是被允许的。尽管如此，
没收农民土地的情况在东部多有发生，而在西部和南部却鲜有发
生。造成这个情况的原因有很多种。30年战争造成农民人口数量
大量减少，因此在30年战争之后，西部的农民份地被重新分配，

---

[1] 参考G. 冯·贝洛，《领土与城市》，慕尼黑与利普西克，1900，1—
94页；Th. 克纳普，《法律史与经济史论文集》，蒂宾根，1902；W. 维蒂希（W.
Wittich）的著作，载于《社会经济学概论》，卷七（1914）第1页及以下，和
《简明词典》，v-3（1911）第208页及以下，（词条："Gutsherrschaf"，地主
阶级）。

而东部的土地却被归并为大庄园。在西部[1]和南部，混合份地成为主要形式，而在东部，贵族拥有的大农场成为主要形式。但在西部和南部，甚至是在贵族占据大片相连土地的地方，没有大庄园发展起来。因为在这里，土地持有权、人身宗主权和司法权被掌握在不同人手中，农民可以使他们相互斗争。而在东部，这些权力被集中在一起，适用于不可分割的封地。在这种情况下，领主可以轻易地收回佃农的土地，或强迫佃农提供强制性劳役，虽然最初只有地方法官有权利做这些事情，领主根本没有权利。最后，东部的教堂所有地明显少于西部，而教会一般比世俗的领主更体谅农民。即使东部的大片土地为教会所有，就像土地掌握在修道院手中的奥地利一样，教士的经营方式比世俗领主的经营方式更经济，但他们同样对出口农业不感兴趣。

因此，市场关系是东部区别于西部的一个决定性因素。在当地市场不能吸收大量的农作物产品，因此需要将剩余的农作物产品出口到国外时，大庄园便会兴起。因为一位汉堡的商人无法与马尔克或西里西亚的个体农户进行协商，向大庄园耕种农业的过渡是无可避免的。西部及南部的情况恰好与之相反，农民可以在附近的城市出售他的产品。因此，领主可以将农民作为租金的来源，而在东部，农民只能被作为劳动力的来源。周围城市越少，发展起来的大庄园就越多。最后，在南部和西部，还有一种因素可以支持旧式耕种者生存下来，那就是庄园法的效力，以及其与

---

[1] 参考 L. 布伦塔诺（L. Brentano），《继承政策，新旧封建主义》，斯图加特，1899。

传统主义的更大程度的关联。有人甚至认为德国西部和南部爆发的农棉战争与该发展也有一定的关系。这次战争以农民的战败结束，但这次战争的影响却与一次失败的总罢工一样，这对领主来说，是一个不祥之兆。不过，英格兰在14世纪也爆发过农民战争，尽管如此，农民的土地依旧被剥夺了。而且，尽管波兰和德国东部没有爆发农民暴动，但事实上，与所有的革命一样，农民暴乱不是在被压迫阶级情况最糟糕的地方爆发——即在当前案例中，不是在农民阶级情况最差的地方爆发，而是在革命者已经获得一定觉悟的地方爆发。

可表述东部农民与领主之间的关系的专业术语不是奴役关系（农奴关系），而是世袭的依附关系（世代依附性）。农民是大庄园的附属物，可随着大庄园被买进或卖出。在德国易北河以东的区域，除了依附在王公封地（这些封地非常广阔，在梅克伦堡，王公封地的面积可达整个区域面积的一半）上的农民，还存在依附私人领主的农民。不过，王公与私人领主对农民享有的所有权存在很大差异。最初，德国农民处于非常有利的关系之下，以免役租的方式持有土地。相比之下，斯拉夫人的权利却没有保障。这导致在斯拉夫人占多数的地方，日耳曼人的状况变得非常糟糕。因此，在18世纪的东部，大部分农民生活在农奴制之下。农民变成了大庄园的附属物，他们没有任何明确的世袭权利，甚至没有终身的权利，他们已经被束缚在土地上，且未经领主同意或找到替代的人，他们不能离开大庄园。他们需要承担强制家庭徭役，这与英国封建法律制法中的服役土地占有权相似，也就是说，不仅他们需要履行义务徭役，他们的子女也需要作为领主的奴仆，即使在领主只是某区域土地的承租者时也是如此。领主可以迫使任何一位农奴耕种一块保有地。最后，领主有权利根据自己的意愿提供劳役并赶走农民。然而，在这一点上，他们的权力与君主的权力发生了强烈的冲突。德国东部的统治者开始保护农民的权益，因为这些统治者，特别是奥地利和普鲁士的统治者担心现有的农民阶级会消失。他们这么做的原因不是想要获得农民阶级的支持，而是想要维持他们阶级的税收来源和兵役来源。只有在国家强大时，农民保护措施才得以实施。因此在梅克伦堡、瑞典西波美拉尼亚和荷尔斯泰因州，庄园经济能够发展起来。

在1890年前后[1]，在易北河东部区域，庄园经济是一种季节性事务。田间劳动在一年之中的分配并不均匀，农场工人在冬天需要从事副业，所以，副业在之后的消失是造成劳动问题的主要因素。大庄园中有常年从事田间劳动的男性和女性佣工。除此之外，还有从事田间劳动的第二类劳工，即长工。这些劳工已经结婚，且住在自己家里（在西里西亚，他们一起住在工棚中）。他们根据一年期的契约提供劳动，任意一方都可以解除该契约。他们的报酬可以有以下几种方式：固定的产品份额与一些钱款；数量不定的产品，包括农作物和磨坊的收益。农作物脱粒通常需要劳工手工进行，且需要工作整个冬季。领主通常会将收成

---

[1] 参考马克斯·韦伯，《德国易北河东部农民的情况》，利普西克，1892。

的六分之一或十分之一分给长工。长工对这项劳动拥有垄断权，也就是大庄园领主不能将这项劳动交给其他人员。此外，只要三圃农作制依然存在，他们可以在这三部分土地中的每一部分内占有一块条田（这些条田由所有者代替他们耕种），而且，他们还可以占有一块用于种植土豆的园地。他们可以获得极少的货币报酬，或者没有货币报酬，但可以养猪并将猪在市场上销售，还可以将分给他们的收成的剩余部分卖出。因此，他们希望猪和谷物的价格高昂——这使他们与领主拥有相同的经济利益，而获得货币报酬的农业劳动无产阶级则希望猪和谷物的价格偏低。牲畜和重型工具由领主提供，但长工需要提供连枷和长柄大镰刀。

在收获时节，领主需要额外的劳工，因此会雇用流动的劳动者（即所谓的农忙收获者），或雇用村落中的一些村民。此外，长工如果不希望自己的工资减少，他在夏季需要为领主提供至少一个帮手，且在收获时节需要再提供一个。为此，他需要让他的妻子和子女去帮助农忙，他的整个家庭因此都与领主建立了劳动关系。从产业的角度来看，只有流动劳工和依赖农民的农场主的长工实现了契约自由，他们的情况不符合"常规"（参考下文）。不过，自世袭农奴制确立以后，他们的情况发生了根本的变化，因为在那段时间，大庄园所有者是在劳工的帮助和农民的合作下运营的，无须使用自己的资本，因此，劳动者并没有与他的工具分离开来。

（C）领地制的解体

在波兰和白俄罗斯（通过维斯瓦河与梅尔河上的船运将谷物

运往世界市场的出口国家）也出现了庄园经济。在俄国内地，领主更愿意将土地出租给农民，农民因此保留了对自己劳动力进行支配的权利。

领主与农民之间的复杂相互依赖关系、前者将后者作为租金或劳动力来源进行的剥削以及通过这两种剥削方式将农民束缚于土地上的行为是造成庄园农业组织瓦解的主要原因。这一变革意味着农民和农业劳动者获得个人解放和迁徙自由，意味着土地被从农民共同组织和领主的控制中解放出来。而在农民拥有权利，即统治者实施保护农民的政策的地区，这反而意味着将庄园土地从农民权利的妨碍下解放出来。解放可以以不同的方式发生：第一种方式是没收农民的土地，农民因此可以获得自由，但却失去了土地，正如英格兰、梅克伦堡、西波美拉尼亚和西里西亚部分区域的情况一样；第二种方式是没收领主的土地，领主会因此失去土地，但农民可以获得自由和土地所有权——这种情况发生在法国和德国西南部，且通常是在领主通过租赁方式耕种土地的区域，这种情况也发生在波兰（这是俄国干预的结果）；最后一种方式是综合前两种方式，通过这种方式，农民可以获得自由和部分土地——这种情况出现在存在不容易被取代的庄园组织形式的地区。因此，普鲁士国家不得不依靠领主，因为他们的国家非常贫困，无法使用领薪水的官员来替代领主。

此外，庄园农业制度的瓦解也使领主的世袭司法权、各种农役租佃权利和专利权以及以义务分封或所谓的永久管业方式施加到土地上的政治和宗教限制的废除成为可能。这些产权负担的废除可以通过以下各种形式进行：（1）与教会土地有关的分摊偿还法律，正如巴伐利亚的情况一样；（2）废除或限制遗产赠予，这在英格兰尤为典型；（3）最后，废除所有者地产的财政特权，例如税务豁免权和类似政治特权，正如19世纪60年代的普鲁士税收立法实现的那样。这就是废除各种产权负担的方法。这些方法的结果取决于被剥夺权利的是领主还是农民，以及如果是农民，农民是否拥有土地。

与庄园制瓦解有关的推动力量首先来自庄园内部，且主要是经济性质的。庄园制瓦解的直接原因是领主和农民的市场经营和市场利益不断发展，与货币经济有关的农产品市场稳步增长。不过，这些因素不会造成庄园制瓦解，就算这些因素可以造成庄园制瓦解，这也是根据领主利益进行的，领主会没收农民土地，并使用这些土地建立大型农业企业。

一般来说，庄园制的解体必定会涉及来自外部的其他利益。其中一个利益就是新兴的城市中产阶级的商业利益，他们会促进庄园制的削弱和瓦解，因为庄园限制了他们的市场机会。城镇及其经济政策与庄园是对立的，不过，他们之间的对立不是因为一方代表物物交易经济，而另一方代表纯货币经济，而是因为庄园在很大程度上是为市场生产的，如果没有为市场生产的机会，领主就不能从农民那里获得大量货币赋税。庄园制支持加在佃户身上的强制劳役和赋税，这限制了农村人口的购买能力，因为强制劳役和赋税会防止农民用自己的劳动力生产可在市场销售的产品，从而防止农民购买力的增长。因此，城市中产阶级的利益与领主的利益相冲突。此外，自由劳动力市场的创建也事关发展中的资本主义的利益，而庄园制将农民束缚在了土地上，对自由劳动力市场的创建造成了阻碍。因此，为了规避行会的干扰，第一批资本主义工业不得不使用农村劳动力。此外，新资本主义者对获取土地的需要引起了他们与庄园制的另一个利益冲突。资本主义阶级想要用他们新获得的财富购买土地，以进入在社会中享有特权的领主阶级，而这要求将土地从封建束缚中解放出来。最后，国家的财政利益也发挥了一些影响，因为国家需要通过庄园的解散来增加农村的纳税能力。

以上是促使庄园经济解体的各种可能因素。详细说来，其演变过程是非常复杂的。在中国[1]，早在公元前3世纪，领地制度就被废除了，土地私有制建立。秦朝的第一位皇帝秦始皇依靠世袭军队（与封地军队相对）构建了他的权力，世袭军队的供给主要来自依附者阶级缴纳的贡纳。中国的人本主义者（后来出现的儒家学派的先驱）坚定地维护君主制，并与欧洲的类似群体一样，发挥了促使君主制合理化的作用。从那时起，中国的财政政策经历了无数次的变更，[2]一直在税收国家与"管理型"（赋役制）国家的财政政策这两个极端之间摇摆，即在依靠税收支付军队和官员费用并将人民视为税收来源的财政政策与将人民视为

---

[1] 参考《简明词典》（II-3，第541页及以下）中的词条"农民解放"（G. 克纳普等人编写）和《德语经济词典》（1-2，第365页及以下）中的"农民解放"词条（J. G. 福克斯（J. G. Fuchs）编写）。

[2] 参考马克斯·韦伯，《宗教社会学论文集》，I，第350页及以下的综述。

奴隶劳动来源并通过让特定阶级缴纳实物贡纳来满足其需求的财政政策之间摇摆。后一种政策就是在戴克里先时期，罗马帝国在为了该目的而组织强制性公社时实施的一种财政政策。第一种制度让群众获得了自由，但第二种制度则让群众成为国家奴隶。中国与欧洲一样采用了第二种制度，因此，在中国和欧洲，领主通过将依附人口作为劳动力资源剥削，而不是通过收取租金的方式剥削。在欧洲，私有制消失，而且，随着土地的重新分配，对土地的义务和对土地的依附出现。在18世纪以后，该发展在中国的最终结果是赋税原则被税收原则取代，人民需要向国家缴纳税费，并承担留存下来的一些不重要的公共劳役。税费会进入官员手中，官员向朝廷缴纳的税费是固定的，而他们却可以尽可能地将农民的税费提高。不过，提高农民的税费是非常困难的，因为氏族拥有非常高的权力，每个官员必须争取中国农民的同意。这样的结果就是农民得到很大程度的解放。虽仍然有佃户存在，但他们拥有人身自由，且只需要缴纳适当的税费。

在印度，庄园制依旧存在。事实上，该制度最初是从国库的包征制实践的次要方式中产生的。虽然英国政府曾经通过立法来保护之前不享有任何权利的农民，就像格拉德斯通法律保护爱尔兰人占有份地且防止传统赋税被任意提高一样，但这并没有在原则上改变已经确定的秩序。

此外，在近东依旧存在封建土地租佃制，但该制度是以修改后的形式出现的，因为旧时的封建军队已经被废除。波斯和其他国家的基本改革都只流于书面规定。在土耳其，瓦库夫制度一直妨碍了土地持有关系的现代化。

在日本，中世纪时期一直持续到1861年，随着贵族统治的没落，封建土地持有权因为所有权的瓦解而消失。作为封建制度中流砥柱的武士阶级变得贫困潦倒，开始转而进行工业经营。日本的资本家就是从这个阶级发展出来的。

在古代的地中海区域，[1]只有在处于诸如罗马、雅典这类大城市的直接管理下的地区中，封建土地持有制才会被取代。城镇中产阶级与拥有土地的贵族之间存在利益冲突，而且，作为债权人的市民与作为债务人的村民之间也存在冲突。考虑到确保广大农民服兵役的必要性，这种情况致使希腊不得不设法为重装步兵提供土地。这正是所谓的暴君的立法［例如，梭伦（Solon）法律］的重要意义。骑士的家属被迫加入农民组织。克里斯提尼（Cleisthenes）在公元前500年提出的法律中，民主被理解为这样一个情况，即为了享有市民特权，每个雅典人必须加入一群"平民"中，即加入一个村落，就如在中世纪的意大利民主制度中，贵族必须加入公会一样。这是对关于分散份地的土地制度的一个重大打击，也是对贵族（当时，贵族的地位高于村落，也位于村落之外）权力的一个重大打击。从那时开始，骑士仅享有与农民一样的投票权利和担任公职的机会。同时，各地的混合份地制度也被取消。

在罗马出现的阶级斗争也对农业组织产生了同样的影响。

---

[1] 可参考《简明词典》，第3版，I，第182页及以下中收录的马克斯·韦伯所编写的词条。

在罗马，土地分配是以面积为200英亩或以上的方田的形式进行的。每块份地都是以草皮田埂隔开的，份地之间的草皮田埂是不允许被翻耕的。份地之间的田埂是公共道路，而且为了方便进出份地，人们被禁止移动田埂。田地是可转让的，而且田地的转让非常便利。该农业法体系在十二铜表法时期已经得到广泛事实施，而且肯定是一蹴而就的。该农业法体系维护的是城市中产阶级的利益，对贵族的持有土地与城镇中用于建设投机建筑物的土地给予相同的对待，并系统地消除了土地与动产之间的区别。不过，在城镇直属区域之外，旧式土地制度并未受到影响。直到亚历山大大帝时期（在东方）和奥古斯都时代（在西方），古代文明均具有沿河特征，而内地的租佃制度依旧没有发生任何改变。之后，该农业法体系从内地向外传播，并最终覆盖整个罗马帝国，成为中世纪前半叶的主要制度。在佛罗伦萨的引领下，意大利城市的商人共和政体首先走上了农民解放道路。当然，他们一直在剥夺农民的政治权利，以维护城市管理者和委员会以及手工艺者和商人行会的利益，这一直持续到贵族需要农民的支持来对抗城镇市民之时。无论如何，为了购买土地并将他们自己从统治家族的控制中解放出来，城镇解放了农民。

在英国[1]，合法的农民解放从未出现。除了在查理二世统治时期，农奴制被废除，且分封的土地被依据"无条件继承不动产权利"原则变成私人财产之外，中世纪的制度仍然有效。唯一

---

[1] 见第二章的中注5和第四章中的注1。

的明显例外是"根据官册享有的"土地，这类土地最初是由非自由农民占有，占有者没有正式授予文件，只有一份庄园名册登记的副本。在英格兰，仅市场发展这个事实就可以从内部摧毁庄园制。按照顺应形势的原则，为了维护领主的权利，农民的土地被剥夺。这样，农民变得自由，但却失去了土地。

　　法国[1]的情况正好相反。在法国，1789年8月4日爆发的革命一举推翻了封建制度。不过，当时采取的措施仍需一番解释。对此，议会立法给出了相应的解释——议会立法宣布为了领主利益而强加到农民持有地上的所有负担都具有封建性质，应该被全部废除，且不享有任何补偿。此外，国家没收了流亡贵族和教会的大量土地，并将这些土地授予给市民和农民。然而，因为早在封建负担被废除之前就实现了持有地的平等继承和分配，其最终结果与英格兰相反——法国出现了中小型农场。具体过程就是通过没收领主的土地来促使农民拥有财产。这一举措可行的原因是法国领主是朝臣-贵族而不是农场主，他们主要依靠在他们拥有一定把控权的军队或行政职位谋生。因此，该过程摧毁的不是生产组织，而是租佃关系。

　　德国南部和西部的发展历程的性质与法国革命相似，不过，该发展过程是循序渐进的，并不具有革命性。在巴登，农民的

---

　　[1]　参考M. 科瓦莱夫斯基（M. Kowalewsky），《法国革命前夕的经济与社会》，卷一，巴黎，1909；E. 博纳梅尔，《中世纪末到现在的农民史》，第4版，共3卷，巴黎，1886；H. 泽，《法国的农村阶级与庄园制度》，巴黎，1901。

解放是在1783年，在受重农学派影响的查尔斯·弗雷德里克总督（Margrave Charles Frederick）的推动下开始的。其中一个重要的事实是在解放战争之后，德国各州采用了成文宪法制度，宪法不允许存在可以使用"奴役（农奴）"这个术语表述的任何关系。因此，各地都废除了具有人役性质的任何劳动义务、税费和劳役。在巴伐利亚，农民解放是在蒙特哲拉（Montgelas）的推动下完成的，且得到了1818年宪法的肯定。农民因此获得了迁徙自由，且最终获得了有利的财产权。在19世纪20年代和30年代，这种情况在德国南部和西部已经普遍出现。只有在巴伐利亚，这种情况直到1848年才实现。在1848年，残余的最后一些耕种者负担被按照转换成货币债务的方法消除，而在货币债务的处理中，国家信贷机构提供了一些帮助。具体地说，在巴伐利亚，人身捐税被取消且没有给予任何补偿，其他捐税被转换成货币付款，并可以在购买后终止。同时，所有封建关系被无条件解除。就这样，德国南部和西部，领主的土地被没收，农民获得土地。该变革与法国变革相同，唯一的区别就是该变革发展较慢，且是按照更合法的程序进行的。

东部（包括奥地利、普鲁士的东部各省、俄国和波兰）的发展历程却是截然不同的。在这些地区，如果像法国一样采取激进的措施，正常运转的农业组织将会被摧毁，这最终会导致混乱。这些措施或许可以促进庄园瓦解并分化成农民份地，就像在丹麦的情况一样，但仅仅通过宣布废除封建负担是不可行的。在东部，领主没有工具也没有用于耕种的牲畜。在这里没有农村劳动

力，只有需要承担个人和集体劳役的小土地租用人，领主依靠他
们来耕种土地，也就是说，这是一个负责土地耕种的组织，是无
法被立刻废除的。另一个困难是没有可以管理农村区域的官员阶
层，而且政府需要依靠持有地产的贵族，需要他们无偿执行公共
职能。因此，在法国可行的断然措施（例如，设立律师组成的国
家工作人员）在这儿是不可行的，正如在英格兰的情况一样——
因为存在治安法官制度，这些措施在英格兰也不可行。

如果将农民的保护与维持视为农业制度的目标，那么奥地
利采用的领地制度瓦解方法就是一种理想方法。无论如何，奥地
利采取的方法要优于普鲁士人采取的方法，因为奥地利的统治者
（特别是查理六世和玛丽娅·特蕾莎）比腓特烈大帝更清楚他们
在做什么，对于腓特烈大帝，他的父亲曾表示他根本不知道如何
终止一项租赁，也不知道如何驯服佃户。

在奥地利，[1]除了自由农民占支配地位的提洛尔之外，其
他地区一直存在着世袭奴役与土地贵族。在波美拉尼亚、摩拉维
亚、西里西亚、下奥地利州和加利西亚，利用农民劳动力的领地
制度得到了最普遍的应用。在其他地区，占有支配地位的是租佃
制度。在匈牙利，租佃制度和利用奴隶劳动的制度均有采用。人
身奴役程度最高的地区是加利西亚和匈牙利。在这些区域存在有

---

[1] 参考K. 格伦伯格（K. Grunberg），《波西米亚、摩拉维亚和西里西亚
的农民解放与地主−农民关系解除》，共2部，莱比锡，1894；K. 格伦伯格，《奥
地利农业史研究》，莱比锡，1901；埃米尔·库恩（Emil Kun），《关于匈牙利
农业工人问题的社会历史学研究》，耶拿，1903。

著名的"乡农"（根据土地清册承担赋税）和被授予私有地的"自营地农"（无须承担赋税）。从某种程度上说，乡农的地位更高一些。乡农可以被再分为可代抵和非可代抵乡农，自营地农也可以被再次划分为这两类。非可代抵乡农或自营地农的持有地是可以被收回的，而可代抵乡农或自营地农享有世袭权。

在17世纪下半叶之后，该组织开始出现资本主义趋势。在利奥波德一世（Leopold I）统治时期，国家通过在土地清册上强制登记的方式进行干预（最初纯粹是出于财政考虑）。这一政策旨在明确确定国家可以对那些田地征收赋税。不过，最后结果证明该措施无效。之后，国家开始尝试采用"劳动特许"制度（1680—1738），规定了每名农民的最大工作量，旨在为劳动者提供法律保护。不过，农民的驱逐依然存在，玛丽娅·特蕾莎采用了赋税"整治"制度，旨在通过让领主为更换的农民缴纳一定的赋税来减少驱逐农民的动机。不过，结果证明该措施也是不足够的，因此在1750年，女皇开始直接干涉农民的驱逐，但依然没有取得任何决定性的结果。最后，在1771年，她颁布了完全注册制度。领主必须制定登记簿（Urharien，一种土地调查清册），并将每块农民持有地及相应义务明确记录其中。同时，农民被授予代抵义务的权利，从而实现世袭占有。这个措施在匈牙利一经实施就失败了，而在奥地利却取得了巨大的成功。这是维持现有农民数量并保护农民免受农业资本主义发展侵害的一次尝试。这并没有构成当前农业组织的瓦解，因为虽然农民得到了保护，但贵族的地位也未被损害。

在约瑟夫二世统治时期，国家法律开始具有革命性质。约瑟夫二世开始废除人身奴役，并授予他认为所需的因素，即迁徙自由、职业选择自由、婚姻自由和免除服兵役和义务家庭劳役的自由。他在原则上授予了农民对他们占用的土地的产权，并在1789年的税收和登记法中开辟了一条新道路。之前的封建保有地附加的强制徭役和实物赋税制度被废除，其中的捐税和劳动义务被转换成应向国家缴纳的规定货币赋役。不过，这个试图一举将国家变成税收国家的尝试最后失败了。农民无法通过他们的农业产品获得足以支付货币赋税的大笔收入，领主的经济发展也受到了强烈的干扰——这个情况最终引发了大动荡，迫使君主在临终前收回了大部分改革成命。直到1848年，改革才获得成效，农民的所有负担都被取消了——一部分负担是以有偿的方式取消，一部分负担是在没有赔偿的情况下被废除的。对于需要补偿的那些负担，奥地利政府对徭役的价值进行了适度评估，并成立了信贷机构来帮助清偿这些负担。这项立法代表了玛丽娅·特蕾莎和约瑟夫二世所做努力的最高峰。

在普鲁士，[1]耕种王室土地的农民与耕种私人持有地的农民之前存在显著而又持久的区别。对于耕种王室土地的农民，腓特烈大帝始终都在实施保护措施。首先，他废除了强制的家庭劳役（Gesindeszwangdienst）。之后，在1777年，他将农民的持

---

[1] 参考G. F. 克纳普，《农民解放与普鲁士老城区农业工人的起源》，共2部，莱比锡，1897；和G. F. 克纳普，《非自由和自由的农业工人》，第2版，莱比锡，1909。

有地变成可世袭土地。在1779年，腓特烈威廉三世宣布在原则上废除强制劳役，要求王室土地的每个承租人明确放弃强制劳役。这样，现代农业制度在王室占有土地的领域中逐渐建立起来。此外，农民被授予了以适中的价格购买完整所有权的权利。国家官员之所以同意采取这些措施不仅仅是因为国库可以通过代偿金获得一些收入，还是因为随着完全所有者权的获取，耕种王室土地的农民对国家的要求将消失，行政管理工作将减少。

对于耕种私人持有地的农民，该任务变得异常困难。腓烈特大帝希望取消奴役制，但却遭到了形式上的有效反对——理由是在普鲁士没有奴役制，只有世袭的依附关系。君主不能实施任何对贵族不利的措施，因为其座下的官员均由贵族人员担任。之后，耶拿和提尔西特出现的大灾难引起了变革。在1807年，世袭的人身依附关系被废除。当时存在这样一个问题，即农民按照自由租佃关系持有的土地应该变成怎样的土地。普鲁士政府对此存在意见分歧。其中一个分歧是国家旨在在一定面积的土地中获得最大的产量，还是旨在维持最大的农民人口数量。对于第一种意见，英国农业制度提供了一个范例，因为该制度在当时代表最高程度的集约耕种。不过，该制度会影响农民人口数量。这一方案得到了总理冯·舍恩（von Schoen）及其帮派成员的支持。另一个方案却意味着避开英国的范例，放弃集约耕种。在经过很长一段时间的磋商后，普鲁士政府颁布了1816年限制令。该法令代表着施政方针与农民保护的相互折中。

首先，政府宣布该"规定"适用于拥有耕作牲畜的农民，对此，小耕种者被排除在外，因为所有者表示需要劳动力。而且，即使是拥有牲畜的农民，只有占有的土地被记录在纳税清册中，且是从1763年以来一直占用土地的开始占用土地的农民才会被列入该计划。选择1763年为边界点的目的是将最少的农民占用地纳入该计划中。该规定一经颁布就立即生效。农民会获得对耕种土地的财产权，且不再需要提供劳役或赋税，但与此同时，农民失去了对领主的权利。这就是说，他放弃了以下权利：在遇到紧急情况时要求领主提供帮助的权利，在修缮房屋时要求地产所有者提供协助的权利，使用共享牧场和林地的权利，向领主预支款项来缴纳赋税的权利。尤其是农民需要将所有可世袭财产的三分之一和所有不可世袭财产的一半转让给地产所有者。这种调控方式是对地产所有者非常有利的。因为地产所有者虽然需要提供工具和牲畜，但他却成功保留了小屋农的劳动力，摆脱了农民使用牧场的权利，并能够在收回土地禁令被暂停时将持有的土地合并起来。而且，那些仅负责提供劳动力且不适用该规定的农民可以被驱逐。在西里西亚，势力特别强大的贵族获得了对他们有利的其他例外。但在波兰领主受影响的波兹南，整个农民阶级都适用了该规定。

直到1848年，普鲁士才在立法方面迈出最后一步。在1850年，农民阶级的所有负担被宣布废除。每位农民（不包括日工）都适用于该规定，而且，关于农民占有土地的所有义务（无论是该规定提出的，还是与该规定无关的）都被准许代偿，其中就包括世袭租金和其他赋税。不过，在此期间，小农的持有地已经被地产所有者占有。

　　该发展在普鲁士的最终结果是农民数量和农民持有地面积减少。从1850年开始,劳动人口的贫穷化越来越严重。引起这个问题的决定性因素是土地价格增加。此外,之前实施的将土地出租给"长工"的惯例已经不能给他们带来利润,他们在打谷和研磨收成中应享有的份额也被改由货币支付。特别重要的是,甜菜种植的引入让农业具有了很好的季节性,因而更需要流动劳工。这些流动劳工主要由所谓的"萨克森领班"提供,最初来自波兰的东部省份,后者来自俄属波兰和加利西亚。这些劳工不需要领主为其建设房屋或分配土地,他们愿意居住在工棚中,且并不嫌弃日耳曼劳工不肯接受的生活方式。这样,流动劳工开始越来越多地取代原先被束缚在土地上的农民以及后来因为与动产所有者具有共同经济利益而忠诚地依附到土地上的劳工。

　　在俄国,[1]亚历山大一世曾谈起过农民的解放,但为此采取的措施却非常少,而且在他之后的尼古拉一世也没有采取很多措施。之后,俄国在克里米亚战争的失利推动俄国政府开始采取行动。亚历山大二世害怕引起革命,因此在经过无数次的磋商后,最终在1861年公布了解放农民的伟大宣言。当时的土地分配问题是依照这种方式解决的,即帝国的各个省份确定每个人持有

---

　　[1]　参考W. G. 辛克维茨(W. G. Simkhovitsch),词条"农民解放(俄国)",载《社会科学大词典》,第三版,II,第604页及以下,以及其中引用的参考。

土地的最低和最高限额，数量为3公顷[1]至7公顷不等，但领主可以直接给予农民面积为最低份额的四分之一的土地，以此避免该规定的限制。通过这种方法，领主实际上可以让一个农村无产阶级家庭完全依赖于在他的土地上工作的机会。因为若非如此，农民获得的那份土地只够支付补偿金。补偿金的比例很高，而土地的比例却很少，立法者对此的解释是土地具有较好的质量和较高的产量。此外，在一定的过渡期间，农民的强制劳役依旧被保留下来，而且农民赋役的折算需要获得领主同意。这个制度导致大部分农民陷入对领主的债务中，因为该制度确定的抵代付款非常高，比例达到6%，且期限为48年。在1905—1907年的革命爆发时，农民对领主的这些债务已经无法还清。不过，皇室地产和君主所有土地上的农民却获得了更有利的条件，他们不仅得到了解放，还获得了对土地的完全所有权。

俄国的农民仅在一个方面得到解放，也就是说他们只是被从领主手中解放出来，但并没有从公社的共同义务中解放出来。从这些方面来说，人身奴役并没有被废除。农民并没有获得迁徙自由，因为米尔村社可以随时将在村落长大的任何人（无论是谁）召回。米尔村社的这项权利没有受到任何影响，因为政府认为这个所谓的农业共产主义是一种保守力量，可以推动沙俄政府自由主义进程。

出于政治考虑，俄国政府在西部各省，特别是在俄属波

---

[1] 1公顷=10⁴平方米。

兰[1]采取了不一样的措施。在俄属波兰，拿破仑法典已明确废除了农奴制，不过废除农奴制的条件是如果农民迁出，领主可以收回土地。这一规定导致大量农民被驱逐，因此在1846年被废除。之后在1864年，俄国发起了波兰农民的解放运动，作为反对支持1863年革命的波兰贵族的一个措施，且只在使农民阶级服从俄国政策。因此，农民与土地之间的关系是基于农民自己的意愿决定的。因此，农民的解放是以彻底强占波兰贵族地产的形式进行的。特别是，这个事实导致农民享有的广泛林地和牧场特权。

封建土地制度的瓦解促进了当前农业制度的确定。其中，在部分区域，农民被从土地中解放出来，土地被从农民手中解放出来，正如英国的情况一样。在部分区域，农民被从领主手中解放出来，正如法国的情况一样。在部分区域，该制度是一种混合制度，正如欧洲其他国家的情况一样。东部地区的情况与英国的情况更相似。

最后调整的形式在很大程度上受到了继承法的影响，而且从继承法方面来说，英国和法国之间存在非常大的差异。在英国，封建长子继承制在土地方面得到了广泛应用，无论是在农民家庭还是领主家庭，只有长子可以继承所有土地。在法国，即使在旧政权统治下，人们在继承方面的惯例是土地平均分配，民法典只是将该惯例变成强制性规定。在德国，我们发现了最明显的差

---

[1] 参考罗斯特沃罗夫斯基伯爵（Count Rostworowski），《波兰王国中的农民关系发展》，耶拿，1896；K. v. 加什钦斯基（K. v. Gaszczynski），《波兰王国的农民独立性的发展》，慕尼黑，1905。

异。在坚持实施个人继承制的地方，人们普遍接受的并不是英国实施的长子继承制，而是确定一个主要继承人（单独继承人），这位主要继承人可以获得所有土地，但却需要赡养其他后嗣。在某些情况下，这些法律的实施是由纯技术原因导致的，例如，在涉及不可分割的大庄园或在黑森林中的大农场时，或由源自封建领主时期的历史原因导致的。庄园主非常在乎土地支持服役的能力，因此不愿意对土地进行分割。在俄国，直到斯托雷平在1907年进行改革之前，农业共产主义依旧存在。农民不是从父母那里获得土地，而是从村落公社那里获得属于他的份地。

现代立法已经完全废除了封建束缚。在一些区域，这已经被信托制度或遗产信托制度取代。这些制度是从12世纪开始的，最初是以某些特殊基金的形式出现在拜占庭帝国。为了保护土地不被君主占有，信托的对象一般是教会，因此该制度具有了神圣的性质。不过，教会对土地的使用受到了严格限制，对此是有相关规定的，例如，可以用于供养一些僧侣。剩余的租金（为租金总额的十分之九）归成立该基金的家族所有。这在穆斯林世界中形成了瓦合甫，即表面上支持僧侣或其他宗教目的，实际上却旨在为一个家族赚取地主并防止苏丹政府征税的一种基金。这个遗产信托办法由阿拉伯人传到了西班牙，并在之后被英国和德国采纳。在英国，该办法遭到了反对，但法学家发明了一种替代制度，即"限制继承"制度。该制度的性质是这样的：通过书面约定土地所有权应该由上一代传给下一代来实现土地所有权的不可分割性和不可让与性，从而确保在持有人的一生中，土地所有权不会发生任何改变。通过这种方法，英国的大部分土地都被集中到了少数几个家族手中。而在普鲁士，在前一段时间，有十六分之一的土地受到信托约束。这样的结果就是存在于英格兰、苏格兰和爱尔兰的大庄园所有制也在西里西亚部分区域和之前的奥地利-匈牙利帝国通行（在1918年之前），而且也在德国部分区域得到小范围的应用。

　　农业制度发展与封建组织被替代的方法在农村条件改善和一般政治关系方面产生了非常深远的影响。特别是对一个国家是否可以有拥有土地的贵族，以及该贵族应该采取何种形式的问题产生了深远影响。从社会学角度来说，贵族是指拥有较高的经济地位，因此可以自由参与政治活动，且可以履行政治职能而不需要依赖政治职能生存的一类人。因此，贵族是拥有固定收入的人（坐食者、食利者）。那些需要通过工作来养活自己和家人，因此被束缚到某种职业上的阶级——也就是商人和劳动者阶级——不能满足这个条件。特别是在一个农业国家，真正的贵族都是依靠地租生活。在欧洲，唯一存在这种贵族的国家就是英国——在有限的程度上，之前的奥地利也存在这种贵族阶级。法国的情况正相反，对还有土地的阶级的土地没收导致政治生活的都市化，因为只有城市的财阀在经济上拥有足够的自由，可以将政治作为自己的职业，而拥有土地的贵族再也没有这种能力。在德国，经济发展的结果是只有很少的领主阶级可以自由参与政治生活，这些领主阶级主要分布在对农民的剥削程度最高的普鲁士东部各省。大多数普鲁士容克并没有像英国的领主一样成为贵族阶层。

更确切地说，他们是带有从古代流传下来的封建印记的农村中产阶级，其成员像农业企业家一样进行着日常经济斗争，试图获得商业利益。随着自19世纪70年代开始的谷物价格下跌以及生活需求的提高，他们的命运就已经注定了，因为平均四五百英亩的骑士保有土地已经不能够支持堂皇的贵族生活。这个事实说明了这个阶级在过去和现在面临的异常激烈的经济冲突，以及他们在政治生活中的地位。

随着领地制的瓦解，以及早期农业共产主义的残余痕迹在合并、分离等过程中逐渐消失，土地私有制完全建立起来。与此同时，在这个长达数世纪的历程中，社会组织也按照上述方向变化，家庭共同体逐渐缩小，一直缩小到现在由父亲和他的妻子与子女构成的一个财产关系单位，这在之前因为一些自然原因是不可能实现的。此外，家庭也经历了广泛的内部变化，而且，该变化是在两方面进行的：其职能被限制到消费领域，其管理以账务为基础。随着取代原始完全共产主义的继承法的发展，男女在财产和账务方面实现了越来越多的独立。这两重变革与工业和贸易的发展是密切相关的。

第二部分
资本主义发展开始前的工业与采矿业

第七章
工业经济组织的主要形式[1]

我们对工业的理解就是对原材料进行转化。因此，萃取作业和采矿并不在这个概念以内。不过，我们将在下面将矿业与工业结合起来讨论，所以"工业"包括不能被看成是农业、贸易或运输作业的所有经济活动。

从经济角度来看，工业（从原材料的转换这个意义上说）一般是以满足家庭共同体需求的劳动的形式发展起来的。就这一点来说，工业是一种副业，只有在生产超出家庭的需求时，人们才开始对工业感兴趣。人们可以为周围家庭提供这种劳动，特别是领主依附者为领主家庭提供的劳动。在上述情况下，一个家庭的需要是由其他（农民）家庭的产品满足的。辅助性的工业劳动也可能是为一个村落进行的，就像印度的情形一样。在这种情况下，手工艺者是不能仅依靠份地的收成生活的小农，他们依附于村落，受需要工业服务的村民差遣。他们实质上就是村落的农奴，可以获得一份农产品或货币报酬。这就是我们所说的"造物

---

[1] 关于工业史简介，可参考W. J. 艾希莉（W. J. Ashley）、H. 博斯（H. Boos）、H. 德布·吉宾斯（H. deB. Gibbins）、G. 施穆勒（《国民经济学》，卷一）、卡尔·布赫（Karl Bucher）、N. S. B. 奥拉斯（N. S. B. Oras）和A. P. 厄舍的著作。

主式"劳动者。

原材料转换的第二种模式是，除了满足家庭需求之外，以售卖为目的进行生产——即手工艺劳动。我们对手工艺劳动的理解就是通过劳动分工或技术专业化，由自由劳工或非自由劳工，以一定程度的专业形式进行的熟练劳动，该劳动可以是为了领主、公社或为了劳工自己而从事的。

我们在之后会了解到，为满足劳动者自身需求而进行的工业劳动最初出现在封闭的家庭共同体中。一般说来，专业化的最古老形式是两性之间的严格劳动分工。田间的耕种工作完全由女性承担，女性是最早的农业劳动者。她们不会被给予非常高的社会地位，不会像塔西佗（Tacitus）想象的日耳曼人的情况一样。在古代的英格兰，诱奸别人妻子的行为仅被视为一种财产损害，是可以通过金钱补偿来解决的。妇女是从事田间劳作的奴隶，所有的耕种劳动和与生长在土地上的植物的利用有关的所有活动，以及烹调容器的制造，各种各样的编制工作（编制草垫、纺线和织布）都由女性承担。不过，在织布方面存在一些独特的例外情况。例如，希罗多德（Herodotus）在埃及发现男子（奴隶）通常坐在纺织机旁工作，这种情况通常在织布机因太重而不易操作时，或男性已经解除武装的地方发生。另一方面，有男性承担的事情都是与战争、狩猎和牲畜饲养有关的事情，以及金属锻造、兽皮整理和肉食准备等。其中，肉食准备是一种礼仪行为，人们最初只在狂欢节吃肉，这种场合一般只允许男子参加，女子只能吃一些残羹冷炙。

　　此外，在一些偶然任务中，尤其是在房屋建造活动中，还会出现以集体形式进行的工业劳动。在这种情况下，需要进行的工作通常非常繁重，一个家庭根本无法完成，更不用说一个人了。因此，村里的村民会将这份劳动作为基于互助原则的邀请劳动完成，而且还会喝酒助兴，正如波兰现在依然保留的习惯一样。我们还可以在很早的时期发现其他事例：人们为酋长提供的劳动，以及为了造船且有机会从事海盗事业而自愿组成的群体进行的船只建造劳动。最后，还可能存在这样一种情况，即若干自由人组成一个群体，进行金属产品加工，不过，铁器生产出现得相对较晚。最初，房屋的建造并不使用金属钉。例如，在阿尔卑斯山区，尽管存在积雪积压问题，房屋的屋顶也是平的，这是因为没用建造倾斜屋顶所需的钉子。

　　从邀请劳动的广泛流行可以看出，最早的专业化并不涉及技术性劳动。在一些原始地区，技术性劳动与巫术观念有关，人们最初坚信个人只能通过巫术来实现某些事情。这在医疗职业方面尤其如此，而且"巫医"是最早的职业。每个需要较高技能的职业通常最初都被视为受到巫术影响。特别是铁匠被认为是拥有超自然能力的人，因为他们的部分技艺看起来是神秘的，而且他们还特意增加了铁器加工的神秘色彩。这些技术职业通常是在酋长或领主的大家庭中发展起来的，因为他们可以按照特定方向培养依附者，而且他们对这类技术工作有需求。技术职业的发展可能也与商品交换机会有关联。对于这一点，决定性的问题是工业是否与市场相关联，以及在经过多名生产者加工后的最终产品由谁销售。这个问题在行会的争斗和解散方面也具有重要意义。一个专业技术手工艺者可以为了存货和针对市场自由地生产，并作为一个小企业家销售他的产品。我们将这个极端事例称为"计件工作"，这类工作的前提是掌握有原材料和工具。其中一种可能性是原材料（在有些情况下，工具）是由某个组织提供的。因此，中世纪的行会负责购买和分配原材料，例如铁和木料，以确保成员之间的平等。

另一个极端是手工艺者作为一个雇佣劳动者为另一个人服务。这种情况会在手工艺者没有原材料和工具，只能出售他的劳动而不是产品时发生。在这两个极端中间还存在这样一个情况，即手工艺者按照需求劳动。在这种情况下存在两种可能性，其中一个可能性是他拥有原材料和工具。在这种可能性下存在两种情况：其中一种情况是他向消费者出售产品（这个消费者可能是向他订货的商人），我们将这种情况称为为客户进行的自由生产；另一种情况是他为一个对他的劳动具有垄断权的企业主生产。后一种关系通常是由对企业主的债务引起的，或由手工艺者无法进入市场造成的，例如，中世纪的出口工业的情况。这种制度被称为"家庭工业"制，或更确切地说，散工制或代理经营制，手工艺者是为他人劳动的计件劳工。

第二种可能性是原材料和工具（有可能是原材料或工具，有可能是两者都有）是由要求提供该劳动的人（即消费者）提供。在这种可能性下，我们所说的是为客户进行的雇佣劳动。与此相关的最后一种情况是要求提供劳动的人员是为利益而进行生产的企业主，这种情况属于家庭工业、散工制。这种情况涉及通常（但不是总是）购买原材料，并在某些情况下提供工具的商人企业主（发货人），以及在家中接受订单的雇佣劳动者。这些劳动者因为没有必要的手工业组织而无法将自己的产品拿到市场上销售。

关于劳动者与劳动场所的关系，可以做出以下区别。（1）劳动是在劳动者的住所完成的。在这种情况下，手工艺者可能是一名可以依据自己的意愿确定产品价格的计件劳动者，或者是为客户进行生产、需要支付工资的家内劳动者（按照消费者的要求劳动），或者是为企业主进行生产的家内劳动者。（2）劳动是在劳动者的住所外完成的。在这种情况下，劳动者的劳动可能是流动劳动，即在消费者的住所完成的劳动，就像现在依旧常见的女裁缝师与女装裁剪师的情况一样，这类工作最初是由"流动"劳动者进行的。不过，有些劳动是可以被劳动者带回家中的，但有些劳动的性质却不允许劳动者在自己的家中进行，例如粉刷工作。（3）劳动者的劳动场所可能是远离劳动者住所的"工作间"或车间。一个工作间并不一定就是工厂，它可能是一个劳动场所和销售场所在一起的商场门店，或者是一群劳动者共同租赁的一个场所，或归领主所有的场所，领主将他的奴隶安排在这里工作，他可以亲自在这里销售自己的产品，或允许奴隶按照一定的价格销售产品。这类工作间的特点在现代店铺企业中尤其明显，在这些店铺企业中，劳动者提供劳动的前提是企业主支付工资。

包含工作场所和劳动手段（不属于劳动工具范畴）在内的固定投资的占有也可以采用多种方式进行。此外还存在不需要固定投资的情况，在这种情况下，人们只需要进行纯手工艺劳动，就像中世纪的行会经济那样。中世纪行会经济的特点就是没有固定资本，在此类资本出现以后，该行会经济就面临着解体的危险。如果存在固定投资，该固定投资可能会由一个组织（村落、城市或劳动者组织）提供并维持。这种情况非常常见，且在中世纪尤为常见，行会通常会自己提供资本。此外，我们还发现劳动者可以以付租金的形式使用领主的设施，例如，修道院建造缩绒机，并将缩绒机出租给自由劳动者使用。除此之外，领主的设备还可能会被交由所有者控制的劳动者使用，生产的产品由领主销售。我们将这种情况称为家庭手工业或庄宅手工业。这种工业由法老创建，且在王公、领主和中世纪修道院的产业中表现为各种形式。不过，在家庭手工业中，家庭和经济事业并没有分离，经济事业只是企业主用于获得利益的一个副业。

不过，在企业主的资本主义机构中，这些情况发生了改变。在企业主的资本主义机构中，劳动者是使用企业主提供的劳动手段劳动的，且必须遵守纪律。企业主的车间被算作是固定资产，构成企业主账目中的一项。个人手中掌握有此类资本这个事实正是造成行会制度解体的原因。

第八章
工业与采矿业的发展阶段

工业与采矿业的发展起源于为满足小家庭或大家庭的需求而进行生产的家庭工业。从这一点来说，该发展的下一个阶段是部落工业的产生，这是由部落对某种原材料或某种产品的垄断引起的。部落工业最初是被作为辅助收益来源运营的，之后逐渐转变成了正式职业。在这两个阶段中，该工业都意味着将家庭活动的产品（使用家庭共同体的工具和原材料生产的）送入市场销售，这可以说是在自给自足的家庭经济中打开了眺望市场的一扇窗。造成原材料垄断的原因一方面可能是某些材料（例如石头、五金或者纤维，最常用的盐、金属或黏土矿产）只存在于某些部落的领域中。对垄断权进行利用的结果是导致流动贸易的产生。该商业可能由从事该工业的那些人经营，正如很多巴西部落或俄国"家庭工业"的情况一样——这些人在一年的部分时间从事农业生产，并在一年的其他时间兜售这些产品。另一方面，该商业也可能具有独占手工艺的特征，正如羊毛产品生产中的情况一样——劳动者独占贸易秘密或不轻易转让的特殊技艺。这种情况涉及特殊形式的计件工作，其中工艺是通过土地的占有实现垄断的，并通过世袭技艺被限制到一个部落或氏族中。这样，生产的专门化在种族群体之间产生。这可能会仅局限于相邻地区之间的产品交换（正如非洲的情况一样），或者得到更广泛的发展。

该发展可造成多种结果，其中一个可能性是导致等级制度的建立，正如印度的种姓制度一样。[1] 通过合并封建领主管辖下的各个部落群体，最初水平共存的部落工业变成垂直分层排列，而且在一个领主统治下的人民之中出现了种族劳动分工。部族之间最初互相视为异族的关系体现在种姓制度中：各种姓成员不在一起吃饭，不相互通婚，且仅从别人手中接受规定的服务。该种姓制度对整个印度社会组织产生了巨大的影响，因为该种姓制度既扎根于礼仪制度中，也扎根于宗教制度中。该制度使得所有手工艺劳动模式化，阻碍了发明的使用或任何基于资本的工业的引进。因为无论在任何时候，引进技术改进的前提条件是在现存的所有种姓之下创建一个新的种姓。在《共产党宣言》中，关于无产阶级的表述是"无产者在这个革命中失去的只是枷锁，他们获得的将是整个世界"。这个表述也适用于印度的情况，[2] 唯一不同的是无产阶级只有在完成所有种姓义务后才可以在死后摆脱他的枷锁。印度的每一个种姓都有传统生产工艺，废除传统工艺的人会失去种姓，这些人不仅会被逐出并沦为贱民，还会失去在未来升到更高种姓的机会。因此，该制度是所有可能社会秩序中

---

[1] 参考B. H. 巴登·鲍威尔（B. H. Baden-Powell），《英属印度的土地制度》，共3卷，牛津，1892，和《印度帝国》，共4卷，牛津，1908—1909；另可参阅马克斯·韦伯，《宗教社会学论文集》，卷二，第1页及以下、第91页及以下，以及其他各页。

[2] 马克斯·韦伯，《宗教社会学论文集》，卷二，第121页。

最保守的一种。在英国的影响下，该制度逐渐瓦解，不过即使是在英国，资本主义发展依旧非常缓慢。

在种族相互交换阶段出现的第二种可能性是朝向市场专业化的演化。职业的地区划分可能是"造物主式的"，也就是说，尚且与市场（已不再是部落内部市场）、村落或领主没有关联。村落或领主需要雇用手工业劳动者并要求他们为村落或庄园（家庭）工作。印度的村落工业就属于这一类型，而且在德国，直到14世纪，领主还被认为需要承担供养一部分村落手工艺劳动者的义务。在这种情况下，我们可以发现自给自足生产的地方专业化，劳动场所的世袭所有权通常与该专业化有关。

在该阶段之后出现的是最终导致面向市场的专业化的一种地方专业化。该专业化的前半阶段是村落和庄园工业的专业化。在村落中存在有农民和土地所有者，其中土地所有者以一份收成或其他付款为报酬，安排手工艺劳动者进行生产，以满足领主的需要。这与面向市场的专业化之间的区别是不存在交换。此外，这依旧带有种族权利之间的专业化的特征，其中手工业劳动者被视为外族人。不过，这些手工业劳动者包括一些因为持有的土地不足以维持生计，因此失去地位的农民。

领主对手工业劳动者的利用出现了一个不同的发展历程，即为了私人或政治利益，王公或领主进行的大家庭或大庄园专业化。在这里，专业化也是在不存在交换的情况下发生的。手工艺者或整个手工艺者阶层承担根据领主的需求提供特殊服务的责任。在古代，这种情况比较常见。除了管事（大家庭中的管理人员，例如掌管财务的人员，通常由奴隶担任）之外，还存在手工匠。手工匠主要是奴隶，此外还包含居于村落的一些手工艺劳动者，他们为满足大庄园的需求而进行生产，例如金属匠、铁匠、建筑工匠、车轮修造工、纺织工人（特别是指家庭作坊或女馆中的女性）、碾磨工、面包师、厨师等。拥有大量奴隶的城市高层贵族家庭中也存在这些手工艺劳动者。奥古斯都的妻子利维亚皇后（Livia）的奴隶名单是众所周知的，其中包括负责公主服饰或其他个人事务的手工艺劳动者。这种类似情况还出现在印度和中国的王室家庭中，以及中世纪的庄园中（包括世俗领主和修道院的庄园）。

除了满足领主个人需要的手工艺劳动者之外，还有满足领主政治需求的手工艺劳动者。一个规模较大的事例是在希克索斯王朝被驱逐之后，新帝国法老王的吏治。在法老王的吏治中，我们发现了通过依附阶级提供的实物赋税来填充的仓库制度，以及满足国王的家庭和政治需求的手工劳动的高度专业化工业。其中，官员的俸禄是使用仓库中的实物支付的，他们会收到规定的份额，而且这类书面提货单可以在商业中流通，就像现在的政府债券一样。这些产品部分来自农民的劳动，部分来自专业的庄园工业。此外，在近东的大庄园中，奢侈品工业也得到了发展和促进。在埃及和美索不达米亚的君王的支持下，在他们的作坊内获得培训且依附于他们的手工艺者创造了古代东方技艺的一个奇迹，因此，庄园（家庭）担负着在文化历史中需要完成的使命。

为了促使该情况向为了客户和市场生产过渡，需要一群有购买能力的消费者来吸收这些产品，也就是说，需要发展一定程度的交换经济。此时的情况与农民的发展类似。君主，或领主，或奴隶所有者需要在以下选项中做出选择：利用作为劳动力的劳动者的技能，自己通过他们为市场进行生产；或将劳动者作为租金来源。在第一种情况中，领主成为利用非自由人口的劳动的企业主。这类制度存在于古代和中世纪，在该制度中，领主雇人进行产品销售。领主所雇之人就是作为一名代理人而依附于王室或其他家庭的交易人、交易员。

在这种情况下，领主可通过不同方法利用劳动者的劳动。领主可以雇用他们作为不自由的家内工作者，即这些人居住在自己的住所内，但必须按照领主的要求提供一定数量的产品（用于生产的原材料可能是由他们自己提供，也可能是由领主提供）。在古代，这种关系非常常见。主要是在女馆（女性作坊）生产的纺织品和陶器就是这样被带入市场的。在中世纪，西里西亚和波美拉尼亚的亚麻工业就是以这种方法发展起来的。领主是手工艺劳动者的商人资本家雇主或"代理人"（发货人）。或者，领主会从事作坊工业。在古代就存在大领主的副业，例如陶器、采砂坑和采石坑，此外还有利用女奴隶进行纺织和编制的大型女性作坊。在加洛林王朝时期的法国也存在类似的女性作坊。在中世纪的寺院经济中，作坊工业得到了一定程度的发展，作坊工业涉及啤酒酿造、缩绒、烧酒蒸馏，以及本笃会修士、加尔都西会教士从事的其他工业等。

除了与农业有关的辅助工业之外，还存在利用非自由劳动者的城镇工业。在农村工业中，领主通过其拥有的非自由劳动者组成的机构生产产品，而在城镇工业中，商人通常通过使用自己的贸易资本建立非自由劳动者机构来生产产品。在古代，这种关系非常常见。例如，传说德摩斯梯尼（Demosthenes）从他父亲那里继承了两个工作间：一个是制造武器的五金作坊，一个是生产床架（这在当时是奢侈品，并不是必需的）的工作场。他的父亲兼营这两种作坊的原因是他曾是一名象牙进口商，而象牙通常被镶嵌在剑柄或者床架上。之后，因为使用象牙的债务人无法还清货款，他的父亲就接手了他们用于抵债的作坊和奴隶。利西阿斯（Lysias）也曾对一个拥有百名奴隶的"工厂"进行描述。在这两个事例中，我们发现了为少数上层阶级进行的生产，以及为战争进行的生产。但任何事例都没有涉及现代意义上的"工厂"，涉及的只是一种工作间。

一个工作间是利用非自由劳动者运营还是利用自由关联的劳动者运营取决于具体情况。如果该工作间是利用奴隶劳动来为市场生产的大型机构，那这个情况涉及的就是劳动的聚集，而不是专业化和协作。在这里，很多劳动者一起工作，每个劳动者独立生产某一种类型的产品。在这些劳动者上面还设立了一个监工，该监工需要向领主缴纳双倍的人头税，而他的唯一职责就是确保产品在某种程度上的统一性。从这种关系来讲，现在意义上的大规模生产是不可能实现的，因为工作间没有固定资本，且通常并不属于领主所有（不过，在有些情况下属于领主所有）。

此外，奴隶制的特点阻碍了此类机构向现代工厂的发展。

在市场失灵时，人力资源的资本消耗很高，而且人力资源的维持完全不同于机械的固定资本——奴隶特别容易受到社会变迁的影响，特别容易引发风险。如果奴隶死亡，这就会造成一笔损失，这与现在将死亡风险转移给自由工作者的做法截然不同。而且，奴隶还可能会逃走，这在战争时期，特别是在军事失利时期尤为严重。例如，当希腊在伯罗奔尼撒战争中溃败时，工业中的奴隶资本全部亏损。此外，奴隶的价格会受战争的影响而出现大幅度的波动，而战争在古代是经常发生的。例如，希腊城邦战争不断，希腊人将永久合同视为一种罪行，认为合约只是暂时的，正如现在缔结的商业合约一样。在罗马，战争也是经常发生的。奴隶的价格只有在发生战乱时才便宜，而在平时是非常高昂的。对于这项资本（往往以最高成本获得），领主的处理方法不尽相同，他们可能会将奴隶安置在工棚中，或者一起养活奴隶的家眷。在第二种情况下，领主必须为女性提供不同的职业，因此，领主不能实现其机构生产的专业化，只能在他的家庭作坊中兼营若干种生产。如果领主进行专业化，那么奴隶的死亡将会给他带来巨大损失。另外一个原因是奴隶对工作并不感兴趣，领主只能通过非常野蛮的纪律才能从奴隶那里获得足够的劳动量（就是在现代合约制度中，自由劳动者提供的劳动量）。因此，使用奴隶的大型机构只是罕见的例外情况，在以往的历史中，只有领主对相关生产领域拥有绝对垄断权时，这种大型机构才有可能出现。俄国的事例表明，使用奴隶劳动者的工厂完全依赖于此类垄断的维持。在垄断被打破后，此类工厂会在自由劳动者的竞争下瓦解。

古代的组织通常呈现出一些不同的面貌。有时，领主并不会以企业主的身份出现，而是以将奴隶的劳动作为租金来源的收益接受者身份出现。他会让奴隶学习某种手工艺，在此之后，他会将奴隶出租给第三方，或者允许奴隶独立进行市场生产，允许奴隶出租自己的劳动，或允许奴隶自己经营业务（在每种情况下，他都会对奴隶征收税费）——此时，奴隶是拥有经济自由但没有人身自由的手工艺者。在这种情况下，奴隶自己拥有一定的资本，或领主会借给他一笔资金去做生意和小规模手工劳动（私产）。根据普林尼（Pliny）所说，这使奴隶获得自己的利益，结果就是领主最终授予他们遗嘱自由。通过这种方法，奴隶被大量地利用。我们可以在中世纪，以及俄国发现类似的情况，而且，我们到处可以找到一些诸如捐税、代役租之类的赋税，其名称可以证明我们所述的情况并不是例外情况，而是非常常见的情况。

在采用这种奴隶利用方法时，领主是否亲自运营取决于是否存在当地市场，该市场与奴隶售卖自己的产品或劳动力的一般市场不同。如果古代劳工组织与中世纪劳工组织从同一点开始，且在早期阶段相似，但在之后却经历了不同的历程，究其原因，在于两种文明中的市场具有不同的特点。在古代，奴隶处于领主的支配之下，而在中世纪，奴隶获得了自由。在中世纪出现了古代未出现的广大自由手工业阶级。出现这种情况的原因如下。

（1）西方国家的消费需求不同于世界其他国家。为此，我们必须清楚地了解日本或瑞典家庭的需求。日本人居住在使用木头和纸张建造的房屋中，几张草席和一张木炕桌（构成了卧榻），以及一些碗碟和陶器就是他们的所有生活用品。我们有一份从已经被定罪的希腊人［可能是阿尔西比亚德斯（Alcibiades）］审判案中获得的拍卖清单。根据这份拍卖清单可知，这个家庭的家用设施非常有限，且主要是艺术品。与之相反的是，中世纪贵族家庭的家用设施数量繁多且非常实用。这种差异是由气候差异引起的。在意大利，即便是在现在，火炉并不是不可缺少的，而且在古代，床是一种奢侈品（在睡觉时，人们只需要裹上斗篷，躺在地上就行）。而在北欧，火炉和床却是必需品。我们现在找到的最早的一份行会文件就是关于克隆地区褥单编织者的。虽然不能说希腊人是赤裸的（他们将身体的部分遮盖了起来），但他们的穿衣要求却远不及中世纪欧洲人。最后，还是因为气候的影响，德国人的食欲要比南部居民的食欲大。但丁（Dante）曾说"德国是饕餮之地"。根据效用递减定律可知，一旦这些需求得到满足，德国人必定发展出比古代更加广泛的工业生产。这种发展在10世纪至12世纪出现。

（2）中世纪的市场在规模方面与古代市场存在差异。与古代的国家相比，在10世纪至12世纪的北欧，拥有购买力的购买者和工业产品要多很多。古代文明一般具有沿海的性质，著名城市都距离海岸不到一小时的路程。虽然位于狭窄海岸地带背后的内地也在市场范围以内，但内地处于产品经济发展阶段，所以购买能力较小。此外，古代文化根植于奴隶制之上。但随着文明从沿海地区传到内地并开始具有内地性质，奴隶的供应停止。因此，领主试图用自己的劳动力来满足自己的需求，从而不依靠市场。家庭作坊的自给自足（罗德贝图斯[1]认为是整个古代世纪的特点）实际上是晚古时期的一种现象，并在加洛林王朝时期发展到最高峰。该家庭作坊的第一个影响就是市场缩小，后来的财政措施也起到了相同的作用。整个过程就是向产品经济的快速退化。另一方面，在中世纪，随着农民购买能力的增加，市场的规模从10世纪开始扩大。农民对领主的依赖减轻，领主对农民的控制也开始逐渐失效，这是因为耕种的集约化逐步提高，而领主正被束缚在军事职责中，不能从中获得更多利益，只能任由全部增益归农民所有。这一事实使手工业的第一次巨大发展成为可能。这一发展是在市场特许与城市建立时期开始的，并在12世纪和13世纪开始向东部地区转移。从经济角度来看，城镇是王室的投机冒险场所，也就是王室希望获得可以征税的依附者，从而建立城镇和市场，作为进行买入和卖出人员的定居地。不过，这些投机活动的结果并不是一直有利。在反犹太主义不断发展，犹太人被赶到东部，而贵族试图利用该活动建立城镇的这段时期，波兰贵族的投机活动大部分都失败了。

（3）第三个原因是作为劳动制度的奴隶制无利可图。只有在奴隶蓄养费用较低的时候，奴隶制才是有利可图的。但在北方，奴隶蓄养成本并不低，因此他们更愿意将奴隶作为租金来源剥削。

---

[1] 马克斯·韦伯，《对国家和私法具有重要影响的罗马农业史》，斯图加特，1891。

（4）第四个原因是这样一个重大事实，即北方的奴隶关系并不稳定。在北方各地都有逃跑的奴隶。当时并没有刑事犯罪资讯服务，而且领主在奴隶方面处于对立状态，逃跑的奴隶可以在另一个领主那里或城镇中获得庇护，因此不会面对太大的风险。

（5）城镇的干扰。君主向城镇格外授予了一些特权，从而奠定了"城镇空气让人自由"原则。他宣布任何人，无论来自什么地方，无论来自哪个阶级，只要在城市定居，就属于城市。一部分城镇市民就是这样获得城镇市民身份的。此外，还有一部分城镇市民是贵族，一部分是商人，一部分是依附于他人的熟练手工艺者。

这一发展得益于君主权力的不断削弱以及城镇的特殊主义，其中君主权力的削弱可以促进城镇的特殊主义。城镇获得了权力，可以与领主对立。不过，"城镇空气让人自由"原则并非没有遭遇任何反对。一方面，君主不得不向王公承诺反对城市获得新的特权；另一方面，因为财政问题，他们不得不继续向城镇授予特权。这是一场权力的争斗，而在这场斗争中，王公（与城镇有利害关系）的政治权利最终战胜了领主（希望保留他们的依附者）的经济权力。

依据这些特权在城镇定居的手工艺者来自不同的区域，且具有不同的法律地位。其中只有极少数是正式市民，可以在不承担义务的情况下拥有土地；其中一部分人需要承担封建人头税，且需要对城镇内外的一些领主缴纳赋税；第三种人是一种"被保护者"，处于被保护地位。这类人拥有人身自由，但需要托庇于一些自由市民，需要自由市民代替他们出席，作为保护的回报，这类人应该向自由市民提供特定服务。

此外，城镇的范围内也存在一些庄园，这些庄园拥有自己的手工艺者和特定工艺规程。不过，我们不能认为城镇的工艺制度是从领主的工艺劳动规程中发展出来的。一般说来，手工艺者从属于不同的人身领主，此外，他们还要受城镇区域中的领主支配。不过，只有城镇可以提出工艺条例，而且有时，城镇领主并不希望他的依附者获得城镇自由手工艺者的阶级地位，因此会不允许他的依附者享有他授予城镇的合法权利。自由手工艺者没有固定资本，他们只有工具，但却不是在成本会计的基础上劳动。他们几乎一直是向别人出售自己的劳动而不是产品的雇佣劳动者。不过，他们是为客户进行生产，而且最初是按照订单生产。他们是雇佣劳动者还是计件劳动者主要取决于市场条件。

在为富有阶级进行劳动时，一般以雇佣劳动为主，而在为人民群众进行劳动时，一般以计件劳动为主。群众通常会购买单个、已经做成的物品，所以，群众购买能力的增长是计件劳动出现的基础，也是之后资本主义出现的基础。不过，雇佣劳动与计件劳动之间的界限并不明显，雇佣劳动者和计件劳动者是并存的。但一般说来，在中世纪早期，雇佣劳动者占支配地位，正如在古代、在印度和中国，以及在德国的情况一样。作为雇佣劳动者，他们可能是外出劳动者（在雇主家中劳动的劳动者）或家内劳动者，这取决于原材料的价格。金、银、丝绸和昂贵的织物不会被交由劳动者带回家中加工，而是会由劳动者在雇主家中加工，以防止盗窃和掺假。出于这个原因，在上层社会阶层的消费品领域，外出劳动是尤其常见的。与之相反的是，所用工具比较昂贵且非常沉重，不易运输的劳动者一定是家内劳动者，例如面包师、织工、葡萄酒加工者和碾磨工。在这些职业中，我们发现了固定资本的萌芽。在雇佣劳动和计件劳动领域之间还存在一些根据机缘和传统确定其类型的中间情况。不过一般说来，与雇佣劳动相关的属于最常出现：包工、出佣、工资——所有这些表述都与工资而不是价格相关。戴克里先法令中的条款也趋向于征收工资税，而不是价格税。

第九章
手工业行会

行会[1]是指按照职业类别进行专业化生产的手工艺劳动者的一种组织。行会通过执行两项任务来发挥功能，即对劳动实行内部监管，与对外部实行垄断。只有管辖区域内从事这一工艺的所有手工艺劳动者都加入该组织，行会的目标才算实现。

非自由组织意义上的行会常出现于晚古时期，且常见于埃及、印度和中国。这些行会是为监督应向国家缴纳的强制税赋而成立的组织。这些组织的出现与这样一个事实相关，即满足王公或共同体的政治需求的功能由各个工业团体承担，而且为了这个目的，生产被按照行业组织。人们认为印度的种姓就是从此类行会发展出来的，但事实上，这些种姓是从种族群体之间的关系发展出来的。国家对已经存在的种姓阶级加以利用，通过要求工业提供满足其需要的产品来实现实物筹资。在古代早期就出现了经

---

[1] 关于行会历史，详见M. 切沃斯托夫（M. Chwostoff），《希腊和罗马时期的埃及的工业与贸易组织概论》，喀山，1914；I. P. 瓦尔森（I. P. Waltzing），《罗马行会历史研究》，布鲁塞尔，1895—1900；G. 冯·勋伯格（G. von Schonberg），《中世纪德国工业行会的经济意义》，载《国民经济与统计年鉴》，卷九，（1868）；K. Th. 冯·印那马·施特尔内格（K. Th. von Inama-Sternegg），《德国经济史》，第3卷，第一部分，莱比锡，1901；另可参阅与英国工业史相关的书籍。

理制行会，特别是与重要军用产品有关的行会。在罗马共和国的军队中，百夫长或工业手工艺者与骑兵的百夫长并存。后来，罗马国家需要运入粮食，以满足城市人口的需求。为此，罗马国家设立了船长组织，以负责造船任务。而且出于财政考虑，在帝国的最后几个世纪中，几乎整个经济生活都是按照这种"经理制"组织起来的。

我们还可以发现一些作为礼仪组织的行会。虽然并非印度的所有种姓都是行会，但其中很多都是礼仪行会。在存在种姓的地方不存在种姓之外的其他行会，而且也不需要设立其他行会，因为种姓制度的一个特点就是每种劳务都会被分配给一个特定的种姓。

第三种形式的行会是一种自由组织，这是中世纪的一个特点。这类行会的起源可以被追溯至晚古时期，至少罗马化的晚期希腊文化显示出了实施带有工会性质的此类组织的倾向。流动手工艺者在纪元初期才出现。如果没有他们，基督教的传播是不可能的。基督教最初是这些流动手工艺者的宗教，使徒保罗也是流动手工艺者，他的格言"不劳动者不得食"表明了他们的伦理观。不过，在古代，自由行会只露出了一点萌芽。据我们所知，一般说来，在不依附于家庭工业或庄园工业时，古代的手工艺劳动具有以世袭为基础的氏族工业的特点。与行会民主截然相反的古典民主理论中完全没有行会这个概念，雅典市民、自由外邦人和奴隶共同制作了伊瑞克提翁神殿的石柱。行会概念之所以缺失，其部分原因是政治方面的，但主要原因还是经济方面的。奴隶和自由人不能参加同一个宗教仪式。此外，在存在种姓组织的地方并不存在行会，因为行会是完全多余的。而且在氏族经济占主导地位时，行会是没有意义的，就像中国的情况一样。在中国，城市的手工艺者属于一些村落，在北京和其他地方都不存在市民身份，因此行会并未构成城市组织的一部分。与之相反的是，在伊斯兰教国家存在行会，而且甚至还发生过行会改革（虽然次数很少），正如在布哈拉的情况一样。

中世纪西方行会的精神被简单地表述为这样一句话，即行会政策就是生活政策。这表明尽管生活机会的减少造成竞争加剧，行会可以保持行会成员相对富裕，确保每个行会成员可以达到并保持传统的生活标准。传统生活标准这个概念与当前社会的"最低生活工资"类似。行会用来实现这个目标的方法非常有趣。

关于内部政策，行会试图通过所有可行的方法为所有行会成员提供平等的机会，这与农民将田地划分成条田的目的相同。为了实现该平等，就必须防止资本主义势力的发展，特别是要防止每名工艺师傅手中掌握的资金出现不平等增长，从而防止由此在手工艺者中间出现的分化，每名工艺师傅的发展不会超过其他手工艺者。为此，行会对劳动过程进行了规定，工艺师傅不敢采用传统方式之外的任何其他方式。行会还会控制产品质量、控制和规定学徒和劳动者的数量。它还会尽可能地限制原材料的供应——如果计件工作在当时依旧通行，这就相当于集体劳动。此外，行会或城镇负责采购原材料，并将原材料分给每位工艺师傅。在手工艺劳动向计件劳动的过渡，且作为小资本家的手工艺者具有足够的能力购买原材料时，行会会要求成员提供财富证明。自14世纪以来，这个惯例得到了持续实施。没有财产的人可以受雇于他人，成为雇佣劳动者。在活动范围受到限制以后，行会会实行封闭政策，工艺师傅的数量也会被固定下来，不过，这种情况只在一些地方出现。

最后，行会还对每位手工艺者之间的关系进行了规定。行会的立场是应该尽可能在一个作坊中完成原材料的全部加工过程，每位工匠应该尽可能独立完成对每件物品的加工。因此，劳动的划分必须以最终产品，而不是不同工序的技术专业化为基础。例如，在服装工业，从亚麻布到成衣的生产过程没有横向划分为几个单独工序（纺线、织布、染色、裁剪等）。相反，行会坚持尽可能地将专业化与最终产品关联起来，例如，一个劳动者生产长裤，另一位劳动者生产背心。因此，我们在中世纪行会列表中发现了两百个行会，而如果按照我们的思路，按照工艺依据划分，可能会有两三千个行会。不过，行会担心加工过程的横向划分会致使接近市场的劳动者能够支配并压迫其他劳动者，让他们处于雇佣劳动者的地位。

到目前为止，行会实施的是一项生活政策。此外，行会也试图实现并维持所有成员的机会平等。为此需要限制自由竞争，所以行会制定了各种规定。（1）工业技术。行会确定了每名成员可以雇用的劳动者，特别是学徒的数量。尤其在学徒被作为廉价劳动者雇佣的地方，每位手工劳动者的学徒数量被限制为一至两名。（2）原材料的形式。特别是在需要混合金属工业，例如钟铸造工业，行会对原材料实施了非常严格的控制，以维持最终产品的质量，并防止不公平竞争。（3）工业技术和生产过程，对制备麦芽酒、制革、织物整理和染色等的党阀进行了规定。（4）行会控制所用工具的样式。每个行会都会对某些工具享有垄断权，不允许其他行会使用，而且工具的式样是按照传统规定的。（5）在将产品送到市场中之前，必须向行会证明产品的质量。此外，行会还监管工业的经济关系。（1）他们对资本的数量进行了限制，从而确保行会中不会出现雇佣企业主，任何工艺师傅超过其他工艺师傅并迫使他们为他工作。为此，与行业外的手工艺者的所有关联都是被禁止的，不过该禁令很少被执行。（2）被允许加入行会的人不能为其他工艺师傅工作，以免他们落到帮工的地位，这些人也不能为商人工作，因为这必定会立即导致散工制的产生。最终产品必须被作为为了消费者进行的雇佣劳动提供，且必须由为了工资而劳动的行会手工艺者提供。对于计件劳动者，将产品作为计件劳动来自由出售是理想的做法。（3）行会控制购买机会。它们禁止买断，也就是行会成员不能在同行之前抢购原材料。它们通常确定平等分配的权利，如果原材料短缺，任何行会成员可以要求行会中的兄弟成员按照原价向他提供原材料。（4）行会还反对个人在其他成员之前进行销售。为实现这个目的，行会通常进行强制销售，并通过禁止削价和诱惑消费者的方式加强监管，这样就防止了价格竞争的发生。（5）行会禁止销售行会外手工艺者的产品，如果有成员违反了这条规定，这名成员将被视为一名商人，并被逐出行会。（6）行会通过价格表对产品销售进行监管，以保证传统生活标准。

就对外而言，行会的政策是垄断性的。（1）行会试图达到这样一个目标，即在很多情况中，在影响工艺的事务中将工业的管理权掌握在自己手中，而且，行会还设立并维持了工业法庭。否则，它们将无法控制流程，或保持成员间的机会平等。（2）它们试图并定期实现强制入会的目标（至少名义上如此），不过在实际生活中，这经常会被规避。（3）在很多情况中，行会努力建立公会区。各地的行会都在试图实现这一目标，但这一目标只在德国得到完全实现，在英国没有取得任何成功，在法国和意大利的部分区域得到实现。公会区是指对某一区域的垄断。在行会建议完整权威的区域内，除了行会的工业，其他工业是不允许存在的。该措施针对的是在很大程度上受到压迫的流动劳动者和乡村工业。行会一旦在城镇获得权力，他们首先想到的就是尽力压制来自乡村的竞争。（4）在一个行会的产品转让给另一个行会时，行会设定价格，对内的价格是最低价格，而对外的价格却是垄断价格。（5）行会规定必须被有效执行，劳动的划分必须尽可能按照行业进行，而不是对过程进行横向划分，也就是说，正如上文已经解释的，每位劳动者必须从始至终地生产产品，并尽可能自己完成。行会会通过所有可行的措施来防止行会控制工业内出现大规模企业发展。不过，他们不能阻止散工制的发展，也不能防止手工艺者对商人的依附。

除此之外，还应该加上行会历史晚期出现的其他规定。这些规定假设行会已经达到活动范围的极限，认为只能通过劳动的内部—局部分工和资本主义经营，以及市场扩大来创建新的工业机会。首先，行会逐渐增加了获取工匠身份的难度。这个目标最初是通过"杰作"制度实现的。该发展在之后的结果是，自15世纪开始，行会在"杰作"制度之后又提出了严格经济条件。从价值角度来看，杰作的产生是没有重大意义的，而且附加的条件也是没有道理的，该要求仅意味着在一段强制的无偿劳动时期将没有财产的人排除出去。除了杰作要求之外，获得计件劳动者地位的工艺师傅试图通过对未来工艺师傅制最低的资本要求而获得垄断地位。

此时，学徒和帮工组织出现，这在欧洲大陆尤为常见。首先，学徒时间得以确定，且被逐渐延长。在英格兰，学徒时间被延长至七年，在其他地方被延长至五年，而在德国则被延长至三年。在学徒期满后，学徒会成为帮工。对于帮工，一个无偿劳工时间也被确定。在德国，这种情况导致流动期制度的产生——在被允许以工艺师傅的身份在某地定居之前，帮工需要流动一段时间；在法国或英国并没有这个制度。最后，行会通常会将工艺师傅的数量限制在一个绝对高的数值之内。这项措施并不是为了维护作为垄断组织的行会的利益提出的；这有时是城市（城市的领主和地方议会）确定的，特别是在城市担心因为工艺师傅数量太多，军用产品或具有政治重要性的生活资料的产品生产不足。

随着工会的逐渐关闭，世袭工艺师傅地位的倾向出现。在中世纪的所有国家，工艺师傅的儿子，甚至是女儿优先加入行会成为一种普遍现象，不过这尚未成为一个得到广泛应用的原则。随着这一情况的发展，中世纪手工艺劳动的某些部分必定呈现小资本主义特征，与此同时，永久性的帮工阶级产生。这种发展不仅出现在将手工艺劳动作为计件劳动进行且需要为原材料购买和工业运营准备一笔资金的区域，还普遍出现在工艺师傅的数量得到限定的区域。

第十章
欧洲行会的起源

正如上文所说，在封建领主和王公的大家族中，手艺人和管事是并存的，负责满足其经济和政治需要。行会是否真如所谓的庄园法学说[1]认为的那样，是从与庄园有关的组织中发展出来的？这个学说是基于这样一个主张提出的，即庄园包括满足自身需求的劳动者和作为庄园法体制中不可或缺的一部分的领主组织。市场特许权被授予后，货币经济时代从此开始。领主发现在自己的领域中创建市场是对他们有利的，因为他们可以向商人收取税费。这为在此之前只提供满足领主需求的强制赋税的手工艺者带来了市场机会。发展的下一个阶段是城镇。城镇通常是依据君主授予给王公或领主的特许权建立的，王公或领主则利用该特权将被庄园法束缚在他们手下的手工艺者作为租金来源。因此，该学说认为，为了实现具有军事性质的政治计划，或为了家庭的利益，王公或领主将行会组织强加给了手工艺者。所以，行会最初是城镇领主（城镇官吏）的官方组织。此时，发展的第三个阶段（即行会合并时代）开始。加入该庄园法组织的手工艺者联合

---

[1]　施穆勒是这个学说的主要倡导人之一；参考施穆勒，《斯特拉斯堡人的打褶工和纺织工行会》，斯特拉斯，1879—1881。

起来，而且在通过为市场生产积攒了一些资本后，他们在经济上变得独立。在此之后，他们开始为了市场和自主权进行斗争，在这些斗争中，行会取得越来越多的成功，而领主则在货币经济引入后最终被剥夺财产。

总体说来，这个学说是站不住脚的。这个学说没有充分考虑这样一个事实，即城镇领主（也就是司法领主）是不同于土地领主的官员，而且城镇的建立在某些方面通常与司法权向享有城市特权的人的转移有关。司法领主可以凭借其作为公共法官的权力向其辖区内的所有人强加一些负担，正如土地领主或王侯向他们的依附者强加负担一样。虽然就司法领主的责任（即尽可能减轻赋税，以吸引更多定居者）来说，他确实受到了某些限制，但由于该司法权的缘故，我们常常发现权力持有者可对依附者施加强制劳役，正如之前与王侯有关的情况一样。因此，租地继承税和领主在遗产中所占的份额并不总是人身奴役的象征，因为城镇领主也从不受奴役或不承担强制土地劳役的人那里获得这类酬谢。因此，对于承担这类负担的手工艺者，不需要将他们的发展追溯至司法领主的人身宗主权。

此外，行会通常从庄园法中发展出来这个假设也缺乏有力的证据。事实上，我们可以在同一个城镇中发现独立的庄园和之后会发展成为行会的排他性联合体的倾向。这种联合体的基础根本不可能是某一个庄园的习惯法。土地领主甚至经常阻碍依附于他们的手工艺者加入行会。此外，我们无法证明在行会出现之前存在的团体（例如兄弟会）会发展成为行会。兄弟会是一种宗教团体，而行会却源自一个世俗的起源。诚然，我们见过很多宗教组织之后变成世俗团体的萌芽的事例，但相关事实表明行会最初是非宗教性质的，且只在中世纪后期，特别是在基督教圣体节游行出现以后，行会才自称拥有宗教职能。最后，庄园法学说总体上夸大了土地领主的权利。事实上，在未与司法权结合时，土地领主的权力相对较小。

与庄园法学说的假设不同，领土统治权对工业发展和行会起源所做的贡献主要体现在另一个领域。随着市场特许权的授予，以及技艺精湛的手工艺者的古老传统脱离家族和氏族，领主统治权有助于技艺精湛的工匠在家族和氏族团体之外进行生产。这是阻碍西方像中国和印度一样向家族工业、氏族工业和部落工业发展的一个因素。这个结果是由古代文明从沿海向内陆转移引起的。内地城镇兴起，并成为为地方市场生产（种族群体之间的交换被代替）的地方专业化手工艺群体的所在地。家庭经济的发展促进了接受训练的手工艺者的出现，他们开始为市场进行生产。结果就是需要缴纳人头税的劳动者涌入城镇，并将为市场进行的生产作为一种类型发展起来。行会推进了这个趋势的发展，并促使这个趋势成为主要发展方向。在行会没有取得成功或行会没有出现的地方，家庭工业和部落工业持续存在，就像俄国的情况一样。

对于在西方，自由手工艺者和非自由手工艺者谁先出现的问题，我们无法做出笼统的回答。在相关记录中，非自由工艺者先于自由工艺者被提及。此外，最开始只有几种手工艺者存在，例如，在《萨利克法典》中只出现了"工匠"一词，而这里的"工匠"可能是指铁匠、木匠或任何其他种类的工匠。在南欧，自由手工艺者早在公元6世纪就被提到过，但在北欧，自由手工艺者在8世纪才被提及，而且自加洛林王朝才开始变得更为常见。

但相比之下，行会首先出现在城镇中。为了明确了解行会的起源，我们必须设想这样一个事实：中世纪城镇的人口是混合构成的，而且并非只有那些具有自由身份的人员才可以享有城镇的特权。城镇的大部分居民都是非自由的。另一方面，对城镇领主承担的强制劳役与领主或人身领主权相似这个事实并不能证明存在奴役关系。无论如何，可以肯定的是，很大一部分城市手工艺者（可能是绝大部分）确实来自非自由阶级，而且只有那些为市场进行生产且作为计件劳动者销售产品的人才会获得商人身份——从严格意义上来说，等同于市民的身份。还可以确定的是，大量手工艺者最初处于被保护的关系（被保护者），而且最后，只要手工艺者是不自由的，他们就需要受领主的管辖，不过，这只局限在需要领主法庭同意的事务中。因此，只有在手工艺者在庄园内保有土地且需要承担封建土地劳役时，手工艺者才受领主的管辖。有关市场的相关事务并不由领主法庭管辖，而是由市长或市法庭管辖。手工艺者受市长或市法庭管辖的原因不是他是自由或非自由的，而是他是商人，并以此身份参与城镇事务。

在意大利，行会似乎从古罗马晚期就一直存在。但实际并非如此，在法律并不需要司法领主的批准的北方，行会根本没有出现，因为只有司法领主可以实施维持行会运行所需的强制。很明显，在行会出现之前曾存在各种私人组织。我们对行会起源的了解实际上只有这么多。

最初，城镇领主保留了与行业对抗的若干权利，特别是因为为了实现某些城镇目的，他们需要以税收的形式要求行会提供具有军事和经济特性的某些劳役。他们坚持保留指派行业领导的权利，以及依据生活政策、出于一些治安和军事考虑，会对行会的经济事务进行控制的权利。后来，行会通过改革或买断所有人以获得补偿的方式夺取了城镇领主的所有这些特权。一般说来，行会成立之初就开始斗争。他们首先争夺选任自己的领导和制定自己的规定的权利，否则，他们将无法执行他们的垄断政策。对于强制加入行会的问题，它们很容易就达成了这个目的，因为这对城镇领主也有利。他们还努力摆脱由它们承担的负担，例如强制劳役、应向城镇领主或市议会缴纳的捐税、与人身和土地有关的免役税、一般性税收、向它们收取的租金。这种抗争通常最终以行会将这些负担折算成规定货币款项（即其作为整体承担的责任）告终。最早在1099年，美茵兹的纺织工在摆脱封建捐税的斗争中取得了对他们有利的结果。最后，为了反对托庇关系（保护关系），特别是保护人代替被保护人出庭的规定，并获得与上层阶级家庭的政治平等，行会进行了一些斗争。

在与这些斗争中获得胜利之后，行会的具体生活政策就开始出现确立行会垄断权的倾向。但该倾向首先就遭到了消费者的反对。消费者是无组织的（就像现在和通常的情况一样），不过，城镇或王公可能成为他们的支持者。这两者构成了行会垄断权的强大反抗力量。为了确保消费者获得更好的产品，城镇通常会保留任命自由工艺师傅且无须考虑行会决定的权利。此外，城镇还通过建立城市屠宰场、肉类市场、磨坊和炉灶，以及强迫手工艺者使用这些设施的方法来加大对食品工业的控制。该规定是非常容易实施的，因为在成立之初，行会是在没有固定资本的情况下运营的。而且，城市还借助物价管理机构，通过规定与行会的最低工资和价格相反的最高工资或价格来与行会争夺权力。

此外，行会还面临着其他竞争。竞争对象包括大庄园中的手工艺劳动者，特别是修道院中的那些手工艺劳动者——无论是位于乡村还是城镇。与受到军事考虑阻碍的世俗领主相比，修道院，凭借其合理的经济程序，可以建立非常多样的工业机构，并积累大量财富。他们为市场进行生产，因此是行会的主要竞争对象，且与行会之间出现了激烈的竞争。甚至于在宗教改革期间，修道院工业劳动的竞争也是将市民推到路德（Luther）一边的一个考虑。此外，该斗争针对的是广大的乡村手工艺者，无论他们是自由还是非自由劳动者，是定居还是流动的劳动者。在这项斗争中，商人与乡村手工艺者一起反对行会。尽管如此，此次斗争的结果却是家庭工业和部落工业的瓦解。

行会的第三项斗争是与尚未成为工艺师傅的劳动者之间的斗争，这项斗争是在行会以任何形式确定工艺师傅数量，或行会实施封闭政策，或行会增加获得工艺师傅身份的难度后开始的。对于这一点，我们需要考虑以下禁令：禁止以独立经营的劳动取代工艺师傅的劳动；禁止在自己的住所进行劳动——因为不能对帮工进行控制或以家庭工业纪律加以约束；以及禁止帮工在成为工艺师傅之前结婚，这个禁令无法实施，因为已婚的帮工在当时非常常见。

行会之前还曾与商人，特别是零售商进行了斗争，这些商人和零售商可以满足城镇市场需求，且可以从价格最便宜的地方收购产品。与远方进行的贸易相比，零售贸易承受的风险较小，而且可以带来更稳定的利润。零售商，以兼售衣料的裁缝为典型阶级，是乡村手工艺者的朋友，但是是城市手工艺者的敌人。他们与行会之间的斗争是中世纪最激烈的斗争之一。

与行会同零售商的斗争同时出现的还有行会内部的斗争，以及不同行会之间的斗争。这类斗争首先发生在同一行会中出现拥有资本的劳动者和没有资本的劳动者的情况，而这种情况为无产阶级提供了为富有成员做家庭雇佣工的机会。富有行会也会与同一个生产过程的其他无资本行会发生此类斗争。在德国、佛兰德斯和意大利，这些斗争引起了流血的行会革命；在法国，这些斗争只引起一次行会起事；而在英国，这些斗争导致了向资本主义家庭工业制的过渡，没有引起暴力的革命行动。在生产过程被横向划分而不是依据产品划分的情况中很可能出现此类斗争。这在纺织工业尤其如此，因为在纺织工业中，纺织工、漂布工、染工和裁缝等并存，因此产生了这样一个问题，即在单一生产过程的这些不同单位或阶段之中，哪个单位或阶段的劳动者可以要求享有对市场的控制权、获得实现最大利润的机会并要求其他单位或阶段的成员成为他们的家庭劳动者。漂布工通常会取得胜利，迫使工业的其他部门同意由他们采购原材料、制备原材料和销售最终产品。在其他情况下，取得胜利的是整理工或织布工。在伦敦，获得胜利的是零售者，他们迫使负责生产前几个阶段的劳动者成为他们的雇佣劳动者。在英国，其结果是行会中的富有工艺师傅不再进行工艺劳动。斗争往往以妥协告终，然后又重新开始，就这样反复持续到其中一个生产阶段的劳动者赢得市场。索林根的事件发展是最典型的。在经过很长一段时间的斗争后，铁匠行会、刀剑磨洗工行会和磨光工行会在1487年达成一个协议，根据该协议，所有这三个行会均保留自由进入市场的权利。不过，最终，刀剑磨洗工行会最终获得了控制权。最常见的冲突结果是最后生产工序的劳动者获得市场，因为这个工序的劳动者可以凭借这个有利的地位轻易地得知市场需求。在最终产品特别受市场欢迎时，情况一般都是这样。因此，在战时，马具工可以获得极好的机缘将皮革工置于他们的控制之下，或者拥有最多资金的工序劳动者可能成为最后的胜利者，那些需要使用最昂贵的生产设施的人则会成功迫使他人为他们服务。

第十一章
行会的解体与家庭工业制的发展[1]

在中世纪结束以后，行会开始解体。行会的解体是按照以下几条路线发展的。

（1）行会中的某些手工艺者晋升为商人或家内劳动者的资本家雇主，即"代理商"（发货人）。工艺师傅投入大量资本购买原材料，将原材料交给行会中的同行来代替他们进行加工，最后对成品进行销售。虽然行会组织曾尽力反对该趋势，该趋势依然成为英国行会发展的典型过程，且在伦敦尤为常见。而且，尽管行会民主制对"资历较老的人"进行了不遗余力的抵制，但行会依然转变成了"同业公会"，即变成了经销商的行会，其正式成员是为市场生产的人，而那些最终沦为雇佣劳动者和为他人劳动的家内劳动者的手工艺者失去了在行会中的投票权，因此失去了参加管理的权利。鉴于行会民主制占主导地位的情况意味着技术停滞不前，这一变革首先推动了技术的进

---

[1]　一般参考书目——施穆勒，第十章的注释中所列的参考书；A. 艾布拉姆（A. Abram），《15世纪的英国社会情况》，伦敦，1909，1—21页、117—130页；G. 昂温（G. Unwin），《16世纪与17世纪的工业组织》，伦敦，1904；马丁·圣·里昂（Martin-Saint-Leon），《行会史》，第2版，巴黎，1909；H. 豪瑟（H. Hauser），《旧日的工人》，第2版，巴黎，1906。

步。不过，在德国却没有出现这一发展历程。在德国，如果一个手工艺者成为一名雇主或代理商，他就会脱离现有行会并加入其他行会，例如店主行会、商人成衣匠行会或上层进出口商行会。

（2）一个行会可能会以牺牲其他行会的方式晋升。正如我们在很多行会所看到的那些从事贸易的工匠师傅一样，产业行会完全转变成商人行会，迫使其他行会的成员供他们差遣。这种情况在生产过程被横向划分的情况下很有可能出现。我们可以在英国（例如商人成衣匠）和其他地方发现相关事例。特别是在14世纪，一个行会为摆脱其他行会而进行的斗争频繁发生。第一种历程通常会与该历程同时发生，即在个别行会中，某些工艺师傅晋升为商人，与此同时，很多行会转变成商人组织。出现这类事件的征兆通常是行会的合并，这种征兆曾在英国和法国出现，但未在德国出现。其相反趋势通常表现为行会的解体与商人的联合，这在15世纪和16世纪尤为常见。漂布工行会、织布工行会、染工行会和其他行会中的商人形成一个组织，并共同监管整个工业。各种性质的生产过程被在小作坊工业的基础上联合起来。

（3）如果原材料非常昂贵，且原材料的进口需要大量的资金，行会将依附于进口商。例如，在意大利，丝绸就导致了这种情况的产生。在佩鲁贾北部，琥珀也导致了类似的情况。新型原材料也会提供这种推动力。例如，棉花就发挥了这样的作用。在棉花成为广泛需求的物品后，散工制企业就与行会同时出现，或通过行会改革出现——正如德国的情况一样，在德国，富格尔家族在这种发展中发挥了重大作用。

（4）行会可能会依附于出口商。只有在工业刚刚兴起之时，家庭或部落单位可以自己销售自己的产品。另外，在一个产业变得完全或强烈依赖出口时，代理商—企业主就变得必不可少，单独的手工艺劳动者无法满足出口需求。而商人不仅拥有必要的资金，还拥有必要的市场运行知识（而且，他们还将这些知识视为商业机密）。

纺织工业成为家庭工业制度发展的主要工业，其萌芽可追溯至中世纪早期。从11世纪开始，羊毛工业和亚麻工业开始出现斗争。在17世纪和18世纪，羊毛工业和棉纺织工业开始出现斗争。在羊毛工业与亚麻工业的斗争中，亚麻工业取得了胜利，而在羊毛工业和棉纺织工业的斗争中，棉纺织业取得了胜利。查理曼大帝只喜欢穿亚麻衣服，但在后来，随着武装的逐渐解除，羊毛的需求量不断增加。同时，随着森林的砍伐，毛皮工业消失，毛皮制品变得越来越昂贵。在中世纪的市场中，羊毛制品是主要产品，它们在法国、英国和意大利起到重要作用。羊毛的部分加工一直是在乡村进行的，但却成了中世纪城市发展和实现经济繁荣的基础，例如在佛罗伦萨的革命运动中，羊毛工人行会站在最前列。此外，我们还在该行业发现了散工制的痕迹。早在13世纪，羊毛代理商就开始活跃在巴黎，试图在香槟集市建立一个永久市场。一般说来，我们最早是在佛兰德斯发现该制度的，后来才在英国发现该制度。英国的大规模羊毛生产就是在佛兰德斯呢绒业的刺激下发展起来的。

事实上，羊毛（以生毛、半制品和成品的形式）决定了英国工业历史的发展历程。早在13世纪和14世纪，英国就开始出口羊毛和部分羊毛制品。在染工和成衣利益群体的倡导下，英国羊毛工业最终改以成品出口为基础。这一发展的特点是其通过乡村织布工和城市商人推动了家庭工业的蓬勃发展。英国的行会普遍变成了商业行会，而且在中世纪晚期，行会吸收了农村手工艺者。当时，服装缝纫工和染工在城市定居，织布工还住在乡村。在城市商业行会中，染工和服装缝纫工与出口商之间爆发了斗争。出口资本与商人雇主资本逐渐分离开来，并在伊丽莎白统治时期和17世纪爆发斗争，旨在争取羊毛行业中的利益。另外，雇主资本还需要与手工艺行会进行斗争——这是工业与商业资本之间的首次斗争。这个情况成为英国所有大型工业的特点，并导致英国行会对生产的发展完全没有作用。

由于资本与手工业行会之间的关系不同，英国和法国的进一步发展历程所遵循的路线不同于德国。在英国，尤其是在法国，向家庭工业制的过渡是非常普遍的现象。对该过渡的抵抗是在没有引起上面的干涉而自动停止的。结果是，在14世纪后的英国，一个人数不多的工艺师傅阶级取代了劳动阶级。不过，德国的情况却恰恰相反。在英国，上文所述的发展表明了行会精神的消失。在出现不同行会融合与合并的地方，倡议通常是由不受行会限制的商业阶级。他们在行会内联合起来，并将没有资本的工艺师傅排除出去。这样，行会在形式上维持了很久，作为富有高官的一个组织的伦敦城参政权就是行会的残余痕迹。

在德国，这类发展的历程是正好反向的。在这里，随着生活政策的范围逐渐狭窄，再加上政治考虑带来的部分影响，行会逐渐成为闭锁的组织。在英国没有城市特殊主义，而在整个德国经济历史中，城市特殊主义占有支配地位。德国城镇，甚至是在被纳入王公的领土后，一直在尽力奉行独立行会政策。与之相反的是，在英国和法国，城镇的独立经济政策在很早之前就被取消了，城镇的自治权也被剥夺。英国城镇找到了继续发展的道路，因为他们在议会中派有代表，而且在14世纪和15世纪（与后来的情况不同），议会的绝大部分代表都来自城市圈子。在英法百年战争期间，议会负责决定英国的政策，而团结在议会中的利益群体遵循一个合理、统一的工业政策。在16世纪，一项统一的工资标准被制定出来，工资的调整须由治安法官提交给中央当局。这使行会的加入变得简单，也是在行会中占有支配地位且在议会中有代表的资本主义商业阶级控制这个情况的征兆。另外，在德国，行会政策由并入公国的城镇决定。诚然，王公是按照和平与秩序监管行会的，但他们的监管措施都是比较保守的，且是根据行会之前的政策实施的。结果就是，在16世纪至17世纪的危急时期，行会仍然存在，它们能够对它们的组织采取封闭政策，所以在解放的资本主义力量席卷英国与荷兰，并以稍微弱的势力席卷法国时，德国仍然处于幕后。在中世纪结束时期和现代开始之初的早期资本主义运动中，德国并没有处于领先地位，这就与德国在几个世纪前的封建主义发展中的情况一样。

另一个显著区别是在社会压力方面的差异。在德国，自中世纪结束以来，帮工之间出现了联合、罢工和革命。在英国和法国，这些现象越来越少见，因为在这些国家，在家工作的小工艺师傅获得表面的独立，且可以直接为代理商工作。而德国的情况却正好相反，在德国没有表面的独立，也没有家庭工业，而且行会的闭锁造成手艺师傅与帮工之间的敌对关系。

在西方国家，前资本主义家庭工业并没有实现统一发展，甚至不是从手工艺组织中发展而来。在德国，家庭工业只是小范围出现，而在英国却非常常见。因为农村手工艺者替代了城市手工艺者，或者因为随着新型原材料（特别是棉花）的引入，新的工业开始出现，家庭工业通常与手工艺劳动并存。手工艺一直在与散工制斗争，而且这种斗争在德国的持续时间要长于在英国和法国的持续时间。

一般说来，家庭工业制的发展阶段如下。（1）代理商对手工艺劳动者有实际的购买垄断权。购买垄断权通常是通过债务建立的。代理商以他是商人，掌握有市场知识为由，迫使手工艺劳动者将他们的产品只交给他。因此，购买垄断权与销售垄断权和代理商对市场的占有有关，因为只有他知道产品的最后经销点。（2）代理商向劳动者提供原材料。这种情况非常常见，不过与代理商的购买垄断权无关。这个阶段在欧洲普遍存在，但在其他地方却很少出现。（3）控制生产过程。代理商之所以关注生产过程是因为他需要对产品质量统一负责。因此，向劳动者提供原材料通常与向劳动者提供半成品联系在一起，正如在19世纪，威斯特法利亚的亚麻织布工必须根据规定的经线和纬线进行加工一样。（4）由代理商提供工具，这种情况并不少见，但也不是非常普遍。从16世纪开始，这个惯例开始在英国出现，不过该惯例在欧洲大陆的传播较慢。一般说来，这种关系仅局限于纺织工业，在该工业，服装商订购大量织布机，之后会将织布机出租给织布工。这样，劳动者就与生产工具完全分离，同时，企业主力图对产品销售进行垄断。（5）有时，代理商会采取措施将生产过程中的若干步骤结合起来。这种情况并不是非常常见，而且最有可能出现在纺织行业中。代理商会购买原材料并分发给各位手工艺者，这些手工艺者负责产品加工，直到成品完成。在这个阶段完成后，手工艺劳动者会受另一个雇主支配，这与庄园中的手工艺者非常相似，只是前者领取货币工资，而且为市场生产的企业主取代了贵族家庭。

散工制能够继续存在这么长时间的原因是固定资本并不重要。在织布方面，固定资本只包括织布机。在纺绩方面，在纺纱机发明之前，固定资本更加不重要。资本在当时仍然被握在独立劳动者手中，而且固定资本的组成部分是分散的，而不是像现代工厂的固定资本组成部分那样集中，所以固定资产并不具有特殊的重要性。虽然家庭工业制在全球都比较普遍，但西方国家很少达到这个最后阶段，即代理商提供工具，并在不同阶段提供生产指导的阶段。根据以上可知，这个古代制度没有留下任何痕迹，但在中国和印度仍然存在。在该制度占支配地位时，手工艺者在形式上可以继续存在，甚至包括帮工和学徒在内的行会也可以继续存在，不过它们原来的重要性会丢失。它会变成一个家内劳动者行会（不是现代的劳工组织，最多算是这类组织的前身），或者行会内部会出现雇佣劳动者和手艺师傅的分化。

在非自由劳动力的资本主义控制形式中，我们发现家庭工业在全世界都有存在，就像庄园、修道院和寺院工业一样。作为一种自由制度，家庭工业与农民的工业劳动有关，耕种者逐渐成为市场生产的家内劳动者。特别是在俄国，工业发展就采取了这样一条路线。"家庭工业"最初只是将农民家庭的剩余产品拿到市场销售，或交由第三方销售。在这里，我们发现了一种不向部落工业发展，而是向家庭工业发展的农村工业。我们在东方和亚洲也发现了同样的情况。在东方，工业深受集市制度的影响，手工艺者的劳动场所与他的住所分开，却与一个集中化的市场密切相连，以尽可能防止对商人的依附。这在一定程度上代表中世纪行会制度的强化。

我们可以发现城市和农民手工艺劳动者对雇主（代理商或"发料人"）的依附。中国的情况特别典型，不过氏族成员的产品由氏族销售，它与氏族工业的关系阻碍了家庭工业的发展。在印度，种姓制度妨碍了商人对手工艺者的完全征服。直到近代，商人对生产手段的占有程度依旧无法达到其他地区的程度，因为在种姓制度中，这些生产手段是世袭的。尽管如此，这里出现了原始形式的家庭工业制度。与欧洲国家相比，家庭工业制度在这些国家发展迟缓的最后且最重要的原因是在中国和印度存在不自由劳动者以及不可思议的传统主义。

第十二章
作坊生产——工厂及其前身[1]

作坊生产意味着家庭与工业分离，这与家庭劳动不同。在历史过程中，作坊生产曾以各种形式出现。作坊生产的形式如下。（1）独立的小作坊。我们可以在任何时间、任何地方找到这种小作坊。为了便于一起劳动而将若干个劳动作坊聚集在一起的集市制度就以家庭和工业的分离为基础。（2）工作间。这种形式也是常见的。在中世纪，工作间被称为制作所，这个术语的含义非常模糊：可以意指一群劳动者租来作为作坊使用的地窖，也可以指进行雇佣劳动的庄园机构（具有要求劳动者使用的专利权）。（3）大型非自由作坊工业。一般来说，这个形式在经济历史中经常出现，之后似乎在埃及得到了很好的发展。这种大型非自由作坊工业无疑是从巨大的法老庄园发展出来的，而且，该作坊工业之后发展出了使用雇佣劳动者的单独作坊。在希腊化时

---

[1]　一般参考书目——E. 勒瓦瑟（E. Levasseur），《法国工人阶级历史》，第2版，共2卷，巴黎，1900—1901。[英语简译本：艾格尼丝·伯季兰（Agnes Bergelan）《法国工人阶级历史》，芝加哥，1918]；R. W. C. 泰勒（R. W. C. Taylor），《工厂历史导论》，伦敦，1886；J. F. 索罗尔德·罗杰斯（J. E. Thorold Rogers），《劳动与工资的六百年发展史》，第2版，伦敦，1912；W. 桑巴特（W. Sombart），《现代资本主义》，第4版，共2卷，2 Hlbbd，慕尼黑和莱比锡，1921。

期晚期，出现在埃及的一些棉花加工作坊或许就是最早的此类机构，但在相关的拜占庭和伊斯兰世界文献可用之前，我们无法对此做出最终结论。可能在印度和中国也出现过这类工坊，而且在俄国这类工坊是最常见的，不过，这些都是模仿的欧工厂。

早期的学者，包括卡尔·马克思，一般会对工厂和制造厂加以区分。制造厂被认为是一种使用自由劳动者的作坊产业，该产业没有使用任何机械，而是将劳动者聚在一起，用纪律加以约束。这一区分带有诡辩的意味，其价值令人怀疑。工厂是一种使用自由劳动者、拥有固定资本的作坊产业。其中，固定资本的构成并不重要，固定资本可能是非常昂贵的马匹，也可能是水磨。具有决定意义的事实是企业主使用固定资本进行运营，而在这种情况下，资本会计是必不可少的。因此，从这个意义上说，工厂代表着在生产过程中出现的资本主义组织，即在作坊内进行专门与协作工作，使用固定资本和资本主义会计制度的组织。

从这个意义上说，工厂出现和存在的经济先决条件是存在大量而又稳定的需求（也就是存在特定的市场组织）。对于企业主来说，不规律的市场会带来致命的损失，因为由此产生的紧急风险都要由他来承担。例如如果织布机归他所有，在市场条件不利时，他需要在解散织布工之前仔细考虑织布机的问题。企业主所依赖的市场必须足够大，且相对稳定，因此一定的金钱购买力是必要的，而且货币经济的发展必须达到一定的阶段——这样才能产生一定的需求。另一个必要条件是机器生产过程的成本相对较低。这个条件是由存在固定资本这个事实提出的，因为存在固定资本，即使在市场条件不利时，企业主也必须维持工厂的运营。如果他只利用雇佣劳动者，例如，在织布机闲置时，风险就会被转移给劳动者。因此，为了找到稳定的市场，他必须确保他的生产成本明显低于传统的家庭工业生产技术和散工制的成本。

最后，工厂的发展受到这样一个特殊社会前提的限制，即是存在足够的自由劳动者供应，依靠奴隶劳动是不可行的。对于运营现代工厂所需的自由劳动者，只有西方才有足够数量的自由劳动者，所有工厂制度只能在西方发展起来。在英国（后来的工厂资本主义的发祥地），大量的劳动者是被通过剥削农民的土地创造出来的。得益于其与欧洲大陆分离的地理位置，英国并不需要大规模的国民军队，只需要小规模训练有素的职业军队和应急武装力量。因此，英国不需要实施农民保护政策，英国成为农民土地剥削最严重的国家。这样，大量劳动者进入市场，这首先推进了家庭小工艺师傅制度的发展，之后又推进了工业或工厂制度的发展。早在16世纪，英国出现了这样一支失业大军，英国政府不得不着手处理济贫问题。

因此，在英国，作坊工业可以说是自己兴起的，而在欧洲大陆，它却需要国家有意识地发展——这一事实部分解释了为什么与欧洲大陆相比，英国关于作坊起源的资料显得相对比较匮乏。在15世纪末，德国工业机会的垄断化造成生活政策的范围不断缩小，贫民问题变得越发紧迫。结果就是，作为济贫与提供工作的机构，第一批工厂出现了。因此，作坊工业的兴起是当时的经济秩序养活人口的能力的一种体现。在行会不能再为人们提供谋生的机会时，向作坊工业的过渡就有可能发生。

西方工厂制度的先驱——手工艺行会的工业的运营无须固定资本，因此不需要大量的创办成本。但即使在中世纪，也有一些部门需要投资。这些工业的资本通常由行业集体提供，或由城镇提供，或者由领主以封建形式提供。在中世纪以前，在欧洲之外的其他地区，这些工业是大庄园经济的附属。与行会中的手工业组织同时存在的作坊类机构包括以下各种。

（1）各种类型的磨坊。面粉磨坊最初是由领主（无论是土地领主或司法领主）建造的，水磨坊尤其如此，领主可以凭借其对河川的所有权而享有水磨坊的管理权。这些磨坊通常是专利权或法律强制使用的主体，如果没有专利权或法律强制使用（磨坊专利权），这些磨坊就不会存在。大部分磨坊归地方统治者所有，例如在1337年，勃兰登堡总督在诺伊马克至少占有56个磨坊。磨坊的规模虽然较小，但单凭一位碾磨工的财力无法建造一个磨坊。一部分磨坊归城镇所有。这些磨坊通常是由王公或城镇往外出租，而且租约一般是可以世代相传的。承租人通常以零售的方式运营磨坊。锯木厂、榨油厂、缩绒厂以及谷物磨坊的情况也是如此。土地领主或城镇有时会将磨坊出租给城市家庭，这导致了磨坊贵族阶级的产生。在13世纪末的科隆，拥有13个磨坊的贵族家庭组织了一个按照固定份额分配利润的协会，不过这个组织并不同于股份公司，因为磨坊是被租给别人使用的，也就是说，被作为租金来源使用的。

（2）烤炉。烤炉的情况与磨坊一样，只有在归封建领主、修道院、城镇或王公所有时，烤炉才能获得足够的收入来进行技术改善。最初建造烤炉的目的是满足所有者的家庭需要，但后来，烤炉被用于出租，所以一项专利权（烤炉专利权）又出现了。

（3）酿酒厂。绝大多数酿酒厂最初是由封建领主建造的，并且享有专利权（酿酒专利权），不过这些酿酒厂最初是为了满足领主本身的需要。后来，王公将酿酒厂作为采邑建造，且通常将这类机构的经营作为特许权对象授予。这种情况是在大规模的啤酒销售开始后出现的，因为邻近区域出现太多酿酒厂会导致酿酒厂的纳税减少。在城市出现了一种市专利权（家庭自用酒水的酿造除外），这种专利权一开始就打算创造世袭工业。这样，酿酒厂就在为市场生产的基础上建立起来了。酿酒厂的强制利用是贵族享有的一项重要权利。随着啤酒酿制技术、啤酒花添加技术和"浓啤酒"制备技术的发展，酿酒权利变得专门化，不同的权利被授予给不同的贵族市民。这样，酿酒权利就只归开发出最完善技术方法的个别贵族家庭所有。另一方面，还存在一种自由酿制权利，享有该权利的市民可以在确定的酿酒厂中随意酿制啤酒。所以，我们在酿酒工业中还可以发现没有固定资本，而是在公共基础上经营的企业。

（4）铸铁厂。在大炮被引入之后，这些铸铁厂变得非常重要。意大利早于其他国家建立了大炮厂。最初，铸铁厂是一种市办机构，因为城镇是最先开始使用大炮的，而且据我们所知，佛罗伦萨是第一个开办铸铁厂的城市。地方王公的军队从这些铸铁厂购买大炮,这又促使了国家铸铁厂的产生。不过,市属铸铁厂和国家铸铁厂都不是资本主义机构,而是没有固定资本、为满足所有者的军事–政治需求而生产的机构。

(5)锤炼厂。这些工厂是随着铁器加工的合理化而兴起的。在所有这些机构中,采矿、熔炼和制盐领域的此类机构是非常重要的。

上文所述的所有工业都是以集体方式而不是以资本主义方式运营的。我们可以在16世纪间或发现与资本主义最初阶段相对应的私有经济性质的机构(也就是个体业主拥有工作场所、工具和原材料,因此与现代工厂相比,只缺少大型机器和机械动力)。这类机构在15世纪也可能存在,但在14世纪,这类机构显然并不存在。在最早出现的一批生产机构中,劳动者聚集在一个房间中,没有劳动专业化,或者实现了有限的劳动专业化。这类工业(与工作间非常类似)一直都有存在。这里所说的那些机构与工作间不同,因为它们雇用"自由"劳动者,不过贫困问题从未消失。被束缚到这类机构中的劳动者没有其他选择,因为他们自己无法获得工作和工具,而且在后来,为了济贫,政府采用了迫使人们在这类机构劳动的措施。

16世纪的一首英国诗歌描述了这类作坊,特别是纺织工业中的这样一个作坊组织。两百台机器摆放在一个工作场所中,这些机器归拥有该机构的企业主所有。这个企业主还负责提供原材料,不过生产的产品也归这个企业主所有。织布工通过劳动换取工资,儿童也被雇用作为劳动者和帮工。这是首次出现的联合劳动。为了向劳动者提供伙食，企业主雇用了厨房操作人员，包括采办人员、屠夫、面包师等。人们认为这类工业是世界奇观，就连国王也曾前往参观。但在1555年，在行会的迫切恳求下，国王下令禁止了该集中劳动。此类禁令的颁布正是当时经济条件的特点。早在18世纪，国王不再仅仅因为工业政策或财政原因就考虑取消大型工业机构，但在更早时期，这是有可能的，因为从表面来看，上文所述工业与家庭工业之间的区别只是将织布机集中到所有者的房屋中。不过，这个事实为企业主带来了相当大的利益，因为这首次实现了有纪律的工作，并使产品统一性和产品生产数量的管理成为可能。但这对劳动者来说是不利的，因为劳动者必须在外部条件的强制下劳动，这到目前为止仍然可以构成工厂劳动的一个可憎特点。这虽然可以在劳动管理方面为企业主带来利益，但也会增加企业主承担的风险。如果他就像服装商一样将织布机分出去，一次自然灾害或暴力事件使企业主的一些织布机化为乌有的概率会明显低于将所有织布机集中在一个房间时的概率。而且，企业主也不会轻易受到蓄意破坏和劳动者反抗的影响。总之，这个方法整体上是将小工业单位聚集成一个作坊。因此，在1543年，英国政府可以顺利地实施禁止维持两部以上织布机的禁令，因为被破坏的最多只是工作间，而不是专业化、相互协作的自由劳动者的组织。

在技术专业化、劳动组织和非人力动力资源的同时利用方面首次出现了新的发展趋势。在16世纪，内部出现专业化和协作的机构仍然是一种例外，而在17世纪和18世纪，创建此类机构的活动已经具备代表性。至于非人力动力资源，人们首先考虑的是畜力，特别是利用马的力量。之后，人们开始考虑自然的力量，最先考虑的是水，之后是风——荷兰风车最初被用于排出污水。在作坊内部的劳动纪律与技术专业化和协作，以及非人力动力资源的应用结合起来时，现代工厂就会出现。这种发展的推动力来自采矿业，这一工业首先采用了利用水资源提供动力的方法。采矿业也推动了资本主义发展的进程。

正如我们在之前所探讨的，除了各种条件以外，存在最低限度的可靠市场是从作坊工业过渡到拥有固定资本、实施劳动分工与协作的工业的一个前提条件。这说明了首次出现的这种具有内部分工和固定资本的专业化工业是为满足政治需求而生产的原因。这类工业的先驱是中世纪王公的造币厂，为了便于管理，这些造币厂需要被作为封闭的机构运营。虽然被称为"家庭伙伴"的造币者使用的工作工具非常简单，但造币厂实际上属于一个实施劳动高度内部专业化的作坊工业。因此，我们可以在这些造币厂中找到后来工厂的个别范例。随着技术水平的提高和组织范围的扩大，这类企业在武器制造方面大规模地建立起来，而且在政治统治者为军队提供衣服时，制服制造也被包含在武器制造中。制服的引入导致了对军事服装的大量需求，反之，只有在战争带来大量需求时，供应军队制服的工厂工业才能兴起。最后，在武器制造领域，而且通常是最重要的方面，还存在为满足战争需求而进行生产的其他工业，特别是火药工厂。

在提供可靠的市场方面可以与军队需求相提并论的是奢侈

品需求。为满足奢侈品需求需要发展以下产品的工场：地毯和挂毯——在十字军东征以后，王公贵族开始效仿东方的习惯，使用地毯和挂毯来装饰空白的墙壁和地毯，这在王公的宫殿中非常常见；金器和瓷器，西方王公的这些工厂是效仿中国皇帝的工作间设立的；窗玻璃和镜子、丝绸以及法兰绒布和细布；肥皂（其起源相对较晚，古代则使用油来满足该需要）和糖，所有这些都是供最上层社会阶层使用。

这类工业的第二类经营类别是通过模仿供富人使用的产品来让奢侈品大众化，满足大众的奢侈品需求。那些没有能力购买地毯和工艺品的人可以用壁纸装饰空白墙面，这样，墙纸工场在很早的时候就发展起来了。这一类别还包括蓝色燃料、浆粉和菊苣的生产。大众可以获得可代替上层社会用奢侈品的其他物品。对于所有这些产品（除了最后提及的产品），市场最初是非常有限的，只限于拥有城堡或城堡类住宅的贵族。因此，除了依赖垄断和政府特许之外，这些工业无法维持下去。

与行会相比，新工业的法律地位是非常不稳定的。它们与行会的精神相抵触，因而会受到行会的怀疑。虽然它们不是由国家维持或资助的，但它们至少从国家那里得到了明确的特权和特许权。国家向他们授予特权和特许权的理由诸多：确保可以提供贵族家庭所需的产品；为那些不能在行会中获得支持的人提供生计；以及为了财政目的，即提高国民的纳税能力。

因此，在法国，法兰西斯一世（Francis I）创建了圣艾蒂安兵工厂和枫丹白露地毯厂。在此之后，他创办了一系列拥有特权的皇家制造厂，以满足公共需求以及上层阶级的奢侈品需求。由此开始的法国工业发展在科尔伯特（Colbert）时期采取了另一种形式。鉴于行会的特权不能覆盖其所在的整个城市，国家授予了准许不参加行会的豁免权，以此简化了国家的手续，正如英国的情况一样。例如，在巴黎，相当大的一部分区域处于行会的管辖权之外，现代工厂的前身可以在这个"特权区域"建立，不会招致行会的反对。

在英国，行会是纯粹的市政组织，在离开特定城市后，行会的法则将会失去效力。因此可以与家庭工业和作坊工业的生产程序相协调的情况下，在城市以外的地区建立工厂工业。结果是直到1832年改革法案颁布时，依旧没有新工业的代表参加议会。一般说来，直到17世纪末，几乎完全没有关于此类工厂的任何记录，但这类工厂不可能完全不存在。这个判断的理由是：在英国，制造业可以在没有国家支持的情况下维持下去，因为行会的权力在当时已经减弱，行会不再握有可以阻碍此类工业发展的任何特权。此外，可以肯定地说，如果存在像德国那样的条件，而且没有在小工艺师傅制度下生产的可能性，作坊工业的发展会更加迅速。

在荷兰，我们也几乎没有发现政府授予的特权。尽管如此，胡格诺派教徒就在相当早的时期，在阿姆斯特丹、哈勒姆和乌特勒支建立了很多工厂，开始制造镜子、丝绸和法兰绒。

在奥地利，17世纪，国家试图通过授予不会侵害行会利益的特权来吸引工厂进入奥地利。另外，奥地利还存在大封建领主建立的工厂，其中第一个工厂可能是亲岑多夫伯爵（Sinzendorff）在波西米亚建立的丝织厂。

在德国，第一批制造厂是在城市建立的，特别是在16世纪的苏黎世，当时胡格诺派的流亡者在这里建立了丝织工业和棉织工业。之后，这类工业迅速传播到德国的各个城市。在1573年，奥格斯堡出现食糖制造厂，而在1592年，这里又出现了织锦制造厂；在1593年，纽伦堡出现肥皂制造厂；1649年，安纳贝格出现染色工厂；1676年，萨克森出现细布制造厂；1686年，哈雷和马格德堡出现布料制造厂；1698年，奥格斯堡出现金线工业；最后在18世纪末，瓷器制造厂开始在各地出现，而且在这类制造厂中，部分制造厂是由王公经营的，部分是由王公资助的。

综上所述，目前可以确定：工厂并不是从手工业中发展出来，也不是以牺牲手工业为代价发展起来的。相反，工厂与手工业并存，且是在手工业之外发展出来的。工厂掌握了新的生产方式或新的产品，例如棉花、瓷器、五彩织锦、替代商品，或手工业行会没有制造，工厂可以凭此与行会竞争的产品。最早在19世纪早期，这类工厂才开始广泛侵入行会的领域，正如在18世纪，特别是在英国纺织工业，这类工厂以牺牲家庭工业为代价来获得进展一样。尽管如此，行会还是以原则为理由，同这些工厂进行了斗争，并关闭了由它们发展出来的作坊。这表明行会感觉到了新的生产方法带来的威胁。

同样，工厂也不是从家庭工业制度发展出来的，而是与家庭工业制度一起发展的。在家庭工业制度与工厂之间，固定资本的多少具有决定性的意义。在不需要固定资本的领域中，家庭工业制度可以一直存续到现在，而在需要固定资本的领域，工厂出现，不过不是从家庭工业制度中发展起来的。企业主可能会接手最初具有封建性质或公共性质的企业，并按照私人动机，用该企业为市场生产产品。

最后，需要说明的是，现代工厂一开始并不是随着机器的出现而成立的，但这两者之间存在一定的关联。机械工业最初使用的是畜力，甚至在1768年，阿克赖特（Arkwright）的第一批纺纱机也是依靠马运转的。不过，作坊里的劳动专业化和劳动纪律形成了一个诱发条件，甚至形成了促进机械应用与发展的推动力。新引擎的发明带来了额外的利润。他们的原理（以火提水）来自采矿工业，且依赖于蒸汽被作为动力的应用。从经济方面来说，机械的重要意义在于系统计算的采用。

对于企业主和劳动者来说，现代工厂的建立可带来具有深远意义的影响。甚至在机械应用之前，作坊工业就意味着雇佣劳动者在远离消费者住所和劳动者诸多的地方劳动。劳动集中一直以各种形式存在。在古代，通常是法老和土地领主组织生产，以满足他自己的政治需求或大家庭需求。不过，在现在，作坊的所有者成为手工艺者的雇主，变成了为市场生产的企业主。在现代，劳动者集中在作坊中是有一定强制性的：贫民、无家可归的人和罪犯被迫进入工厂。在纽卡斯尔的矿山，劳动者需要带着铁项圈，这到18世纪才被取消。但在18世纪，所有地方都开始采用劳动契约，以此代替非自由劳动。这意味着资本的节约，因为购买奴隶的资本需求消失了，资本风险被转移给劳动者，因为在此之前，对于雇主来说，劳动者的死亡就意味着资本损失。此外，这还取消了对劳动阶级的繁育的责任，而以利用奴隶的工业就在奴隶的家庭生活和繁育方面遇到了难题。这使仅依据技术效率进行劳动合理分工成为可能，而且虽然存在先例，但契约自由首次使劳动继承成为作坊的主要规则。最后，这创造了精确计算的可能，这种情况只有作坊与自由劳动者结合在一起时才会出现。

虽然存在有利于其发展的所有这些条件，但作坊工业在早期一直不稳定。在一些地方，作坊工业最后又消失了，如在意大利，特别是在西班牙——委拉斯奎兹的一幅著名画作就描绘了作坊工业，虽然作坊工业在之后消失了。直到18世纪上半叶，作坊工业还没有成为满足一般需求的一个不可替代、必要或不可或缺的一部分。有一点是一直可以肯定的：在机器时代之前，使用自由劳动者的作坊工业在其他地方的发展程度均未达到在现代初期，作坊工业在西方世界的发展规模。对于该发展在其他地区的历程不同的原因，我们将在下文进行说明。

印度曾拥有高度发展的工业技术，但种姓制度阻碍了西方作坊的发展，因为种姓互相之间都认识是"不洁的"。印度的种姓礼制并没有达到禁止不同种姓成员在同一个作坊一起劳动的程度，而且他们有这样一种说法，即"作坊无不洁"。不过，如果印度的作坊制度不能发展成为工厂，种姓制度的排他性肯定负有一部分的责任。这样的作坊看起来肯定是极其反常的。直到19世纪，即使是在黄麻工业中，引进工厂组织的所有尝试遇到了很大的困难。即使是在种姓规则的严格要求消减后,劳动纪律在劳动者中间的缺乏依然是一种障碍。每个种姓都有不同的礼制和不同的安息日,因此需要不同的假期。

在中国,村落里的氏族的凝聚力特别强。在那里,作坊工业就是公共氏族经济。此外,在中国,只有家庭工业制度得到了发展。只有皇帝和大封建领主建立了集权的企业,尤其是在瓷器制造方面。瓷器制造是由奴隶手工劳动者进行,其生产主要是为了满足制造者的需求,且只在有限程度内供应市场,所以瓷器制造的经营规模一般不会发生改变。

奴隶资本在政治方面的不稳定性是古代时期的一个特点。奴隶工作间是普遍存在的,但这是一种艰难而又充满风险的事业。领主更倾向于将奴隶作为租金来源而不是劳动力使用。在对古代的奴隶财产进行研究时,有人发现大部分形式的奴隶之间的混杂比较严重,以至于现代作坊工业不能利用他们的劳动进行生产。不过,这不是不可以理解的,人们现在通常将自己的财富投放到各种证券中,而古代奴隶主不得不尽力获得最多类型的手工劳动者,以分散他需要承担的风险。不过,最后的结果却是对奴隶的占有影响大规模工业的建立。

在中世纪早期,非自由劳动者缺乏,或变得日益稀少。市场上虽然有新的劳动力供应,但数量不足。此外,资本也非常匮乏,而且货币财富无法被转变成资本。最后,农民和接受过工业培训的自由劳动者因为具有与古代情况相反的地位而获得了广泛的独立机会,也就是说,由于欧洲在东方进行不断的殖民扩张，自由劳动者有机会获得一个地位，并摆脱之前雇主的剥削。因此，在中世纪早期建立作坊工业是几乎不可能的。另一个影响是工业法，特别是行会规则引起的社会束缚变得日益增强。但即使不存在这些障碍，也不会出现一个范围足够大的产品市场。就算存在大型企业，这些企业都处于衰退状态，就像加洛林时期的农村大工业一样。在皇庄和修道院的领域中也出现了工业作坊劳动的萌芽，但也都衰退了。与现代初期，即只有作为皇家机构或在皇家授权的基础上才能实现完全发展的时期相比，所有地区的作坊工业都更加分散。在所有情况中，具体的作坊技术都比较缺乏。该技术在16世纪和17世纪才开始出现，且随着生产过程的机械化，该技术首次得到明确发展。不过，机械化的推动力来自采矿业。

第十三章
现代资本主义发展前的采矿业[1]

最初，采矿业主要涉及地面作业。在原始时期，非洲内陆的泥炭和沼泽铁矿，以及埃及的砂金矿可能是最重要的矿业产品。不过，在开始地下作业后，竖井和平巷的挖掘就成为必要工作，所以需要投入大量的劳动力和物资。这些都会带来很大的风险，因为人们无法确定一条岩脉需要挖多久才能出现丰富的矿石，或者才能获得足够矿产来偿付采矿场所需的重要运营成本。如果资金和物资没有跟上，而矿山又恰逢下雨，竖井就有"被淹没"的危险。因此，地下开采通常是以合作的方式进行的。在合作进行地下开采时，合伙人不仅对工业应承担一些责任，还享有一些权利。如果个人从该合作群体中退出，整个群体的利益会受到危害。一开始，矿场的运营规模较小。在中世纪早期，在同一个竖井中劳动的不超过两至五个人。

在与采矿业有关的众多法律问题中，第一个问题是谁有权在特定的地区进行开采。这个问题的答案有很多种。首先是马尔克

---

[1] 一般参考书目——I. B. 米斯普莱（I. B. Mispoulet），《罗马时期和中世纪的采矿制度》，巴黎，1908；O. 于埃（O. Hue），《矿工》，斯图加特，1910。

组织可能拥有这项权利，但相关资料中没有与此有关的事例。此外，还可以这样推测，即与部落日常管理不同，这些意外发现的权利属于部落首领所有。但这是无法明确确定的，至少在欧洲是无法确定的。

在我们可以获得更多明确资料的时期，可能存在两种有关开采权的法律规定。第一种是对采石场的产权被认为土地的一部分，即地表土地的所有者也是地下矿藏的所有者（不过这涉及的是领主的土地所有权，而不是农民的土地所有权），或所有的隐藏矿藏受"经济特权"约束——政治统治者（即司法领主）、封臣或国王拥有相关权利，在没有政治当局的特许授权的情况下，任何人不能进行开采，即使是土地持有人也不可以进行开采。政治统治者的经济特权首先是为了占有铸币所需的贵金属。第二种法律规定则体现了领主或享有经济特权的领主对矿藏发现者的利益的考虑。这一法律规定的主要原则是开采自由，即任何人都有权按照具体的官方规定进行勘探和开采，而且获得许可且发现一条岩脉的发现者可以对该岩脉进行开采，无须获得土地拥有者的同意，但需要对造成的损害支付一定的赔偿。与封建土地法律相比，在以经济特权为基础时，现代自由开采制度可以被更容易地建立起来。如果土地拥有者享有相关权利，他会尽可能阻碍其他人对矿藏进行探测，而在某些情况下，享有经济特权的领主可能会吸引劳动者进行矿藏开发。具体说来，采矿法与采矿工业的发展过程如下所示。

对于西方国家以外区域（如在印度和埃及）的最早工业，例如，最初几位法老在西奈山运营的采矿场，我们所知甚少。但对于希腊罗马的古代采矿组织，我们有较多的了解。劳里昂的银矿属于雅典国家所有，国家将这个银矿的经营权租了出去，并将收益分给市民。在萨拉米斯海战中获胜的那支雅典军队就是依靠市民放弃的数年白银组建的。对于这个银矿是如何运营的，我们并不了解。不过根据一些迹象可以推论出这样一个事实，即一些非常富有的个人拥有采矿奴隶：参与伯罗奔尼撒战争的指挥官尼西亚斯（Nicias）据说拥有数千名采矿奴隶，他将这些奴隶出租给了矿山的租赁人。

涉及罗马情况的相关资料的表达并不明确。一方面，《学说汇纂》提及了罚为矿工的办法，从这一点可以看出，使用罪犯奴隶或购买的奴隶是非常常见的情况。另一方面，在这采矿方面一定存在某些选择，至少有迹象表明在矿场中犯了某些罪行的奴隶会受到鞭打，且不会再被用于进行采矿劳动。无论如何，可以肯定的是，从哈德良（Hadrian）时期开始实施的《维普莎卡矿场》（在葡萄牙发现）表明当时已经开始使用自由劳动者。采矿是一种君主特权，但我们不能因此推断存在采矿经济特权，因为君主可以在所有省市中全权处理一切问题，而占有矿山是他们喜欢的特权行使形式。《维普莎卡矿场》所表明的采矿技术与其他古代资料中的相关信息相矛盾。例如，在普林尼的作品中，我们发现了一排奴隶使用水桶将将矿井底部的水提升到地表的描述。相反，根据《维普莎卡矿场》中的表述，人们在外矿井旁边建了平巷来排水。中世纪的平巷建筑通常可以被追溯至古代，但在其他方面，《维普莎卡矿场》的很多内容对应的似乎是中世纪晚期的各种关系。采矿业由帝国的地方行政专员管理，地方行政专员相当于中世纪政治领主委派的矿主。此外，还存在采矿的义务。个人有权利挖掘五口矿井，在中世纪，五口矿井是被允许的最大矿井数量。我们可以明确地推断他有义务保持这五口矿井的持续运营。如果他没有在特定的一个较短期限（比中世纪的规定期限短）内利用他的权力，他的权力将会被收回，并被交给可以采矿的其他人。除此之外，我们发现在最开始还存在一些强制赋税，如果没有按时缴纳，对矿山的权利也会被向其他人公开。矿场的一部分是被留给国库的，就像中世纪早期的情况一样，而且一部分初级产品需要被交给国库。这部分产品的比例最初被设定为一半，而在中世纪，这个比例被逐渐降低到十七分之一或更少。矿场的运营是由联合起来的几名劳动者进行（这些劳动者是自愿加入合作的）。加入这个联盟组织的人被要求缴纳一份强制款项，以筹集挖掘平巷和竖井中的资本，如果未缴纳此类款项，采矿权就会被收回。

在中世纪，德国先于其他国家开始进行贵金属开采，不过锡的开采是英国首先进行的。我们在德国发现了一些皇家矿山，但该矿山的建立不是依靠经济特权的约束，而是依据国王对所有土地的权利。其中一个示例就是在10世纪，在戈斯拉尔附近建立的拉默尔斯贝格矿山。砂金开采也是在皇家建立的，开采权是国王在收取费用后授予的，但在这个事例中，君主依据的也不是经济特权的约束，而是对可航水域的控制权。在亨利二世统治时期，国王开始首次出租采矿权，这也不是以经济特权为基础，而是以租给修道院的土地为基础。一般说来，租给修道院的土地只是国王依据帝国对土地的控制而享有合法权利的土地。最初，国王有权利分享采矿业产品的十分之一，这个权利通常被出租给私人，但在11世纪，在涉及修道院的情况下，该权利被作为帝国财产出租。

在霍亨斯陶芬王朝统治时期，政治当局与采矿业之间的关系得到了进一步的发展。康拉德三世所采取措施的基础经济特权概念是由腓特烈·巴巴罗萨（腓特烈一世）明确提出的，他宣布，未经国王同意（可以通过缴纳一定费用实现），任何人都无法获得采矿许可，而且即使是封建领主也需要获得此类特许权。这项规定很快就成为广泛认可的事实，因为《萨克森明镜》承认皇家采矿经济特权为一种制度。不过，国王的这种理论上的权利与王公的利益发生冲突，而王公对经济特权的权利是在《金玺诏书》中被首次承认的。

在其他国家也出现了君主与封建领主之间的矿山之争。在匈牙利，国王向领主屈服，如果国王想要开办一个矿场，他就必须将那一大片土地完全买下来。在西里西亚，罗杰一世依旧承认地下矿藏是领主的财产，但在12世纪下半叶，王国却规定君主享有经济特权。在法国，直到大约1 400年之前，伯爵一直主张采矿权是土地的一部分。之后，君主取得了胜利，其在革命爆发之前一直享有经济特权，这致使矿山成为国家财产。在英国，约翰国王主张享有普遍的经济特权，尤其是对重要的锡矿山享有经济特权。但在1305年，君主被迫承认国王无权将采矿业束缚到他的特许上。在16世纪，在伊丽莎白的统治下，经济特权被限制到贵金属领域，所有其他矿山被视为土地的一部分，所以新兴煤炭开采工业不受皇室的约束。在查理一世统治时期，情况开始出现反复，但最终君主完全屈服，所有地下矿藏成为土地所有者或"领主"的财产。

在德国，采矿自由（也就是勘探自由）不是源自马尔克共同体，而是源自"自由山林"。"自由山林"是指一个包含矿产的区域，该区域的土地所有者可以将经营特权授予任何人。在10世纪，拉默尔斯贝格矿山仍然是一个皇家企业，但在11世纪，国王将该矿山出租给了戈斯拉尔城市和瓦尔肯里德修道院。之后，修道院又以在自由竞争的基础上支付款项为条件，将采矿权授予了申请者。在1185年，特伦特主教（Bishop of Trent）以同样的方法将开发银矿的特许权授予了由自由劳动者组成的采矿共同体的每位成员。这一实践代表着市场授予和城市特权授予，其基础是自由劳动者在11世纪至14世纪获得的特殊权利地位。拥有专门技能的矿工非常稀有，因此具有垄断价值，所以各个特殊政治机构竞相向他们承诺各种有利条件。这些有利条件甚至包括在特定程度范围内进行开挖的权利自由。

依照这种发展，中世纪德国经历了以下几个时期。第一个时期是源自最高政治机构的集中开采的发展时期，不过在这个时期，农民支付的与采矿相关的封建捐税偶尔会出现。第二个也是最重要的一个时期是矿工占有较大权利地位的时期。这一时期的发展结果就是采矿场被越来越多地转让给矿工，领主的经营管理权被剥夺——他们仅仅是将地下矿藏作为租金来源的收税人。矿场的持有者变成了矿工合作组织。他们采用的收入分配方法与农民采用的份地分配方法类似，也就是说，严格遵守平等的原则。

"采矿共同体"由此出现，该共同体包括所有采矿利益相关方，即在矿山中工作的所有人，后来，在矿山劳动过的所有人都被包含在内，但领主被排除在外。矿工合作组织可以代表它的成员处理外部事务，并确保对领主缴纳应缴款项。这样的结果就是采矿共同体（矿业部门）的各个成员担负矿业生产的成本。当时的矿场经营规模非常小，一位矿工可以申请开挖的竖井数量最多是七口，这里的竖井就是原始的地洞。只要矿工一直维持竖井的运营，他就一直是这些竖井的所有者。但如果他停止运营，即使是停止很短一段时间，他就会失去持有权。自从采矿共同体开始对付款承担共同责任，领主完全放弃了自己的经营。他的租金权利（也就是他所占的份额）在持续快速下降，从最初的产品的一半下降至产品的七分之一，并最后下降至九分之一。

第二个时期也是劳动者内部开始分化的时期。一个不参加实际劳动的矿工阶级出现，与之同时出现的还有一个需要参加劳动但依附于不需要参加劳动的那些矿工的一个矿工阶级，因此，该发展与家庭工业制的发展类似。早在13世纪，这个情况已经在很多地方出现，不过尚未成为主要形势。个人所占份额的限制被保留了下来，所以大规模资本主义没有发展起来，只有小食利阶级占有权发展起来了，不过他们在短期内可以获得巨大利润。

第三个时期是资本需求不断增加的时期，引起资本需求增加的是平巷的规模不断扩大。因为需要不断挖深地下巷道来实现通风和排水，而这项工程的投入只有在未来才能收回，所以需要大量的预付资金。因此，资本家进入采矿群体。

第四个阶段是矿产贸易集中的阶段。最初，每位矿工是以实物的形式分得他的那份产品，并可以随意处理自己获得的那份产品。依据这种安排，矿产品销售商可以获得对产量的实际控制。这样，矿产品销售商的影响力逐渐增加，逐渐演化成矿产品批发商，这是矿业发展的一个典型特征，特别是在16世纪。

在这个情况的影响下，矿产品的处理权被越来越多地转移给作为一个群体的矿工总组织（工会），因为矿工可以通过这种方法获得保护，免受销售商的侵害。这一趋势的后期影响是总工会成为运营的监管者，而在最初，各个矿工可以独立运营。这一趋势的另一个后期影响是总工会逐渐演变成一个采用资本主义会计制度的资本主义组织，每名矿工只能从组织的财务部获得他们对产品享有的份额。自此之后，定期会计制度被采用，每名劳动者根据自己的绩效获得付款和补助。

具体来说，在现代资本主义出现之前的组织发展经历了以下历程。在矿工总工会的压力下，领主放弃了对运营的干预，因为矿工工会禁止他的管理人员进入竖井，只有矿工合作组织的成员有权利相互控制。保持运营的责任被保留下来，不过该责任不再是为了领主的利益，而是为了负责缴纳免役租金的矿工合作组织的利益。这种情况与俄国农村的情况一样，在俄国农村，虽然农奴制被废除，个人依旧被附属在土地上。在此之后的进一步发展是矿工之间的明确股份分配。但关于他们的之间股份如何分配，以及这些股份在最初是否是实物股份（之后的矿业股票或概念股份就是从中发展而来的），这是一个有争议的问题。所有的雇佣劳动者属于采矿共同体，但矿工总工会仅包括股份所有人。总工会（行会）在何时出现是无法确定的，但可以肯定的是，采矿共同体和矿工总工会的成员不再相同。

在矿工既拥有生产手段又拥有原材料之后，采矿工业的劳动阶级内部开始出现分化，而这种分化促进了资本主义的发展。对采矿工人的日益增长的需求造成采矿工人的人数不断增加。不过，之前的矿工拒绝新来的采矿工人加入总工会。这些新矿工成为非成员（Ungenossen），即以学徒的身份挣工资的人：他们为一个师傅服务，而且他们的工资由这个师傅负责。因此产生了联合或相互依附的矿工，内部分化由此开始，而且该分化与采矿业外部分化对应。由于矿工在生产过程中所占的地位不同，矿工在矿场工作的权利不同。例如，不断增加的专业化需求导致对矿业铁匠的需求不断增加。这类工人很早就成为雇佣劳动者，他们在现金工资之外还可以获得一份固定份额的产品。不同竖井之间的产量差异也导致了分化的产生。最初适用的是行会原则，根据行会原则，作为一个整体的矿工组织有权分享任何一个多产的竖井的收益，且有权将竖井的收益分配给所有的矿工。不过，这一规则逐渐被取消，矿工在遭遇风险的概率方面的差异逐渐扩大。他们有时会获得巨大利润，有时却穷困得难以糊口。股份转让自由的增加也越来越多地推动了分化的加剧，因为不参加工作的成员会利用股票的买卖获利。

这样，采矿共同体之中出现了纯粹的资本主义利益。随着采矿深度的不断增加，整个采矿过程对资本的需求越来越大。供水用竖井的修建，以及对昂贵设备的各种需求变得越发急迫。不断增长的资本需求可导致以下结果：第一，只有拥有财产的合伙人依旧是拥有完整开采特权的矿工；第二，新的授权被越来越多地集中到可以掌握一定资本的人手中。此外，工会开始积累财产。最初，工会没有财产：个体矿工需要自行配备竖井所需设备并预付相关费用，工会只在矿工未履行矿山运营的义务时进行干预。但现在，工会需要帮助矿工解决资金需求，因为除了采矿所需的竖井之外，排水用的竖井的建设变得非常常见。最初，平巷和竖井的建设被分别交由不同的组织负责，每个组织可以分得一份矿山产出。这些人拥有的产品份额让矿工感觉如芒在背。他们越来越希望将挖掘工作掌握在他们自己的手中。现在，工会成为资本的所有者，但之前的情况依旧未发生改变，个体矿工负责支付他所经营的竖井的成本。所以，矿工必须预付成本，而且这被认为是他在不参与实际劳动后需要承担的最重要职能。此外，他还必须像之前一样为劳动者提供逐渐合理的生活条件（与劳动者签订合约，并向劳动者付款）。不同竖井所需的成本千差万别。实际劳动的工人能够团结起来与个体"矿工"对抗。因此最后，工会开始接手管理劳动人员的招聘和工资支付，筹集建设竖井所

需的预付款和费用，并作为整体的群体设立了会计制度，该制度
的实施首先从小事开始，之后发展到一周的事务，再发展到一年
的事务。个体矿工应该提供他应缴纳的预付款，并获得分享产品
的权利（一开始以实物形式分享）。最后，这个发展以下列结果
告终：工会作为一个整体来销售产品，并按照份额向成员分配
收益。

　　随着这一发展，矿主在早些时候用于限制他们之前的不平等
发展的措施被废除。其中一条措施就是禁止积累矿场股票，这条
规定最初要求每个人持有的股票数不能超过三股。随着矿场被系
统地扩张，而且扩大的矿场被更频繁地出租给单个股东，这一条
和所有类似限制都需要在更大程度上取消，而且随着工会开始接
手工业的全部经营，这些措施更需要被取消。采矿业的新部署与
原来的情况相反，在之前，未经过选拔的自由劳动者被允许进行
采矿工作，这导致了劳动者技术水平参差不齐，竖井的开挖并不
合理。此外，工会（行会）出现进一步的合并，旨在实现系统化
运营并抑制没有产量的竖井。最早在15世纪末，弗赖贝格的矿业
就出现了这种现象。

　　此类现象在某些方面提示了行会历史的发展。该发展已经
达到这个阶段，从16世纪开始，享有经济特权的领主开始进行干
预，并为此与矿场工人联合。依赖小资本家"矿工"的矿场工人
与个体矿工一样会因工业的缺乏计划和危险特性遭受损失，在这
种情况下，经济特权持有者的收入减少。为了确保享有经济特权
的领主的出租盈利性和矿工的利益，享有经济特权的领主开始进

行干预，这致使统一的开采权得到确定，矿产品商业由此得到发展。这些权力是大资本主义发展的预兆，因为这些权力一般是基于合理技术和行业经济管理之上发展出来的。作为早期发展的雏形，采矿共同体在行会（例如工人组织）中占有特定的地位。另一方面，享有经济特权的领主创建了一个合理的工会，作为拥有概念股票的资本主义经营机构，负责监管支付预付款责任和开采权利（最初的矿业股票为128股）。作为一个整体的工会负责聘用劳动者，以及与矿产品的购买者洽谈。

与矿场同时存在但不依赖于矿场的是冶炼厂。一般说来，与矿场一样，冶炼厂也是在相对较早的时候就呈现出大规模特性的工业。熔炼厂的运行离不开木炭，因此大森林的所有者，即封建领主和修道院，也是典型的早期熔炼厂所有者。有时，但不是大多时候，熔炼厂的所有权与矿场混在一起。在14世纪之前，小规模经营一直是主流，所以，例如英国的一个修道院可能拥有不少于40个熔炼炉。不过，第一批大型熔炼炉的建设也与修道院有关。如果熔炼厂与矿场分别位于不同的地方，矿石采购者就会介入其间，这形成了一开始就与矿工工会（行会）争斗的行会。在政策方面，他们以最不择手段的方法著称，但无论如何，我们必须承认在他们的联合中存在有在15世纪末与16世纪初首次出现的巨大垄断组织的萌芽。

最后，我们要探讨一下对于西方世界来说最有价值、最重要的产品，即煤炭。甚至是在中世纪，煤炭的重要性也在慢慢增加。我们发现，第一批煤矿是由修道院创建的。林堡的煤矿在12

世纪就被提起过，纽卡斯尔的煤矿早在14世纪就开始为市场进行生产，而15世纪，萨尔河地区的煤炭生产开始。但是，所有这些企业是为满足消费者的需求而不是为生产者的需求进行生产的。在伦敦，14世纪，煤炭的燃烧遭到禁止，因为这会对空气造成污染，但这条禁令是无效的。相反，英国的煤炭进口量增长迅速，英国为此不得不成立了负责船只测量的机构。

16世纪，使用煤炭而不是木炭进行冶铁逐渐开始普遍，铁与煤炭的重要联合由此建立起来。这一发展的一个重大影响是矿井的深度迅速增加，该行业的技术面临新的问题，即如何使用火力将水排到地表。现代蒸汽机的概念就是来源于矿场的平巷。

第三部分
前资本主义时期的商业与交易

第十四章
商业发展的起点

最初，商业[1]是种族群体之间的一种事务。商业并没有在同一部落或同一共同体的成员之间出现，它是最古老的社会共同体的对外现象，只以其他部落为对象。商业的开端可能是群体之间的生产专业化的一个结果。在这种情况下，部落间的产品贸易或外族部落产品的兜售贸易就会出现。无论是哪种情况，最古老的商业就是异族部落之间的交换关系。

一个部落的自产产品交易可以表现为不同的形式。一般说来，这最初是作为农民和从事家庭工业的人们的一种副业，且一般是季节性副业而发展的。在这一阶段发展出了作为独立职业的兜售和叫卖活动，而且出现这一职业的部落共同体在之后开始专门从事商业活动，不过某些部落也可能专门从事可满足其他部落所需的某些工业，也可能是商业种姓建立起来，可在印度找到该可能性的典型形式。在印度，商业被垄断在某些种姓手中，特

---

[1] 一般参考书目——Ch. 勒图尔诺（Ch. Letourueau），《不同人类种族的商业演化》，巴黎，1897；F. 莱瓦瑟尔（E. Levasseur），《法国商业史》，共2部，巴黎，1911—1912；H. 皮雷纳（H. Pirenne），《中世纪的城市、市场和商人》，载《历史杂志》，第67期（1898）；《美国国内贸易与对外贸易史》，共2卷，华盛顿，1915（带美国经济史详细书目摘要）。

别是班雅种姓手中，而其他礼仪种姓则被排斥在外。与这种按照种族界限进行的贸易并存的是在按照礼仪限制而集中在某些教派手中的贸易，该教派成员应遵守的巫术—礼仪限制使得他们不能从事其他职业。印度耆那教的情况就是这样。耆那教成员不能杀害任何活物，特别是弱小的动物。因此，耆那教成员不能成为战士，或从事很多其他职业——例如，用火的职业，因为昆虫可能会被火苗烧死；他们不能在雨天出门，因为他们可能会踩到蚯蚓等。因此，耆那教的成员不能从事其他职业，只能在固定地区进行贸易，而且职业的尊贵特性也与班雅种姓的尊贵特性一起建立起来。

作为流浪商人的犹太人的发展也没有明显的不同。直到被放逐时，犹太民族中也存在所有等级，例如骑士、农民、手工艺者，以及在一定范围内的商人。预言和放逐的影响让犹太人从一个居住在固定区域的民族变成一个不断迁徙的异族，而且从此以后，他们的礼制变成了禁止在某个地方定居。严格遵守犹太礼制的犹太人不会成为农民。因此，犹太人成为城市中最下阶层的人民，而且《福音书》说明了遵守表面虚礼的"圣人"与不遵守规定的定居人口之间的差异。因此，对于犹太人来说，进行贸易，开展货币交易是最可取的职业，因为只有货币交易允许一个人全身心地投入规定研究中。这样，犹太人就有了从事交易，特别是货币交易的礼制理由，有了将他们的交易发展成为在礼制方面受限制的部落商业或民族商业的礼制理由。

贸易发展也可能是因为领主贸易的建立，即一个领主阶层成为贸易的支持者。土地领主首先会想到（其实所有领主都一样）将庄园的剩余产品拿出去销售。为此，他们聘用专业商人作为他们的员工。古代以领主的名义做事的代理人就属于这个类别，中世纪的中间人也属于这个类别。中世纪的中间人将销售修道院领主的产品视为一种分封，并以一定的赋税为酬谢。我们不能明确证明在德国存在这种中间人，但这类中间人在各地都有存在。销售员和中间人不是现代意义上的商人，而是其他人的代理人。另一种领主贸易起源于外国贸易商的法外地位，他们在任何地区都需要得到保护。这种保护只能通过政治权利实现，因此贵族会将他们的保护作为一种特许权授予，并以此要求支付报酬。

甚至中世纪的王公也向商人授予特许权，并获得商人为此提供的报酬。从这个保护制度中常常可以发展出领主或王公自己经营的贸易，这种情况在非洲沿海各地尤其常见——在那里，酋长垄断了转口贸易并自己经营。他们的权力就建立在贸易垄断权上，而且一旦贸易垄断被打破，他们就会丧失当前享有的地位。王公进行的另一种形式的贸易是馈赠贸易。在古代东方，没有交战的时候，政治当局会相互赠送礼物，以此维持他们之间的关系。泰尔-埃尔-阿马纳石板（特别是在公元前1400年之后的石板）显示，法老与黎凡特统治者之间存在频繁的馈赠贸易。常见的交换物品是黄金、战车、马匹和奴隶。馈赠贸易的最初惯例是自由赠送，但期间发生了很多违反诚信原则的事情，这导致馈赠双方开始强调双方礼物的价值。因此，基于精确定量的真正贸易逐渐取代了馈赠贸易。

最后，经济史表明很多地方的王公自己也经营贸易。埃及法老的一些贸易就是大规模贸易的最早事例。埃及法老们通常以船只所有者的身份进行进出口贸易。之后出现的事例是威尼斯的总督进行的贸易（在威尼斯城市的早期历史时期）。最后的事例是亚洲和欧洲的许多家产制国家的王公进行的贸易，包括一直持续到18世纪的哈布斯堡王室。王公可以亲自领导这种贸易的经营，也可以通过授予特许权或出租特权的方法利用他的垄断权。在采取后一项措施时，王公推动了独立专业贸易阶级的发展。

第十五章
商品运输的技术条件[1]

商业作为独立职业存在的前提是存在某些具体技术条件。首先，必须有规律而又合理可靠的运输条件。当然，我们必须追溯到很久以前，从最原始的可能条件开始思考。人们使用充气的山羊皮横渡江河的做法不仅出现在亚述时代和巴比伦时代，甚至在穆罕默德时代，皮袋船还在河运中长期占有重要地位。

在陆上，商人早在中世纪就开始利用一些原始运输媒介。首先，商人用脊背搬用货物，这个方法一直延续到13世纪。之后，他们开始使用驮畜或使用一匹马或至多两匹马拖拽的双轮车。商人的贸易活动被限制到商业路线上，因为现在意义的道路上在当时是根本不存在的。此外，在东方和非洲内部，使用奴隶作为搬运工的商队在很早之前就出现了。一般说来，即使是在这些地方，驮畜也是最主要的运输工具。南方最常用的驮畜是驴或骡子，而在埃及的古迹中，关于骆驼的记录出现得比较晚，而关于马的记录出现得更晚（马匹最初是被用于征战，只在近代时期才

---

[1] 一般参考书目——《社会科学大词典》中的词条"交通工具与道路"和"德国中世纪的佳通"；O. T. 梅森（O. T. Mason），《原始旅游与交通》，纽约，1897；W. L. 刘赛（W. L. Liudsay），《商船与古代商业史》，共4卷，伦敦，1874—1876。

被用于商品运输）。

对于海上交通，人们也需要使用同样原始的交通工具。在古代以及中世纪早期，用船桨滑动的船只是主要的交通工具。可以想象的是，这些船只的构造一定非常简陋，因为我们发现一些关于舢板船需要用绳索绑在一起，否则就会散掉的记载。对于船帆，它的历史可以被追溯到很久以前，以至于我们无法确定它的发明时代，不过其含义与现在词语的含义并不相同。最初，船帆只是在顺风时被用于为船桨提供辅助动力，但在中世纪早期，迎风换舷似乎尚未得到应用。《埃达经》只是含混地提及迎风换舷一事，但首次应用迎风换舷的船只是否如中世纪的传说一样是安德烈亚·多里亚（Andrea Doria）号是值得怀疑的。根据荷马（Homer）的作品和之后的文献可知，当时的船只并不是很大，在每天晚上靠岸时，船只都可以被拖到岸上。从古代使用的石头逐渐演变成现在常用形式的工具，船锚的演进是非常缓慢的。当然，航运最初只是纯粹的沿海交通，深海航行是亚历山大时期的一项创新，并且是以季风的观测为基础的。阿拉伯人首次利用季风渡过远海，到达印度。希腊人用于确定位置的航海仪器是可以想象的最古老仪器。这个仪器包括里程表（一个可以让球落下去的沙漏，球上的数字就代表着他们已经行驶的公里数）和用于确定深度的"火球"。星盘是亚历山大时期的一项发明，第一座灯塔也是在亚历山大时期建立的。

在中世纪，其他国家的航行，例如阿拉伯人的航行，在技术方面远远落后于中国。在中国，早在13世纪和14世纪，磁针和航海罗盘就已经得到应用，而欧洲国家在一千年以后才知道磁针和航海罗盘。在指南针被传入地中海和波罗的海后，航海开始有了迅速的发展。但安装在船尾的固定方向舵直到13世纪才开始得到广泛应用。航海规则是一项商业秘密，而且直到汉撒商人时代（他们在这方面处于领先地位），航海规则还是交易的对象。航海天文学的进步是具有决定性意义的一项进步，这些进步是由阿拉伯人取得的，并经由犹太人传入到西班牙。在西班牙，13世纪，阿方索十世（Alfonso X）制定了以他的名字命名的图表。14世纪，航海图开始为人所知。那时，西方世界在从事远洋航行时遇到了很多问题，他们只能使用非常原始的方法解决那些问题。例如，在进行天文观察时，在北方，北极星成为非常可靠的基准点；而在南方，十字星座被用于定位。阿美利哥·韦斯普奇（Amerigo Vespucci）发明了用月亮的位置确定经度的方法。16世纪初，用钟表确定经度的方法被引入，而且这一方法已经非常完善，根据该方法，人们可以通过他们的钟表所示时间与当地正午时刻之间的差异来确定精度。测量维度的象限仪的首次使用似乎发生在1594年。船只的行驶速度与所有这些条件都适应。在船帆被引入后，与划桨船相比，船只的行驶速度发生了非常大的变化。不过，在古代，从直布罗陀海峡航行到奥斯提亚需要八至十天。在英国人于16世纪和17世纪发展出有效的航行方法后，一些帆船的航行速度可以与中快蒸汽机船的速度相媲美，不过帆船的行驶速度完全取决于风速。

第十六章
运输与商业的组织形式

（A）外商

最初，各地的海上贸易都与海上劫掠行为有关，因此战船、劫掠船和商船在一开始并无区别。这些船只在之后出现区别的原因是战船的构造逐渐偏离商船的用途，而不是因为商船的构造偏离战船用途：战船的构造技术得到发展，增加了船桨层数和其他发明，以至于考虑到船只成本增加和用于盛放货物的空间有限，这些战船不再适合于商业使用。在古代，法老和埃及寺院是最早的船只所有者，因此在埃及并不存在私人船只。另外，私人航运是荷马时代的希腊人的特征，也是腓尼基人的特征。在希腊人中，城里的君主最初既拥有贸易用船只，也拥有海上劫掠用船只。但是，他不能阻止大家族的成长，这些大家族分享了船只拥有权，并最后与君主占据相同地位。

在罗马时代早期，海外贸易是城市具有重要性的主要因素之一。我们无法明确地知道城市拥有多大吨位或多大规模的出口贸易，不过很明显的是，罗马人在这一个领域无法与迦太基人比肩。之后，罗马人转而专门从事进口或借贷贸易。在罗马与迦太基的三次战争之后，罗马开始出现私人船只。但是，罗马的政策具有强烈的大陆特征，以至于认为拥有船只与元老院议员的身份不符。在罗马共和国时代，甚至是在帝国时代，元老院议员拥有的船只不能超过他销售剩余产品所需的船只数量。

我们不知道古代的航运经营在经济方面是如何组织的，唯一可以确定的是，越来越多的奴隶被用于为船只提供前进的动力。船上的职员都是拥有熟练技术的技工。我们发现，在罗马和希腊船只上有船长、舵手和为划船的桨手提供节奏的笛手。此外，我们对船只所有者与商人之间的关系并不了解。船只所有者最初就是商人，但不久之后就出现了与海外贸易有关联的一个特殊海上贸易阶级，如希腊城邦中的海上贸易商。可以肯定的是，这种海外贸易的规模一定非常小，因为对于大众所需的产品，特别是古代大城市的粮食需求，其供应肯定是在集体自给自足的基础上进行的。在雅典，船只所有者有义务将粮食作为返程货物带回城邦。而在罗马，船只的供给与粮食的供应都由国家负责，而且国家对这两项的监管一直持续到帝国时期。虽然这种制度确保了海运的和平与安全，也对海外贸易的发展非常有利，但这种制度不能被长久维持，因为在边境派驻军队的需要导致君主的财政需求增加，这迫使君主设立具有国家职能的经理制或强制服役组织。由于这些需求被越来越多地通过经理制而不是赋税来满足，国库开始按照行会组织各个行业，并将国家的劳役负担交给他们承担。作为承担这项负担的报酬，他们获得了对他们各自所在行业的垄断权。这个制度也导致经理制被引入航运业，从而导致了早期的逆行发展。在公元3世纪，私人舰队消失，海军也消失了，这为海上劫掠行为提供了一个获得强劲发展的机会。

对于古代因对贸易合法形式的需求而产生的各种制度安排，我们所知道的只有非常少的一些遗存信息。其中一项信息就是关于航海危险的《罗德海法》。根据该法可知，一艘船只通常由多名商人经营。如果遭遇灾难，需要将船上的货物抛下，由此造成的损失将由所有参与者共同承担。还有一个制度是从古代承继过来的海运贷款（foenus nauticum，船舶抵押贷款），这个制度是基于海上贸易具有非常高的风险这个事实设立的。对于涉及将被运到海外的货物的贷款，如果船只失事，出借人和借款人都不会提出归还贷款。双方按照以下方式分担风险，即债权人会收取非常高的利息（大约30%），作为交换的是，他需要承担全部风险，如果是出现部分损失，应归还他的款项也会被相应地减少。根据阿提卡的雄辩家德摩斯梯尼（Demosthenes）和其他人的法庭辩护可知，海运贷款可以为出借人提供在最大限度上控制海上贸易的机会。他们对船只所有者规定了航行的路线和持续时间，以及货物销售地点。鉴于这项制度安排体现出了海商对资本家的广泛依赖，我们得出海商缺乏资本这个结论。为了分摊风险，若干名出借人通常会共同提供出借给一艘船只的贷款。此外，出借人还会派一名奴隶随货物出海，这是贸易对货币势力的依附关系的另一个象征。该海运贷款在整个古代时期一直得到广泛应用，直到查士丁尼将海运贷款作为高利贷禁止。查士丁尼的这条禁令没有永久效应，只是导致航运贷款的形式发生变化。

　　中世纪的情况并不明确。与前资本主义制度相一致的是船坞属于城市所有，并被出租给船只制造行会。与古代的情况相比，中世纪的海上贸易的资本主义特征更少。海上贸易的常见经营形式是那些利益相关方团结在一个贸易企业中。在整个中世纪时期，因为存在高风险，几乎没有一艘船只是以个人名义出航的，相反，每艘船只都是为若干股东建造的，也就是说，合作所有制在当时是主要形式。另外，多名合伙人会与若干船只的所有权有关。就如船只建造和所有权一样，每次海外冒险通常也是一次联合经营的机会——这包括船只所有者、船员、水手和商人。这些人都聚集在一个公司内，且都会随船带货物去海外销售，不过商人通常不会自己去，而是派一名代表或代理人（即一名雇员）出行。这些人会共同承担风险，并会按照确定的规则分配收益或损失。

　　除了与共同分担风险的有组织共同体之外，这一时期还存在资本家提供的海运贷款。在中世纪，商旅更愿意选择后一种办法，因为后一种方法对他们来说是有利的，他们可以通过贷款购买货物，并将风险转移给债权人。根据比萨海事法的规定，贷款的利率为35%，贷款利率一般在这个水平上浮动，但费率也会受到风险等级影响。最初，参与冒险团体的所有商人都会亲自带着货出航，参与出航的商人都是贩卖自己商品的小商人。之后，这种风俗逐渐消失，取而代之的是康孟达（一种有限合伙组织形式）。与此同时，海上合伙形式（另一种组织形式）也得到了发展。我们可以在巴比伦、阿拉伯和意大利法律中找到关于康孟达的相关规定，并在汉撒同盟的约定中找到该组织形式的一种修正形式。这种组织形式的实质是在同一个组织中包括两种合伙人，其中一种合伙人驻留在本国港口，另一种合伙人则负责携带货物出海。最初，这种关系只是为了个人的方便，这些商人会从他们之中轮流挑选若干名商人去销售其他所有人的商品。之后，这发展成为一种资本投资的制度安排。在提供资金的那些人中，一部分是职业商人，一部人（尤其是在南方）是货币资本家，例如那些愿意用多余的财富在商业中获取利润的贵族。该组织是按照这样一个方法进行的，即货币或用货币估值的货物会被交给出航的合伙人，这类投资构成了商业资本——其专业名称为康孟达。商品被在海外出售，获得的收益被用于购买其他产品，购买的产品在被运回国后将被估值并销售。利益的分配模式如下所示：如果留在国内的合伙人提供所有资金，他将获得四分之三的利润；如果投资是由他和出航的合伙人一同提供（一般以三分之二或三分之一的比例），国内的合伙人与出航的合伙人将按照一半的比例分享利益。这项业务的特点是首次采用了资本会计制，将经营结束时的资金同开始时的资金进行比较，算出盈余，后将盈余作为利润分配。不过在形式方面，没有常设的资本主义企业，只有单个的海外冒险活动，账目在每次冒险活动结束时结算。在整个中世纪，这种制度安排在海外贸易方面占有支配地位，而且在向常设资本主义企业的过渡开始时，该制度安排仍然是单个冒险活动的会计形式。

　　按照现代标准来看，中世纪商业的交易额非常小，因为中世纪的商业都是由贩卖少量商品的小商人经营。1277年，英国的羊毛出口量达到了30 000双英担。这些出口量是由250名商人分担的，因此每名商人每年仅出口120双英担。12世纪，热那亚的一个卡孟达组织的平均资本额为250美元[1]，或50英镑[2]。14世纪，在汉撒同盟的领域内，一名商人参加的康孟达组织不能超过一个，而且资本额不能超过上文所列数值。在英国与汉撒同盟之间的贸易发展至最高峰时，它们之间的总贸易金额也不到4 000美元或800英镑。关于瑞威尔的情况，我们可以在海关登记册中查到：1369年，与出海的12艘船只有关的商人有178名，每名商人平均出资约400美元。在威尼斯，传统货物的海外贸易量为1 500美元。14世纪，在汉撒同盟的传统货物的海外贸易量为1 250美元。15世纪，每年进入瑞威尔港口的船只的数量是32艘。而在1368年，每年进入汉撒同盟的重要港口吕贝克的船只数量是430艘——离开吕贝克的船只数量是870艘。这是一群亲自出海或由他人代为出海的小资本主义商人，这个事实也说明了组成同盟的必要。

考虑到海上劫掠活动造成的危险，单一船只不能自行决定其出航时间。出航的船只会自发组成船队，并由武装船只护航，或者自己装备武器。地中海区域的海洋商队的平均航行时间为半年到一年不等。在热那亚，每年只有一支船队出航去东方，而在威尼斯，每年有两支船队出航。船队的航行时间导致资本的周转非

---

[1] 1美元=7.05元人民币。
[2] 1英镑=9.12元人民币（备注：在当时，1英镑=5美元）。

常缓慢。

尽管上述条件如此，作为一种收入来源，商业的重要性不容小觑。1368年，波罗的海所有港口的交易量共达4 000 000美元（以白银计量），这是英国国王获得的国家税收总额的三倍。

在陆路商业中，商人承担的风险较少，因为他们只需要面对来自劫匪的危险而不需要面对自然灾害造成的危险，但这也存在一个不利条件，那就是他们的成本非常高。风险有限这个情况的结果就是公司组织并不存在，与海运贷款类似的贷款也不存在。之前曾有人试图建立此类制度，但元老院认为这是臭名昭著的高利贷业务，并因此对其进行干预。

在陆路商业中，按照惯例，商人一般会亲自参与货物的运输。直到13世纪，安全的运输条件得以实现，商人才从押送货物的惯例中解放出来，转而让买办负责此事，不过，这个情况的前提条件是发货方与收货方之间存在既定经济关系。受道路状况的影响，陆路贸易受到一些技术困难的限制。罗马道路曾经一直是人们谈论的对象，但这些道路的情况已远非理想道路情况。加图（Cato）和瓦罗（Varro）曾警告人们不要使用这些道路，因为路上常有低贱者和歹徒出现。此外，他们还劝告人们不要在位于道路附近的客栈投宿，因为他们会向旅客收取高昂的费用。在外省，罗马道路可能也被用于商业，但这些道路并不是主要为了商业修建的，那些笔直路段的修建也没有考虑商业需求。此外，在罗马时期，只有那些在首都供应，或者军事和政治用途中具有重要作用的道路会得到保护。道路的养护被作为一项政府职责强加给农民，作为回报，农民应承担的赋税被减免。

在中世纪，从财政关联来看，商业路线的维护对于封建领主来说是有利害关系的。封建领主依靠他们的养路工人，即被迫承担道路和桥梁养护的农民进行养护（道路和桥梁养护是封建组织中的一种最沉重的负担），并为此收取通行费。封建领主之间没有达成构建合理道路布局的任何协议，每位领主都会按照可以确保能够以税收和通行费的形式收回成本的办法来勘定道路。系统规划的道路最早出现在伦巴第联盟时期的伦巴第。

由于上述所有这些事实，中世纪陆路贸易的规模非常小，甚至小于海上贸易的规模。迟至16世纪，大商户的代理人才从奥格斯堡奔波到威尼斯采购16包棉花。有人曾做过计算，在中世纪末，每年经过圣哥达关的货物只能装满一列至一列半列车。考虑到贸易规模较小，贸易的利益应该非常高，这样才足以支付关税和行程中的生活费用。而鉴于道路的状况，行程持续时间非常长。即使是在陆上出行，商人也不能随意选择出行时间。由于路途中存在不安全因素，商人需要护送队保护，而护送队需要等到有相当数目的出行者之后才会出发。

因此，与海上贸易一样，陆路贸易也受商队制度的束缚。这是一种原始现象，不仅仅存在于巴比伦时期，也存在于中世纪。在古代，东方国家设置有官方指定的商队首领。在中世纪，这些商队首领由城市提供。直到14世纪和15世纪的和平时期，一定的安全环境才得以建立，人们方才可以独自出行。从技术方面来看，这是通过以所谓的驮队形式出现的陆路运输组织实现的。这种驮队制度是从封建制度安排中发展出来的，最先采用该制度的还是修道院。土地领主会将马匹、驮畜、马车等租给公众使用。其中马车是由承担这些负担的农民持有地占有者轮流提供的。封建组织逐渐被一个职业阶级替代，不过，系统的工业只在城市掌握了驮队生意以后才得以发展。在城市，驮队工人自己组织了一个行会，并严格遵守选出的"货运代理"制定的纪律，选出的货运代理与商人交涉，并负责将车辆分配给行会中的成员。驮队首领的职责得到了广泛认可。

对于内河航运，存在多种组织形式。领主有专利权，可以强制人们使用对封建政府和修道院的船只与木筏，因此，领主实际上对货物的运输具有垄断权。不过，一般说来，他们一般不是直接利用这一垄断权，而是将它转让给运输工人工会。之后，高度专业化的工人工会获得了垄断权，领主失去了这项权利。在早些时候（不过是在城市发展之后），自由航运行会出现，该行会通常实施工作轮转制度。他们使用自己的小船运输货物，而赚钱的机会是根据行会的严格规定分配的。还有城市共同体掌管航运组织的情况。在伊泽尔湖，米腾瓦尔德的市民拥有筏运垄断权，即市民轮流运输货物的权利。他们用木筏将位于地势较高地区的农业机构的沉重货物运输至地势较低区域，并将具有较高价值的产品拖拽至高地势区域。最后，负责航运的排他性组织出现，这是从封建或行会组织中发展出来的，例如，在萨尔茨堡河与因河上的组织就是从封建组织中发展出来的。最初，萨尔茨堡主教掌握有分封的航运垄断权。之后，自发建立内陆商船队的航运经营者工会出现。这个组织拥有自己的船只，聘用航运工人，并从主教手中获得了垄断权。15世纪，主教又将该特权购回，并将其作为封地的权利授予。在穆尔格河上的情况也是如此，航运也是由一个林木航运工人组织经营，这一垄断是从森林的垄断权发展而来的，因此也属于森林所有者所有。黑森林地区的木材供应量较大，这使得穆尔格河航运组织的经营领域扩展到了莱茵河领域，并因此分成了一个森林组织和一个莱茵河组织。最后，该公司开始从事对外货物的运输，以赚取运费。奥地利的多瑙河航运组织和莱茵河航运组织都是从行会发展出来的，因此与采矿共同体的情况类似，航运最终由工人团体掌握。

这些关系在商人之中产生了众多要求，其中第一个要求就是寻求人身保护。这种保护的提供有时具有祭司制性质，外国商人被置于神灵或酋长的保护之下。另一种形式是与各个地方的政治权势达成安全经营协议，正如中世纪的意大利的情形一样。在意大利，市民之后占领了骑士的设防地区，迫使对贸易发展不利的骑士迁入城市，并迫使他们承担了部分保护商人的职责。贸易经营费用曾一度成为住在道路附近的人民的主要经济来源，正如瑞士的情况一样。

商业的第二个重大要求是法律保护。商人一般来自外族，无法与他进行贸易的国家或部落的成员享有一样的法律保障，因此需要特别的法律安排。可满足这项需求的一项制度是报复性制度。例如，如果热那亚或波斯的一个债务人不能或不愿意偿还在佛罗伦萨或法兰克福的一笔借款，他的同胞就会在佛罗伦萨或法兰克福受到压迫。这个制度是不公平的，且从长远角度来看是无法容忍的，因此，最古老的行业协定就是为了防止此类报复性行为而达成的。从这一原始的报复原则开始，商人对法律保护的需求衍生出了各种制度。因作为一名外来者的商人不能够出现在法庭上，商人必须有一名保护人来代他出庭。因此在古代出现了"主客之谊"现象，这体现为热情好客与利益的结合。与这一现象相对应的是中世纪的抵押法，外商有权且必须置身于一位市民的保护之下，他必须将他的货物储存在这位市民那里，而这位市民反过来会代表集体保护货物。

随着商人数量的增加，商人行会建立起来，与上文所述的那些制度安排相比，这是一个很大的进步。该商人行会通常是在遥远的城市进行贸易的外商为了相互保护而组成的行会。不用说，该组织必须得到城市统治者的许可。在外国进行贸易的商人组成的整个组织一般与特定商人居留地的建立有关，而特定商人居留地的建立使得商人无须立刻销售他们的货物。为了达到这个目标，世界各地都成立了为陆上贸易服务的商队旅馆和为中世纪海上贸易服务的海商商馆——包括商站、仓库和售货处。在这一方面有两种方法可以选择。首先，在外商的活动离不开他所在的居留地时，外商可以设立自己使用的售货处。在这种情况下，商人拥有自主权，可以自行选择他们的管理人员，就如驻伦敦的德国商业行会中的商人一样。第二种选择是，本土商人可以为外商建立相应机构，以控制外商进入市场的机会，对他们加以约束。威尼斯的德国商人商馆就是这样一个范例。

　　最后一个要求是必须确定固定的贸易时间，从而确保买者和卖者都能够轻松找到对方。人们可以通过设立固定市场的方法来满足这一要求，这可以促使市场特许权产生。各地都通过王公的特许建立了外商市场，在埃及、印度和古代的欧洲，以及中世纪时期的情况就是如此。这种特权的授予一方面是为了满足授予该特权的当局的需要，另一方面是为了增加财政收入，王公希望通过市场中的贸易获益。因此，运输管理（收取费用）通常是与市场特许权关联起来的，市场法庭的建立也是如此，该法庭的建立部分是为了可以从中收取诉讼费的王公的利益，部分是为了不能在正规民事法庭出庭的外商的利益。此外还有涉及称量、重量与货币以及贸易时间与方法的规定。作为提供这些服务的报酬，王公会收取各种市场费用。

　　进入市场的商人与授予特许权的当局之间的这种原始关系还导致了其他制度的出现。商人需要很大的场所来检验、称量和储存他们的货物。所以，一个早期的发展就是涉及强制使用王公所有的起重机的专利权，这是以赋税的方法强加给商人的。不过，国家财政收入主要是依靠这种强制经济业务实现的。此外，商人的贸易量也会受到稽核，因为商人需要依据其贸易量缴纳有关税款。因此，中间人制度出现，这是西方国家从东方借鉴过来的一种制度（simsarius，sensarius，因此意大利语是持证经纪人）。除了这些条件之外，还存在强制路线条件，因为王公必须确保商人的安全，商人就必须使用属于王公的道路。最后还存在市场强制要求，即为了方便管理，外商必须公开进行贸易，即在市场或仓库进行贸易。

（B）坐商

上节所描述的情况不仅适用于中世纪早期的贸易，也适用于对外贸易商人占据主要地位的阿拉伯世界和其他国家。但在坐商阶级发展起来以后，情况就变得完全不一样了。

一般说来，坐商这个现象是城市发展的产物，不过在此之前，在城堡附近的市场所在地中无疑存在一些坐商。坐商拥有一个专门的称呼，即收购人。中世纪的人们对收购人的理解是获得在城市定居的特权的商人，而且当时的商人基本上是零售商（无论销售的是自己的产品，还是外国的产品）。在某些法律资料中，这个术语的含义与现代商业法中的词语"商人"相等，收购人就是为了获得利益而进行商品买入与卖出的人。但这种用法（尤其常见于莱茵河区域的文件）不能被认为是中世纪的普遍用法。在中世纪的人口结构中，收购人并不是一个批发商，而是将某些东西带到市场销售的人，更偏向于手工艺者和职业商人。

城市的专业贸易阶级是按照下列方式发展起来的。坐商一开始是巡回商人。他们定期出行，以在外地销售产品或从外地采购产品，所以他们是拥有固定住处的小商贩。经过逐渐地发展，他会派一个雇员或仆人，或者一个合作伙伴代他出行（第二个阶段）。这几种方法是逐渐演变得来的。之后，商馆制度建立（第三个阶段）。商人的资金实力增长到一定的地步，他们可以在外地建立独立的定居点，或至少在外地雇用一些雇员，这样就建立了一个地区间关系制度。最后，坐商就完全留在他的所在地，通过通信来处理外地的交易。这种情况直到中世纪末才出现，因为之前没有足够的地区间法律保证。

中世纪贸易的重心在零售。即使那些从外地（例如从东方）采购货物的商人也将重点放在直接销售给消费者这方面。与批发贸易相比，零售的风险较小，收益稳定、可靠，且一般也比较高，因此该贸易在一定程度上具有垄断性质。甚至汉萨商人也不是现代意义上的商人，他们主要侧重于对外国的零售贸易的控制，试图在俄国、瑞典、挪威和英格兰排除零售方面的外国竞争。甚至在16世纪，伊丽莎白授予特权的英国商业冒险家也奉行这一政策。真正意义上的批发商在中世纪早期可能并不存在，而且直到中世纪末，南欧的大型商业中心只有少数批发商出现，而且人数增加非常缓慢，北欧依然没有批发商存在。[1]

坐商阶级必须与其他群体进行斗争，[2] 其中的一系列斗争是对外斗争，例如为维护城市市场垄断权的斗争。城市市场垄断权是非坐商的部落和氏族贸易（尤其是在与氏族工业有关的对外商业中），和非坐商外贸人员贸易的争夺对象。想要抑制此类竞争的想法引起了与犹太人之间的矛盾。在中世纪早期，德国人并未对犹太人产生敌意。甚至在11世纪，施派尔的主教曾邀请犹太人访问这个城市，旨在，按照他的说法，增加城市的荣光。虽然

---

[1] 参阅G. 冯·贝洛的论文：《德国中世纪的批发商和零售商》《民族经济发展理论》《中世纪城市经济的没落》——这些论文都载于《经济历史问题》，蒂宾根，1917。

[2] 关于中世纪因果的商业组织，可参阅E. 利普森（E. Lipson），《英国经济史导论》，卷一，伦敦，1915；另可参阅N. S. B. 格拉斯（N. S. B. Gras），《英国谷物市场在12世纪至18世纪之间的演变》，坎布里奇（马萨诸塞州），1915；以及这些著作中的参考书目。

在古代也存在反犹太主义运动，但在十字军时期，在信仰之争和犹太人竞争的双重影响下，反犹太主义浪潮首次席卷欧洲。塔西佗斥责犹太人"迷信"，就像罗马人认为所有东方人的"迷狂"令人轻视一样。与犹太人和其他外国人（高加索人、伦巴第人和叙利亚人）的斗争是国家商业阶级发展的一个表现。

在陆路贸易中，坐商也与定居在农村的商人竞争。15世纪，这类斗争结束，城市商人最终取得了完全胜利。例如，为了便于管理，巴伐利亚的富豪路易斯公爵（1450—1479）要求其领域内的农村商人迁入城市。除此之外还存在反对其他商人进行零售的斗争，这种斗争以各种形式出现。在一定程度上，城市商人制定了一条要求，即外商只能在某些日子出售他们的产品。他们不能直接向消费者销售产品，同时为了方便管理，他们被迫与其他人进行交易，且最终被迫接受强制性处理，也就是说，要求他们在特定时间和地点，将他们在当时带到这个地方的所有产品销售给消费者或当地商人。

坐商还在进一步加强他们对外国人的控制方面取得了胜利。他们对外国人提出了关于投宿的强制规定，规定外国人有义务在特定市民那里投宿，该市民需要对投宿者的活动进行监管（见上文，第202页）。考虑到这条规定可能造成投宿的外国人与主人家之间进行违禁交易，他们设立了公共仓库，强制外来人将货物存放在这里。这两种制度安排通常（但不是一直）会被结合起来，就像威尼斯的德意志商馆采用的方法一样。所有的德国商人都必须住在这个商馆中，并将他们的货物储存在这里。该商馆几乎没有自治权，商馆里的工作人员都是城市强加给德国商人的，而对于这些工作人员，城市是通过中间人制度进行管理的。强制经济人制度是所有这些方法中最有效的一种方法，可以防止外购人与当地居民进行交易。强制中间人制度的产生是由坐商交易的垄断倾向以及城市试图控制外国人的每一项交易的愿望引起的。掮客自己不能进行任何交易，也不能参与任何合作伙伴关系，他的经济收入主要来自对在其监督下进行的交易收取的费用。

商人阶级进行斗争的第二个大目标涉及内部的机会平等。在商人群体保护的成员中，一名成员获得的机会不能优于其他成员获得的机会，这条原则尤其适用于零售。为实现这个目标，他们禁止预售或"囤积"，并规定了均分的权利。这些规定的第一条就是禁止商人在将货物运到城市之前销售货物。另外，如果一名具有雄厚资金实力的商人采购的货物比其他商人多，均分权利就开始生效了。根据规定，该组织中的任何一名成员都可以要求上述商人按照成本价出让多出商品的部分。这条规定只在零售的情况下适用，但在涉及从遥远的外地采购的货物时，批发贸易就不适用这条规定，以免妨碍贸易的发展。结果，随着批发贸易获得更大限度的自由，剧烈斗争出现了。

坐商阶级需要以斗争方式解决的第三种冲突是关于活动领域的冲突。这项斗争涉及最大限度地利用城市机会的努力。因此这引起了关于主要市场强制使用和街道限制的斗争，也就是强迫所有商人在特定地点使用特定街道，以及在特定地点或港口销售产品的权利。这一要求在最初是有利于贸易发展的，因为如果没有这一要求产生的关于特定地区和街道的垄断，鉴于贸易规模如此小，想要满足技术要求并获得必要港口和街道发展的费用是不可能的。但这并不能改变这样一个事实，即对于获得垄断权的那些人，特别是城市领主和王公来说，财政方面的考虑是主要影响因素。每一位土地领主都不惜通过战争获得主要市场和街道权利。在德国，由此引起的冲突非常激烈，特别是在14世纪和15世纪。主要市场和街道权利是人们斗争的目标，也是人们斗争的起因。如果该权利附属于某个地区，该地区的领主就会堵塞和封锁街道，或采取相应的政治措施，这会对贸易造成严重的损害。在中世纪后期的几个世纪中，英法关系历史中存在很多这类事例。

最后，坐商阶级与消费者之间存在利益冲突，而且因为不同坐商与本地市场和外地贸易的利益关系不同，坐商阶级内部出现了分化。消费者希望可以直接从外商手中购买货物，而大部分本地商人的利益与此相反——零售商希望对市场进行监管，并保持充足货源供应。从长远来看，这两者的利益是无法同时实现的。随着人们对这个事实的认识逐渐加深，批发销售利益与商人团体中的相反利益出现了分裂，零售商与消费者的利益逐渐结合到一起。

（C）集市贸易

外商和坐商的常规活动目标是消费者。相比之下，商人与商人之间的第一种贸易形式存在于集市之中。自从具有纯地方利益关系的零售商在中世纪占据主导地位以来，作为最重要的地区间贸易组织形式的集市得到了发展。集市的特征是：进出集市不仅有当地人，还有专门来此的行商；贸易仅涉及现有的货物。后一个特点将集市交易与当前交易（交易涉及的商品不是现有的，而且通常是尚未生产的）区别开来。

典型集市就是以香槟的集市为代表。在香槟的四个主要城市中设立有六个集市，其中每个集市的开市时间为50天，涉及的业务包括集市的筹备与开市事宜、交易款项支付等，所以除去假期之外，这六个集市可以排满一年的时间。这些集市是由上层统治阶级组织的，除此之外，他们还设立了集市法庭，该法庭由一名市民和一位骑士（考虑到安全运营问题）组成。集市是在1174年被首次提起的，并在13世纪和14世纪达到了发展的顶峰。它们对参与集市的那些人享有监管权和财政权，而且有权力对他们做出最高处罚，即驱逐出市场。其他权力机构，特别是教会也采取了这种措施。教会常常以政治或财政理由做出驱逐出教会的威胁，以将违反规定的人逐出集市，而且整个社区甚至都遭受了这个命运。香槟的商业重要性来自这样一个事实，即香槟位于英国羊毛生产区域和佛兰德斯羊毛加工区域与意大利（东方货物的一大进口国）之间。因此，在交易的所有货物之中，占据首要地位的是羊毛和羊毛制造品，特别是廉价的布料。为了换取这些货物，南方商人带来了高价值的物品，例如精鞣的羊皮、香料、明矾、用于家具镶嵌的细纹木、彩色布料的染料、蜡、番红花、樟脑、橡胶和花边（南部地区产品与东方产品的一种混织物）。布料集市是香槟集市中最重要的集市，其交易额也是最大的。世界上的各个国家的货币都集中到了这里。因此，香槟是货币交换业务的发源地，也是债务清偿，特别是教会债务清偿的发祥地。对于俗世中的有权势之人，如果他不清偿他的债务，他管辖区域内的商人实际上是无计可施的。高级教士的情况却是截然不同的，因为如果他食言，他的上级就会将他驱逐出教会。教会高级阶层的信用可靠性因此确立起来，并体现在这样一个事实中，即相当一部分的汇票是开给高级教士的，并规定至少在总结算开始四天前兑付，如果违约，将被驱逐出教会。设定这条规定的目的是为了确保商人拥有集市生意所需的现款。教会可采取措施强制执行高级教士的义务，这提高了对高级教士的汇款的安全性，而且这些汇款由教会的处分保障，这大大缓解了现金需求。

在此期间，其他集市都没有这样的重要意义。德国也曾在法兰克福建立过集市，这个集市确实逐渐发展起来了，但从未达到香槟集市的水平，甚至都未达到里昂集市的水平。东欧的诺夫哥罗德（即之后的下诺夫哥罗德）是汉萨同盟的商人与俄国的皮毛商人和农民生产者进行交易的地点。在英国虽然有许多集市城市，但没有一个集市的规模可以与香槟集市相媲美。

第十七章
商业企业的形式

　　定量计算首先出现在了合理商业中，并最终在整个经济生活领域中占据主导地位。精确计算的需要首先出现在由公司进行的业务中。最初，商业的周转非常慢，而利益非常高，以至于根本不需要精确计算。而且，商品通常是按照固定的价格采购的，所以商人能够将他的精力集中到尽量在销售中获得更多利润。不过，在贸易是由群体进行时则有必要进行准确的记账，以提供精确的账目信息。

　　几乎直到现代初期，计算的技术手段还是非常落后的。我们现在所用的数字制度和位值制计数法最初是由印度教徒发明的，之后被阿拉伯人采用，并在此后被犹太人传播到了欧洲。但直到十字军时期，该数字制度和位值制计数法才真的广为人知，并被用作一种计算方法。如果没有这个制度，理性规划是不可能实现的。所有使用文字计数制度（就如古代或中国的文字计数制度）的民族都必须额外借助一些器械来进行计算。例如，从古代到中世纪晚期，算盘一直被用于辅助计算。不过，在阿拉伯数位数字得到广泛应用之后，算盘仍然被用于辅助计算。其原因是在进位计数法传入欧洲时，因为该计数法总是对蔑视该方法的善良商人的竞争对手有利，该计数法被认为是在竞争中获得不道德优势的一种卑鄙手段。结果就是，人们最初试图通过禁令来拒绝接受这种计数法，而且即使是高度发展的佛罗伦萨织布行会也曾在一段时期内拒绝接受该计数法。但使用算盘进行除法计算是比较困难的，这被认为是一个晦涩的难题。从那一时期的佛罗伦萨流传下来的那些使用文字计数方法进行的计算的误差竟然达到四分之三或五分之四。由于对阿拉伯数字制度的厌恶，在使用阿拉伯数字进行计算后，人们还是会使用罗马数字记账。直到15世纪或16世纪，位值制计数法才最终获得正式认可。

最早涉及商人使用的计算方法的书籍是从15世纪流传下来的，更古老的文献（可以被追溯至13世纪）并没有得到广泛的传播。西方簿记的基础是熟悉位值制计数法。世界其他地区并没有出现与簿记类似的东西，而且在古典时期只出现了一点征兆。西方世界成为唯一使用货币计算的地方，而在东方，实物计算依然占有主导地位。

虽然在古代就存在簿记，但这主要出现在银行业务（希腊的汇兑商、罗马的钱庄）领域。不过，簿记中的各项条目只具有文书性质，而不是被用作关于收入的管理工具。真正意义上的簿记首先出现在中世纪的意大利，而且迟至16世纪，一位德国书记员被派去威尼斯学习这方面的知识。

簿记是从贸易公司这个基础上发展出来的。[1] 在中国和巴

---

[1] 马克斯·韦伯，《中世纪贸易公司发展史》，斯图加特，1889。

比伦、印度，以及中世纪初期，家庭都是进行持续贸易活动的最古老单位。在经商家庭中，家中的儿子是最可靠的店员，之后还可以成为父亲的合伙人。因此经商家庭世代发挥着资本家和放款人的作用，正如在公元前6世纪巴比伦的伊吉比家族（Igibi）一样。在这种情况下，涉及的交易并不像现在的交易那样广泛而又复杂，反而是非常简单的。不过需要注意的是，虽然位值数字在印度广为人知，但巴比伦或印度的经商家庭并没有使用簿记。其原因很明显是在那里，就像在东方和中国那里，贸易合作依然是一个封闭家庭事务，因此不需要记账。超出家庭成员范围的贸易合作是首次在西方出现的。

群体组织的第一种形式具有临时性质，是上文提及的康孟达。对此类冒险事业的不断参加会逐渐引起常设企业的建立。这类演变是真实存在的，不过此类演变在南欧与北部之间存在性质上的差异。在南部，行商通常是接受康孟达的企业主，因为他需要常年待在东方，因此无法加以控制，所以行商变成企业主，并接受其他各方的康孟达（最多可达十至二十份），并分别对各个委托人负责。北欧的情况与此相反，留在国内的合伙人通常是企业主。他们会与多名旅行合伙人建立关系，并向他们递交康孟达。巡回代理商通常不能接受一份以上的康孟达，这使得他不得不依附于留在国内的合伙人（该合伙人由此演化成为经理人员）。产生这些差别的原因是南部与北部的商业存在差异。在南欧，行商需要深入东方，所以其行程中存在更大的风险。

随着康孟达组织得到普遍应用，常设工业企业发展起来。

首先，因为在每次冒险活动结束后需要进行一次账目清算，而且即使特定的康孟达只与家庭中的一名成员有关，账目清算也应该进行，所以随着与家庭外部的商人建立业务联系，会计制渗入经商家庭。意大利的这一发展的进程要快于德国，所以南欧在这方面领先于北欧。迟至16世纪，富格尔家族已经允许外部资本进入他们的经营，但这是非常勉强的。（在这方面，威尔斯家族更加开明一些。）相形之下，在意大利，外人与家庭企业之间的关联发展得越来越快。最初，家庭和企业是不分开的。在中世纪货币会计制度发展的基础上，这种划分逐渐建立起来。然而，在中国和印度，正如上文所述，货币会计制度尚未出现。在佛罗伦萨大商业家族［例如美第奇家族（Medici）］中，家族支出与资本交易会被记录在一起，不作区别。账务结算最初就是针对外部康孟达业务进行的，而对于内部，所有都是整个家族的"一笔糊涂账"。

推动家族会计和企业会计分离，因此推动早期资本主义机构发展的主要因素是对信贷的需求。只要是仅使用现金进行交易，该划分就会被暂时搁置，但一旦交易需要在很长一段时间间隔后结算，信用担保问题就出现了。为提供这类担保，人们采用了各种不同的方法。第一种方法是通过维持家族共同体（甚至包括最远的亲属）来保持家族各分支富裕，这正是诸如佛罗伦萨大商业家族建立豪华大住宅的目标。与该方法相关联的住在一起的人应承担共同责任的制度，家族共同体中的每一个成员都对任何其他成员的债务负责。

　　这种共同责任制很明显示是从传统的刑事责任规定中发展而来的。根据刑事责任规定，如果有成员犯有叛国罪，犯罪人员的房屋会被夷为平地，他的家人会被作为嫌疑犯处决。这种共同责任理念无疑也被传入了民法之中。而且随着外部资金和外部人员为进行贸易而渗入家庭，这个理念又被再次提起。之后，在这个理念中又发展出了这样一个必要，即对个人可以用于个人目的的资源和个人在对外事务中代表家族支配的资源进行约定分配。从该情况的性质来说，虽然男家长可以在任何方面对整个家族进行约束，但任何地方的共同责任制都没有发展到西方商法规定的程度。在意大利，共同责任制的根源是家庭共同体，其发展阶段是出现共同住所、共同作坊，以及最后的共同公司。北部的情况却不相同，那里并不存在大家庭共同体。在那里，信用需求是通过下列方式实现的：参加贸易事业的所有参与者共同签署一份确定责任的文件。这样，每名参与者都对集体负责，每名参与者的责任是没有限制的，但反过来则不同，即集体不对个人负责。最后，这个原则发展成了每名参与者都需要对其他参与者负责，即使他没有签署此类文件。在英格兰，这个目标是通过共同保证或委任权实现的。在13世纪以后的意大利，以及在14世纪以后的北部，一个公司的所有成员对该公司的债务承担共同责任的原则得到完全确立。

　　在该发展的最后阶段，贸易公司的财产与合伙人的私人财富之间的划分出现，这是获得信用声望的最有效手段，也是比其他方法更持久的方法。该划分在14世纪初首次出现在了佛罗伦萨，并在14世纪末出现在了北欧。因为越来越多的非家庭成员加入贸易公司，这一步骤成为不可避免的一步，而且在家庭不断采用外部资本时，这一步骤在家庭内部也就不可避免了。家庭支出和个人支出被与企业支出分离开来，一笔特定的货币资本被分配给企业。从被称为公司法人（corpo della compagnia）的公司财产中发展出了资本这个概念。

　　具体来说，这个发展在不同地区的历程是不同的。在南欧，这个发展出现的领域是大家族商号。意大利的情况就是这样，德国的情况也是如此，正如富格尔家族和威尔斯家族一样。在北欧，该发展是通过小家庭和小商人合作组织实现的。具有关键性意义的一个事实是大货币交易的中心和政治上的货币力量都位于南部，而且大部分矿产品交易和东方产品交易也在南部，而北部是小资本主义的起源地。因此，这两个区域发展出来的组织形式截然不同。南部商业公司的类型是康孟达，在该组织内只有一个合伙人经营业务并承担个人责任，而其他人则通过投资的方式参与，并分享该组织的收益。这种发展起源于这样一个事实：在南部，持有康孟达的行商通常是企业主，而且在他获得固定的营业所后，他就成为康孟达形式的常设企业的中心；在北部，他们之间的关系恰恰相反。汉萨同盟区域的资料最初给人留下这样一个印象，即没有常设企业，但贸易被划分为纯粹临时性企业和一系列错综复杂的个人交易。事实上，这些个人事业是常设企业，且采用的是分别核算的方法，因为意大利在之后才引入簿记（复式记账法）。

　　组织形式包括经理制和委托制。在采用经理制的情况下，巡回合伙人被委托处理某些商品，并在获利后获得一定份额的利润。在采用委托制的情况下，巡回合伙人是因为他所投资的资本而不是他未参加的交易获得利润。

第十八章
商业行会[1]

商业行会并不是德国特有的一种制度，该制度在世界各地都有存在，只是关于古代商业行会的明确记录并没有找到，而且该制度在古代没有发挥政治作用。从形式来说，行会是一种外商组织（旨在为外商提供法律保护，使他们免受当地人的侵害），或是一种本地商人组织。在作为本地商人组织时，它是从部落工业和贸易中发展出来的，就像在中国的情况一样。有时这两种形式也会被结合起来。

举例来说，在西方，最初只在特殊地区存在外国人的行会。例如，在14世纪的伦敦建立的德国贸易行会，该行会曾设立了一个被称为"秤杆"的仓库。具有地区间性质的行会被称为商人公会，这个名称虽然在德国、英国和法国被经常使用，但它们之间的发展在具体细节上却并不相同。严格说来，与这些行会密切相

---

[1] 一般参考书目——查斯·格罗斯（Chas. Gross），《行会商人》，共2卷，牛津，1890；利普森，详见第十六章的注2；H. B. 莫尔斯（H. B. Morse），《中国行会》，伦敦，1909。关于印度的情况，参考马克斯·韦伯，《宗教社会学论文集》，卷二，第84页及以下，以及这本书中提及的W. 霍普金（W. Hopkins）的著作——W. E. 林格尔巴克（W. E. Lingelbach），《英国商人冒险家》，费城，1902。

关的是在若干城市出现的商人工会伯爵组织或商业工会法庭。商人工会伯爵虽然不是政治当局设立的，但是由政治当局授予特许权的官员，负责为从事他所管辖的地区间贸易的商人群体提供法律保护，但他从不对贸易本身的形式加以干涉。

第二种形式的行会是由坐商组成的，旨在垄断一个地区的交易，中国的上海茶商行会就是一个事例。另一个事例就是广州的乔宏行会，该行会下的13个商行在这个对外贸易中占有支配地位，他们一直垄断着对外贸易，直到1842年《南京条约》签订。中国行会主要负责价格监管与债务担保，并持有向其成员征税的权力。此外，行会还拥有绝对的刑事权力，可以对违反行会规定的成员进行审判和处罚。19世纪甚至还存在因违反学徒数量最高限额规定而被处置的情况。在国内商业方面，在中国存在钱业公会和贸易行会，例如牛庄钱业公会。中国的行会在全国货币制度的发展方面具有重要意义。元朝的几位皇帝实施的钱币编制政策造成了钱币制度瓦解。之后，发行票据制度导致了银条在批发贸易方面的使用，而银条的制备由行会负责。这样，行会成为货币政策的中心，获得对重量和成色鉴定的管理权，并且私自行使刑事管辖权。

在印度，行会在佛教时代（也就是公元前6世纪至4世纪）出现，并从3世纪开始逐渐达到发展的顶峰。行会是世袭的商人组织，其领导职位是可世代承袭的。这些行会成为多名相互竞争的王公的货币借款人，由此达到了发展的最高峰。但之后，在一定程度上被佛教推至幕后的种姓制度开始复兴，它们的衰退由此开始。在中世纪以后，王公的政策在印度又渐渐占据了统治地位，这样导致了就拉马尼或班加利种姓在16世纪的出现，这些种姓主要从事棉花或食盐贸易，并负责军队的供给。这或许是当前的吠舍或贸易种姓的来源之一。在印度还存在因不同信仰教派而产生的贸易形式划分。受利益因素的影响，耆那教的成员只在固定地点进行贸易，而以诚信为基础的批发和外地贸易则被祆教徒垄断，祆教徒受到礼仪规定限制，以负责和诚实著称。最后，吠舍种姓主要进行零售贸易且会从事从道德观点来看可以获得不当利益的所有业务。因此，该种姓的成员会从事税款包征、放债交易等。

西方的情况与中国相反，在西方国家，货币的监管、称量、和成色鉴定仍然掌握在政治当局手中，政治当局会自己行使这些权力，或将这些权力交给政治机构，但绝不会将这些权力授予给行会。在西方，行会的重大权力完全依赖于它们的政治特权。行会的形式是多种多样的。首先应该注意的是城市行会。该行会是在城市占据支配地位，并特别对工业和贸易政策的经济利益方面进行管理的一个团体。这类行会具有两种形式。其中一种形式是一个军事联盟，例如威尼斯和热那亚的公共会社，或者是与手工艺行会一起发展起来、位于城市中的一个独立商人工会（mercadanza）。第二种形式是作为税收单位的行会，该机构在英国尤其常见。英国行会的权力来自这样一个事实：英国国王将征税的职能（firma burgi）交给了他们。只有缴纳税款的人才可以成为行会成员，未缴纳税款的人则不能参加行会，且没有权利进行贸易。基于这样一个事实，英国行会对市民享有管理权。

　　具体来说，西方行会的演化具有较大差别。13世纪，英国行会的权力发展到了最高峰。但在此之后，一系列的内部经济改革开始。14世纪，行会与手工艺劳动分离，想要留在行会中的人必须放弃手工艺活动。不过，不久之后，从事贸易的成员在手工业行会中脱颖而出，并以"同业公会"，也就是以正式会员的身份与其他行会成员区别开来，他们通过支付制服费用或徽章费用获得高于无力支付此类费用的贫困手工艺劳动者的地位。

　　16世纪，批发商与零售商尚未出现彻底的分离，不过第一个外商行会，即商人冒险家行会已经依据特许成立。英国立法试图按照手工业的划分来限制行会，只允许行会的成员对一种类型的货物进行交易。另外，在英国，虽然行会在议会中也有代表，但强大的国家权力一直凌驾于行会之上。因此，与德国的城市不同，英国的城市从未将权力扩展至农村，而且农村商人和土地持有者都可以加入行会。

　　在意大利，行会在各个城邦内实现了独立发展。这些行会保留了各自的地方特性。在独立联盟（Sonderbund）与执政体制的斗争中获得胜利以后，行会内部开始出现斗争，也就是手工艺行会与贸易行会之间的斗争。在德国，我们首先发现了与意大利的发展类似的发展痕迹。其中一个迹象就是市长的出现，市长最初是一个私立行会的会长，他的地位与意大利的人民首领官类似。此外，我们在德国北部的很多城市发现了与英国类似的一种发展，即行会的商人决定城市的经济政策。另外，我们发现在德国中部的一些古老、富饶的城市存在对城市进行非正式管理的行会，就像科隆的"富商行会"一样。富商行会由富有的商人组成，曾资助反抗主教的革命运动，以反抗城市领主的宣誓将市民团结在一起，并在此之后对城市进行了长远控制，管理市民权的批准事项。不过，在德国，贸易行会是普遍存在的，而在贸易行会中，店主和兼卖布料的裁缝尤为突出。店主相当于现代的零售商。在北部小城市，裁剪进口布料并将布料卖给消费者的裁缝逐渐占据支配地位。不过，他们总是需要与织布工争夺市场，且通常会在此斗争中取得胜利。但在大城市中，贵族家庭却凭借他们的地位和身份凌驾于这些裁缝之上。

中世纪，在由行会支配与管理的城市，尤其是城市联盟，根本不存在系统的贸易政策。城市不会独立进行贸易，至少16世纪之前并没有出现这种情况。德国商业行会的政策却是一个例外。只有德国商业行会在有意识地实施一贯的商业政策，这具有如下几个特征。

（1）只有加入该商业行会的市民才能分享商业行会获得的商业特权。

（2）它以外国的零售贸易为目标，放弃了运输或委托业务，不过在英格兰、斯堪的纳维亚半岛和俄国的当地商业阶级兴起后，以这个政策为基础的贸易就瓦解了。

（3）在进行贸易时，商业行会的成员只使用他们自己的船只，他们不能租用外部人士的船只，也不能将商业行会的船只或他们手中的行会股份卖给外部人士。[1]

（4）商业行会的成员只经营商品贸易，不会像佛罗伦萨人一样经营货币汇兑或银行业务。

（5）各地的商业行会都旨在获得定居和建立仓库的特许权，以对行会中的商人进行控制。商业行会对成员的一切经济活动进行严格监管，对重量和成分鉴定设定了严格的规定，并禁止成员与外部人员进行信用交易。他们这样做的目的是防止外部资本在组织内产生影响，为此，他们甚至禁止与非成员结婚。

（6）商业行会首次在推进标准化方面付出了努力，经营固定商品贸易——蜡、食盐、金属、纺织品。

（7）从负面意义上看，商业行会没有制定海关政策，它们最多只是为了战争筹款而收取关税。商业行会的内部政策倾向于实施市场寡头政治，尤其是在压制手工业行会方面。总体说来，这些措施是为了维护本地的外商阶级而实施的。

---

[1] 这个要求引起了但泽城市对商业行会的持续反感，该城市并不愿意将它的造船工业置于如此不利的地位。

第十九章
货币与货币史[1]

从演化的角度来看，货币是私有财产之父。货币自出现以后就具有这种特征，具有货币性质的物品都具有私人所有的性质。最早的私有财产包括个人手工制品、男子的工具和武器、男子和女子的装饰品。这些私人财产受到特殊继承法律的约束，而货币的起源主要可以被追溯至这些物品的领域中。

现在，货币具有两种特殊职能，即作为规定的支付手段和通用交换媒介。从历史观点来说，在这两个职能之中，规定的支付手段这个职能出现得更早一些。在这个阶段，货币并未被用于交换，这个特征出现的事实条件是一个经济单位与另一个经济单位之间的很多价值转移都不涉及交换，但却需要支付手段。这类价值转移包括酋长之间的部落赠予、聘礼、嫁妆、杀人赔偿金、损害赔偿和罚金——必须使用标准媒介支付的款项。在第二个阶

---

[1] 一般参考书目——W. 里奇韦（W. Ridgeway），《金属货币与重量标准的起源》，剑桥（英国），1892；W. A. 肖（W. A. Shaw），《货币发展史，1252—1894年》，伦敦，1895；《简明词典》中收录的词条［由W. 莱克赛斯（W. Lexis）编写］"黄金""本位问题""银本位"等；（参考美国造币厂的1896年财务总监报告，第266—280页——英译者注）；J. L. 劳克林（J. L. Laughlin），《货币的原理》，纽约和伦敦，1903；W. W. 卡莱尔（W. W. Carlile），《现代货币的演变》，伦敦，1901。

段，这类价值转移包括酋长向其属民支付的款项（这不同于属民向酋长支付的款项），也就是领主以礼物的形式向其臣仆支付的工资，以及在此之后，将军向其士兵支付的款项。甚至在诸如迦太基这样的城市和波斯帝国中，货币铸造的出现只是为了提供军事付款的手段，而不是提供交换媒介。

在这个发展阶段，现代的统一货币是不存在的。相反，在每个经济区域内，提供的不同种类的服务与具有支付职能的特定种类的物品相对应，所以当时有不同种类的货币并存。例如，无论在任何地方，一名男子都不能用贝壳购买一位妻子，他只能使用牛来购买妻子。不过在进行小交易时，贝壳是可以使用的，因为贝壳可被作为小额货币使用。对于按照这种方式发展出来的与群体内部支付有关的货币，我们称之为对内货币。

货币的另一种职能是作为财富积累手段。现在的货币已经很少具有这个职能，但在过去的很长一段时间，货币一直发挥着这个职能。酋长如果想要维持自己的地位，就必须为他的部属提供生活供给，并在特殊场合下以礼物的形式为他们提供报酬。因此诸如每位印度王公和每位梅罗文加王朝国王拥有的这类宝藏都被赋予了特别的价值。尼伯龙根宝藏就属于这一类。各种典型物品都可以被用作财富累积手段，例如经常被王公作为礼物赠送给他的部属同时又构成为支付目的而被估值的物品的那些东西。在这种情况下，货币依然不是交换媒介，而仅仅是阶级占有的物品，而占有这些物品的人只是为了维护个人的声望和他的社会自尊。为了实现这一职能，货币必须具有一个最重要的特征（货币在现代也需要具有的特征），即与可携带性特征成为对照的耐久性特征。被用作货币和财富累积媒介的包括象牙和具有某种质量的巨石，以及之后的金、银、铜和各种类型的金属。货币的这种阶级性质主要体现在两项事实中。首先是在发展的原始阶段，不同性别所使用的货币不同，即女性不敢占有与男子一样的货币物品，因此只有男性可以保留某种礮石块，而女性只能使用珍珠贝作为货币，而且这些珍珠贝通常被丈夫用作给新妇的晨礼。此外，货币的阶级分化涉及酋长货币与属民货币之间的区分，一定大小的贝壳只能由酋长占有，而且酋长只会在战时或赠送礼物时才会拿出这些贝壳。

作为通用交换媒介的货币职能是从对外贸易中发展出来的。这个职能的起源可以被追溯至在团体之外以礼物赠送形式进行的定期贸易，例如泰尔–埃尔–阿马纳石板所反映的埃及和古代东方的情况一样。

两个民族维持和平的前提条件是统治者之间的持续礼品赠送，这实际上是酋长之间的准商业交换，之后的酋长贸易就是从这种交换之中发展出来的。忽略礼物就意味着要挑起战争。第二个来源是广泛使用的外族产品。典型的氏族和部落贸易为某些物品（本地无法获得，因此受到高度重视的物品）赋予了交换媒介的职能。在进行准商业支付时（例如关税或道路收费），这类货币的对外职能高于对内职能。酋长可以提供安全经营条件，但需要允许商人以他们随身携带的媒介支付。这样，对外货物逐渐进入内部经济之中。

在这个发展阶段，货币以多种形式出现。

（1）个人装饰用的物品。这类货币包括在非洲和印度洋地区（延伸至亚洲内部）的子安贝壳。此外，在不同的领域内，其他很多物品也被用作支付手段或交换媒介，例如小珠子、琥珀、珊瑚、象牙和某种类型的头皮。在最初，装饰性货物通常是对内货币，而在其他部落也使用相同的付款手段时，此类货币可以成为通用交换媒介。

（2）功用货币。这类货币基本上是对外货币。在作为强制付款支付手段或其他商品价值评估手段时，各种通用物品可以被用作货币，例如粮食（如爪哇国的情况一样），以及牛和奴隶。不过，被用作货币的通常并不是这类通用物品，而是一些享乐用品，例如烟草、白兰地、食盐、铁制工具和武器。

（3）衣物货币。这类货币基本上可以执行对内货币以及对外货币的职能。被用作衣物货币的物品包括不能在当地生产的皮毛、皮革和纺织品。

（4）代用货币。这类货币出现的条件几乎与现代货币条件没有任何关系。人们在某些社会背景下养成使用某种物品，或使用某种物品付款的习惯后，货币职能就会被附加在作为符号的这类物品（本身既没有价值也没有重要意义）上。因此，英国、印度和中国内地存在以游戏筹码作为货币的情况。俄国存在由没有任何使用价值的小块皮毛构成的皮毛货币。在南部地区也存在类似情况，在那里，以一定数量的棉花作为货币的方法也发展成了使用布料作为货币的方法，其中布料没有真正的价值，只被作为

第三部分
前资本主义时期的商业与交易

代用货币使用。

因为在这个阶段不只存在一种支付手段，而是多种流通手段并存，因此有必要制定具有相对价值的标量。不同货币通常会被放在一起组成一个价值标量，也就是说，不是规定一个单位的某种货币等同于多少单位的其他货币，而是规定若干物品构成一个价值单位。因此，在爪哇国，一个价值单位包括一块某种珍贵石头和20个珍珠贝。据说，在密苏里河流域的印第安部落中，一个妻子的价格是两把刀、一条裤子、一块毛毯、一支燧发枪、一匹马和一顶皮革帐篷。这意味着一位女性的价值等于一位印第安武士的全副装备，而且会由她的部落按照这个价值出售。因此，这类价值标量的制定依据不仅仅是经济质量，还依据商品的传统价值、他们通常具有的社会意义，以及易于凑成整数的要求。在这方面，十进位数字再次发挥了特殊的作用。因此在某些部落，10个叶子等于一定数量的烟草，300颗海豚牙齿的价值相当于一名女性的价值，等等。

杀人赔偿金、赎罪付款和以货币表达的其他代价也与经济价值无关，而是仅与社会价值有关。一个自由法兰克人的杀人赔偿金（偿命金）为200苏勒德斯。这个金额是固定的，因为这个金额需要与半自由人或奴隶的杀人赔偿金建立一定的关系。这些原则体现的只是传统上的价值评估。在经济交换关系取得长足发展之后，就像在中世纪早期的情况一样，杀人赔偿金不再是根据损害赔偿索取决定，而是变成一个典型现象，而且金额变得非常巨大。以一定的货币商品进行价值评估并不意味着使用同一种商品进行支付，这只是用于衡量个人付款的一个标准。个人付款取决于赔偿者的支付能力（尽其所能），而不是根据规定的价目确定，但这需要体现传统上确定的赔偿代价。

基于从上文所述的条件，贵金属逐渐获得特殊地位，成为货币组织的名义基础。这一演化的决定性条件是纯技术性的。贵金属不容易氧化，因此不容易受到损害，而且这类金属非常稀有，因此在制作装饰品方面具有很高的价值。最后，它们的雕塑和分割相对比较简单。具有决定性的事实是，价值标量可适用于贵金属，而且在很早的时候就开始适用了。小麦似乎是最早的比较重量。不用说，贵金属之前也曾被以实用物品的形式加以利用，但在成为交换媒介之前，它们主要被用作支付手段。被用作支付手段的贵金属首次出现在酋长贸易中，泰尔–埃尔–阿马纳石板表明亚洲西部的统治者希望能够从法老那里获得一船船的装饰黄金。王公向他的部属赠送礼物的首选就是金戒指，因此在吟唱诗文中，国王被称为戒指挥霍者。

公元前7世纪，铸币形式的货币首次出现。最早的造币厂位于吕底亚（可能位于沿海地区），是由吕底亚国王和希腊殖民者合作建立的。铸币的先驱是商人私自铸造的条状贵金属，这首先出现于印度商业中，之后又出现在巴比伦和中国。舍客勒就是带有特定商业家族印戳的银块，因重量可靠性而得到认可。中国的银两也是一种类似的银条，这些银条带有商业行会的印戳。后来，政权接手货币铸造活动，并在不久之后掌握了该活动的垄断权。不过，对货币铸造活动的垄断似乎是最早出现于吕底亚。波斯大帝曾铸造了达里克作为向他的希腊雇佣兵提供报酬的支付手段。

希腊人将铸币引入到了商业中，将其作为交换媒介。另外，在货币铸造开始三个世纪以后，迦太基人才开始尝试铸币，而即使在那时，他们的目的也不是获得交换媒介，而仅是获得支付雇佣兵报酬的手段。一般说来，腓尼基的商业是在完全不使用货币的情况下进行的，但特别有助于希腊贸易活动处于优越地位的是铸币的技术优势。甚至在罗马（在最初时从事出口贸易），货币铸造活动的开始也非常晚，而且在铸币活动刚开始时，他们只从事铜币铸造。在加普亚，人们会在铸造的贵金属上加盖印戳，而在罗马，直到公元前269年开始铸造银币之前，有多种铸币在市面上流通。在印度，铸币活动在公元前500年至公元前400年之间首次出现，而且实际上是从西方借鉴过来的。而从技术意义上说，真正可用的铸币是在亚历山大时期之后出现的。在东亚，铸币的情况并不是很明确，我们或许可以假设铸币具有独立的起源。现在，因为官吏不断降低铸币的成色，货币铸造仅局限于铜币铸造。

17世纪以前的货币制造技术与现代的货币制造技术没有共同点。在古代，货币是铸造出来的，而在中世纪，货币是"打"出来的，也就是压出来的。而且，13世纪之前，货币的铸造是纯手工操作，一枚铸币在完成之前需要经过十至十二名手工艺者的加工，这些手工艺者只能使用手动工具进行货币铸造。这个过程的费用是非常高的，可达到小铸币价值的四分之一，14世纪和15

世纪，这个过程的费用是铸币价值的十分之一，而在现在，其成本是铸币价值的千分之十。受原始技术的限制，即使是最好的铸币，硬度的精确度也存在差异，例如，在英国的金克朗中，尽管铸币工艺已经得到相对的完善，精确度的误差依然达到10%。对于这些误差，商业中的反应是尽可能按照重量接收铸币。对于铸币的纯度，铸币上的印戳就是非常可靠的保证。首批相对精确且可以保持重的铸币是1252年铸造的佛罗伦萨金币。不过，从技术数据来说，真正可靠的铸币工艺直到17世纪才出现，虽然使用机械进行铸币加工的时间更早一些。

对于金属本位，我们现在的理解是：首先，某种铸币被强制用作支付手段，用于所有金额的支付（本位货币），或用于最高至特定最高金额的支付（辅币）；其次，与此有关的是本位货币的自由铸币原则，而随着制造成本的减少，任何人在任何时间都可以不受限制地铸造本位货币，并将其用于支付。这种本位制可能是单本位制或复本位制。对于复本位制，现在与之相似的概念可能是所谓的双本位制，即法律规定若干种金属之间的固定关联，例如在拉丁货币联盟中，金兑银的比例是1∶15½。与复本位制相似的另一种制度可能是平行本位制，该制度在较早时期就得到了普遍应用。在该制度下，金属货币的铸造实际上并没有限制，而且一般没有固定的价值关系，或者只对频繁变动的价值关系进行定期调整。在货币铸造用金属的选择方面，贸易需求具有决定性的作用。内部贸易和地方贸易只能使用价值不是很高的金属作为货币，所以在这种情况下使用的一般是铜或银，或者同时使用两者。在对外贸易中使用的可能是白银，而且因为需要在一段时间内使用的确实是白银，但随着商业的重要性不断增加，黄金成为首选的支付手段。不过，在黄金的实际流通中，黄金与白银之间法律关系具有决定性作用。在与可利用的资源相比，一种金属的估值处于不利地位时，使用这种金属铸造的铸币会被熔化并用于商业之中。

不同金属之间的价值关系的历史表明，东亚的情况与西亚、欧洲的情况形成了明显的对比。因为东亚各国与外界没有联系，所以形成了一种不正常的关系，而且可能实施了一种从未在西方出现过的相对估价法。因此在日本，黄金的价值曾在一段时间内被评估为白银的5倍。与之相反的是，在西方，这一连续性从未被完全打破。在巴比伦，其他金属的价值评估均以白银为基础，不过，国家机构并未使用白银铸造货币，市面上流通的白银只是私人铸造的银条或舍客勒。白银与黄金的价值比率被定为13⅓比1，而且该关系在古代被一直视作一条标准。后来，埃及人借鉴了巴比伦的社券形式的银条，但使用铜、银和黄金计算，并使用黄金进行大额支付。

在古代晚期直到梅罗文加王朝为止的一段时间，罗马的货币政策是明确的。在罗马，最初实施的铜、银平行本位制，而且铜对银的比例被确定为112 : 1。最重要的举措是铸造相当于一磅金属的塞斯特厄姆银币。黄金只被作为商业货币铸造，而铜的地位逐渐降低，被用作小额交易的信用货币，且最终具有了代用货币的特征。实际上，货币铸造活动主要掌握在军队将领手中，他们的名字几乎总是会被印刻在金币和银币上，即使是在罗马共和国时代也是如此，这些货币通常被作为战利品的支付手段，并用于支付军饷，而不是用于商业用途。

在恺撒接管帝国后，罗马才制定了第一个真正的货币本位制度——恺撒大帝颁布了金本位制。按照11.9∶1的比率，他下令铸造的奥里斯货币等于100个塞斯特蒂厄姆银币。因此，白银的价值得到了一定程度的提高，这标志着贸易对白银的需求不断增加。奥里斯货币一直流通到君士坦丁时代，而白银却得到了各种不同的应用。尼禄（Nero）下令使用第纳尔货币，以提高奥里斯货币的地位。卡拉卡拉大帝（Caracalla）着重实施了货币系统贬值政策，他之后的继任者，即崇尚军事的皇帝也延续了他的政策。正是这一货币政策，而不是所谓的贵金属向印度的流入或采矿失败导致了罗马货币组织的毁灭。直到君士坦丁大帝上位以后，罗马货币组织才得以恢复。君士坦丁大帝使用以每磅（327.45g）金属可以铸造72个的苏勒德斯金币代替了奥里斯。在商业中，苏勒德斯金币可能是按照重量流通的。

罗马帝国灭亡后，苏勒德斯金币仍然在流通。在梅罗文加王朝时期，苏勒德斯金币在德国的前罗马经济渗透区域中具有非常高的威望。而在莱茵河东部，旧罗马银币的流通与后来在非洲流通的玛丽娅·特蕾莎货币类似。加洛林王朝掌权这一事实意味着政治重心从法兰克帝国的西部转移到了东部，但从货币政策来说，尽管大量黄金被从东方运到了帝国，这个事实意味着从金本位制到银本位制的转换。在采取若干意义模糊的措施后，查理曼大帝（Charlemagne）确定了等于409克的单位磅（不过这个说法并非毫无争议），而且使用该单位磅计量的每磅金属可以铸造20个苏勒德斯银币，每个苏勒德斯银币等于12便士。直到中世纪末，加洛林王朝的铸币制度（该制度的最后残存是英国的英镑单位、先令、便士）依旧有效，与这个制度一起实施的还有银本位制（在欧洲绝大部分地区实施）。

　　不过，中世纪铸币政策的中心问题不是本位制问题，而是对铸币生产造成影响的经济和社会性质问题引起的问题。在古代，人们非常重视国家对铸币的垄断权。中世纪的情况却恰恰相反，铸币职能通常由许多地方铸币管辖区及其所有者拥有。结果就是，大约11世纪中期之后，加洛林王朝颁布的铸币制度仅具有普通法的意义。诚然，从官方层面上说，铸币权依旧留在国王或皇帝手中，但铸币的制造是由手工业生产者的组织进行的，且铸币业务带来的收入归铸币领主所有。将铸币权分赐给铸币领主的一个动机是促使铸币减值，这一动机在整个中世纪时期得到了大规模推行。在德国，苏勒德斯从13世纪就开始贬值，其价值在16世纪已经降到最初价值的六分之一。英国的情况与之类似，12世纪至14世纪之间，第纳尔的价值一直在下降。在法国，大苏勒德斯货币开始发行，这是两面都带有印戳的厚铸币，且与德国12世纪和13世纪铸造的薄第纳尔（只有一面带有印戳）发生了激烈竞争。不过，新币自14世纪开始贬值，而且到16世纪时，其价值已下降到原有价值的七分之一。

　　对银币造成影响的铸币贬值导致了这样一个结果：在需要

使用稳定单位进行计算的商业中，黄金的地位不断升高。因此，佛罗伦萨城1252年铸造了重量为3½克的苏勒德斯金币（弗罗林），并在技术方面尽可能保持货币重量一致的实践是具有划时代意义的实践。新铸币在各处得到了认可，并在商业中成为通用货币单位。不过，我们发现白银的价格曾出现了显著提升，这种现象是不断增长的货币经济对贸易用白银的迫切需求引起的。1500年，白银与黄金之间比率从12½ : 1增长到了10½ : 1。同时，货币之间的相互关系出现了非理性波动，而且金银条与"铸币"或铸币形式的金属之间也出现差异。在批发贸易中，商人通常使用金条或佛罗伦萨金币进行结算，而在零售交易中，各种货币的价值是根据协议评估的。

铸币贬值不仅仅是由铸币领主的贪婪造成的，这在很大程度上是由同一种铸币之间的误差的自动作用造成的，其中，同一种铸币之间的误差可达到10%。只有质量最差的铸币继续流通，而质量最好的铸币会被立即熔化，或者被挑选出去。确实，货币领主的贪婪起到了一定的推动作用，他们利用自己的垄断权来推出新币，取消并召回旧币。但旧币在很大程度上是在他们所管辖区域以外的地区流通。铸币领主无法在他的管辖区域内完全实施他正式拥有的垄断权，若干领主只能通过协议来实施一项变革。因此，除了佛罗伦萨的铸币和良好信誉以外，中世纪仍然是一个铸币不合理的时代。正是因为铸币生产的这种不合理情况，铸币活动没有受到任何限制，因为铸币领主可以通过增加货币铸造来从业务中获利，所以他们都力图为自己的铸币厂获得更多的贵金属。在这一点上，贵金属的拥有者备受压力，因为出口禁令是非常常见的，而且在贵金属矿上所在的地区尤为常见，所以贵金属矿场的矿工和股东在是否应该将他们的矿产送到铸币领主的铸币厂方面似乎并没有选择权。不过，所有这些措施是没有任何效果的。当时依然存在大量的贵金属走私，而且铸币领主也不得不按照协议为领土内没有矿场的其他领主的铸造厂提供一部分金属，且这部分金属会以外币的形式不断地流回到他的管辖领域中。不合理的货币贸易在整个中世纪都有存在，这是因为对各种铸币的需求是无法确定的，而且硬币铸造税的波动非常大，这都妨碍了供求关系的调整。只有铸币领主之间的竞争可以促使他们放弃硬币铸造税。

16世纪之后，流入欧洲的贵金属数量不断增加，这为铸币领域中的更稳定关系的建立创造了经济基础，至少在西欧，专制国家已经将众多的铸币领主以及他们之间的竞争肃清。直到上述时期，欧洲一直是贵金属经常出口区。只有在十字军时期（持续大约150年），十字军掠夺的黄金和种植园产品进入欧洲，欧洲贵金属输出的情况才开始中断。这时，瓦斯科·达伽马（Vaseo de Gama）和阿尔布克尔克（Albuquerque）发现了前往东印度群岛的海上航线，打破了阿拉伯人对转口贸易的垄断。墨西哥与秘鲁银矿的开采为欧洲带来了大量美洲金属，同时，通过与汞齐化来提取白银的有效方法的发明也起到了一定的推动作用。1493年至1800年之间，从墨西哥和南美获得的贵金属大约有 250万千克黄金和9 000万至1亿千克白银。[1]

金属产量的增加立即造成铸造银币的供应量快速增加。银本位制已经在欧洲贸易中得到最广泛的采用，并在记账货币中表现出来。在德国，佛罗伦萨金币甚至也是用白银（银币）计算的。在巴西的金矿开始开采之前，这一种情况一直存在。尽管这些金矿的开采只持续了很短的时间（从18世纪初期到中期），这一开采活动却在市场中具有支配地位，并促使英国开始采用金本位制［这与英国法律制定者的意愿，特别是艾萨克·牛顿（Isaac Newton）的建议相反］。18世纪中期以后，白银生产又开始具有首要地位，并对法国革命时期的立法造成了影响，促使法国采取双本位制。

但是，货币铸造的合理化并不是一蹴而就的。在完成货币铸造合理化之前的情况可以用这样一句话概括：流通的货币有很多种，但没有一种货币是当前意义的货币。甚至是斐迪南一世（Ferdinand I）在1859年颁布的帝国铸币法令也必须承认30种外币。由于货币铸造技术不完善，在进行大量铸造时，同一种铸币之间的含量差异较大，而且小型铸币之间的差异尤其严重，这导致德国在16世纪对银币的法定货币影响进行了限制，但他们并没有将这些银币变为辅币。明确、合理的辅币制度的建立取决于英

[1] 参阅索埃特比尔（Soetbeer）（载于《彼得曼地理通报续编》，1879年，第54页）和W. 莱克赛斯［载于《国民经济与统计年鉴》，第34期（1880），第361页及以下］的评估，他们的评估与事实是大体相符的。不过，F. 德·莱格莱西亚斯（F. De Laiglesias）的评估（载于《十七世纪上半叶的印度货币流向》，马德里，1904）比现实情况低大约50倍。

国采用的货币政策。官方货币单位是使用白银铸造的一种金币，即约阿希姆币，但之后的发展实际上是在商业领域发生的。

13—14世纪之后，商业从铸币中解放出来，并开始使用金银块进行计算，也就是按照数量接受铸币，规定以帝国承认符合惯例的某种类型的铸币付款。最后，这些铸币会流入储存银行。储存银行的原型可在中国找到。在中国，铸币的贬值导致了为商人的商业活动提供服务的金属储存银行建立。在确定重量单位后，白银的支付可以通过个体商人存储银条的银行开具的支票或与支票类似的票据进行，或通过铸成条状的白银（也就是银两）来进行。不过，与通过支票进行的支付相比，通过银两支付这个方法的作用并不显著。银行票据便由此产生。银行票据以有关商人对金银块的占有为基础，且是与存储制度有关的个人专用的支付手段。

早在16世纪，西方国家就开始效仿这一做法：在威尼斯，里亚尔托银行设立；在阿姆斯特丹，威索尔银行于1609年成立；1621年，纽伦堡出现银行；1629年，汉堡出现银行。这些银行均按照重量进行计算，且只允许以铸币进行支付。通常，个人账户都设有最低限额，支付方面也存在最低额。因此在阿姆斯特丹，支票或汇票的最小面值为300金币。另一方面，600金币以上的付款只能通过银行支付。在汉堡，这种银行标准被一直沿用到1873年。

现代货币政策区别于之前货币政策的一点是缺乏财政动机，即决定其性质的只是一般经济利益，而该经济利益取决于商业对稳定资金计算基础的需求。在这一方面，英国走在世界其他国家的前面。

最初，在英国，白银是国内贸易的最有效支付手段，而在国际贸易中，黄金被用作计件货币。在巴西金矿被发现后，流入英国的黄金不断增加，英国政府越来越受制于平行本位制。在黄金的价格下降以后，黄金开始流入铸币厂，而与此同时，银币的熔化却让白银流通变得岌岌可危。因为所有贷款需要使用白银偿还，所以防止白银外流事关资本主义企业的利益。政府起初试图通过专制措施来维持平行货币，且直到1717年才决定实施新的确切价值评估。

在艾萨克·牛顿的指导下，典型的英国金币基尼的价值被确定为21先令，不过黄金的估价依然过高。18世纪，黄金持续流入英国，白银却持续流出，所以政府采取了激进的防止措施。黄金被定为本位金属，所有的白银则降级为辅币。白银失去了无限的合法货币地位，又因为白银被以高于银块价值的成本铸造，其流向外国的危险最终得以消除。

在经过多次的尝试之后，法国政府最终在革命时期采用了以白银为基础的双本位制。铸造1 000个法郎需要使用9磅白银（每一千克白银铸造$222\frac{2}{9}$个），而且根据当前的相对价值，白银对黄金的比率被确定为15½∶1。法国国内对铸币的需求异常高（高于英国的需求），这导致黄金与白银之间的价值关系在较长时间内保持稳定。

在19世纪，德国必须维持现有的白银制度不变，因为金属产量在19世纪上半叶出现下降。没有任何中央当局可以强制推行向黄金的过渡。不过，黄金却被铸造成了具有法定价值的商业货币，尤其是在普鲁士。但想要在货币本位方面给予黄金不同地位的尝试却没有成功。1871年的战争赔款首次使德国开始了向金本位制的发展，此外，在发现加利福尼亚金矿后出现的世界黄金储量激增也促进了这一步的发展。不过另一方面，15½∶1的价值比率逐渐受到破坏。这些情况导致了德国马克的发行，一马克等于三分之一泰勒，而因为30泰勒一磅白银，所以，根据15½∶1的价值比率，一磅黄金等于1 395马克。

第二十章
前资本主义时期的银行业与货币交易

资本主义时期到来之前，在有多种货币流通的地方，银行活动主要包括货币兑换业务。除此之外，银行的活动还包括货币支付业务，尤其是外地付款的货币支付业务。我们发现，在整个古代，尤其是在希腊，典型的银行业务就是承担支付义务，为出行者发行可作为外地付款手段的信用证，以及创建虽然实际上不是现代意义上的汇票业务，但却与现代的支票类似的支付手段。此外，最古老的银行业务还包括银钱保管功能或者是储存业务。埃及的银行也是如此，在那里，大部分银行家都是财产管理员。罗马的情况也是如此。在没有铸币的地方，例如巴比伦，又如中国和印度，银行的活动并不包含货币兑换业务。相反，银行家成为铸造作为货币流通的银条（诸如中国的银两）的机构，所以银行开展提供货币的业务。

因此，在前资本主义时期，银行开展储存业务，以及取代现金支付的信用证转让业务。这些业务的前提是储存者–顾客一直在有关银行储存有一笔款项，因此，甚至在巴比伦也存在银行"票据"。不过，这里的银行券并不是现代意义上的银行券，因为现代银行券的流通不需要特定人员的存款。与之相反的是，巴比伦的银行券或支票仅是存款人—顾客之间的一种更快捷、安全的付款转让手段。这项比较古老的存款业务的规模是无法确定的，但无论如何，我们不能认为其情况与现代存款类似。这些关系通常只限于严格意义上的本地交易和那些商人之间的交易。因此，银行票据不是一般流通媒介。

巴比伦银行业的特有特点是基于存储业务发展出来的银行家角色，即信贷借款人。职业银行家会在抵押和私人担保的情况下提供小规模贷款。巴比伦银行家的信贷职能是基于没有铸币这个事实建立的。在巴比伦，支付是按照舍客勒银币计算的，但舍客勒银币并未被用于支付，所以银行家需要承担中间人的职责。在这一方面，银行家往往需要安排延期付款，因为他常常能够提供现金支付手段，并可以以未来付款人的身份为销售者提供保证。巴比伦银行业的另一个特有特征是银行家通常提供委托信贷，也就是企业资本，我们可以找到遗留下来的以楔形文字书写的大量委托契约，不过我们没有找到关于古代的此类信贷业务的其他事例。原因是在使用铸造货币的地区，银行业务是从铸币中发展出来的，但在巴比伦，银行业务是从货币，也就是信贷、交易中发展起来的。

在罗马，银行业务具有两个特征。第一，银行家是职业拍卖人，这与经济历史没有特殊关系。第二，这里首次出现了现代意义上的经常账户存款业务的处理，而且这一业务被认为是在银行家的帮助下清偿债务的特殊手段。在罗马，最初提供这一业务的目标是提供一项统一、安全的支付手段，因为白银铸造在很晚才被引入，铸币的数量取决于将军获得的战利品数量。罗马的落后铸币关系可以简单地说明存款（receptum）与根据经常账户的余额发行的汇票或支票（actio receptitia）具有重大意义的原因，以及银行家的账务记录受到严格法律监管的原因。罗马银行的账本虽然不是现代意义上的簿记，但提及了收入和支出这两项。每位顾客都有一份特殊账本，在这份账本上记录了他的存款和欠款（acceptum ferre, expensum ferre）。这些账目被用于证明已经支付付款。除了这些之外，留存下来的银行簿记很少，无法提供更明确的信息。

但一般来说，古代银行只是特殊的私人事业，而且需要与寺庙银行和国家银行进行广泛竞争。古代寺庙最初是发挥保管库的作用。只要古代寺庙承担银行的职责，这就是他们的基本职能，而且在这方面，它们比私人银行家的保管库更有名。储存在寺庙的存款是神圣的，对存款的偷盗就是对神明的亵渎。在特尔斐，寺庙是很多个人，特别是奴隶用于储存积蓄的仓库。很多碑文表明了神明是如何为奴隶赎买自由的。实际上，这些赎买是使用奴隶为防止奴隶主侵吞而储存在寺庙中的积蓄进行的。巴比伦、埃及和希腊的很多寺庙都发挥了这种保管库职能。但在罗马，这种性质在很早之前就消失了，古代的寺庙也成为重要的借贷结构。这对王公来说尤其如此，因为与私人借款人相比，他们可以在寺庙中获得更有利的条件。诚然，古代存在大货币借款人，甚至《汉谟拉比法典》也曾提及大货币借款人，但国家的库房和借款人一般都是寺庙。在巴比伦，履行这一职能的是西帕尔太阳神庙，在埃及，履行这一职责的是阿蒙神庙，而阿提卡海洋联盟的库房则是雅典娜神庙。

私人银行的第二个竞争对手是国家银行。促使银行业务变成公共职能的因素不是在中世纪出现的银行管理不善和破产，而是财政考量，也就是不仅货币兑换业务发展成为丰厚利润的来源，而且从政治方面来看，占有可能的最大数量私人存款也是有利的。在几乎所有的希腊国家中，尤其是在托勒密王朝统治下的埃及，皇家银行最终占据了垄断地位。这些机构只是纯粹的财务机构，与现代国家银行的职责（例如纸币发行、货币本位监管、货币政策）没有任何关系。在罗马，具有资本主义特征的骑士阶级的特权主要来自这样一个事实：他们成功阻止了国家对银行功能的垄断。

中世纪银行业在初成立时的性质是多种多样的。11世纪，在自己的劳动中获得巨额利润的货币兑换商出现。12世纪末，银行开始开展外地支付业务，这些业务是通过从阿拉伯人那里借鉴来的汇兑或兑换函开展的。与古代不同，贷款业务只由本地银行家在相对较晚时期提供，或根本不提供。按照惯例，他们只提供大额贷款，而且只为政治权力机关提供借款。小规模银钱业务由外来阶级开展，例如犹太人、伦巴第人和考儿辛人，后面这两类人囊括了所有的南方人。掌握在外族人手中的这类消费性贷款最初是一种利息非常高的应急信贷，并且要求有抵押或其他担保。在早期，与该业务同时出现的还有委托信贷业务。银行家也参与了此类信贷的提供，但与巴比伦的情况不同，他们需要面对来自贩卖各种货物的商人，以及个人货币借款者的竞争。存款业务是在货币不断贬值的情况下出现的。商人之间出现了公共银行，商人可以按照金银块的价值将金属货币或其他各种货币储存在银行，在此基础上，商人可以使用具有最低限额规定的存款转让或支票进行支付。存款银行业务在一段时间内曾被掌握在货币兑换者手中，但这些货币兑换者没有获得足够的信任，由此，一些大型公司银行产生。

中世纪的银行业务范围也包括税款的征收，这大致与古代的税款包征办法对应。13世纪初期到14世纪末，这一业务是大量财富的主要来源，尤其是佛罗伦萨银行家族（例如阿细亚乔利家族、佩鲁齐家族、米迪希家族）的大量财富的主要来源。因为这些家族在所有大商业地区均设有代理，所以他们是帮助当时拥有最大税收权的元老院从各处征收所有税款的自然代理机构。而且，他们保留了最精确的账目记录，且只接受诸如佛罗伦萨金币的全值货币。这一职能为征税人（正如中国官员一样）提供了较大的利润机会，因为该职能给予了他们按照元老院所需铸币来评估不同区域货币的价值的权力。

最后，中世纪银行业的职能还包括融资业务。不过，这里的融资业务并不是现代意义上的大企业融资。中世纪，融资需求只在特殊情况下才出现，且一般与军事冒险事业有关。在热那亚，这一领域的业务早在12世纪就出现了。热那亚人对塞浦路斯岛的海洋远征就是按照这种方法，也就是通过建立"毛纳组织"（maona，即旨在征服和开发塞浦路斯岛的一个股份委托企业）

融资的。同样，城市之间的战争在很大程度上是由债权人组织资助的。在大约100年间，热那亚的全部税款和港口税收收入的管理完全是为了此类财团的利益。在14世纪的英法战争中，佛罗伦萨大银行家提供的融资远超过了这个限度。

私人银行家对这些业务的掌握程度引出了以下问题，即资金的来源是什么，资金流向哪里，以及事实上已经趋于瓦解的银行通过哪种方法来履行有效的支付义务。也就是说，我们要解决的是中世纪银行的"流动性"问题。上文所述机构的"流动性"非常差。佩鲁齐或佛罗伦萨其他大银行家为战争而预付给佛罗伦萨市民的款项并不是来自他们自己的资金（他们的资金并不是非常充足），而是来自他们依据自己的声望，用较低利润从直到最低阶层的各个阶层人民手中吸收的存款。不过，这些存款是可以随时兑取的，而战争贷款却是长期的。因此，一旦使用这些资金的军事冒险活动失利，该融资运作将变得无法偿还。富格尔家族的情况也是如此，因为他们最终与西班牙王室商定的办法不仅意味着他们遭受巨大损失，而且意味着他们的剩余财富无法得到兑现。

大银行的私人财产并不足以为大型国家事业提供资金，而且它们的资金流动性很容易丧失，这会导致产生垄断银行业。需要筹集资金来实现自己目标的政治当局只能以贸易、关税和银行业务的垄断权来换取这类资金。王公或城市会将银行业变成公众企业，并将该特权以垄断的形式授予，或转包给私人来换取贷款。此类银行业垄断的最早事例是热那亚的圣乔治银行，而之后的事例是英格兰银行。特别是英格兰银行，它并不是从商人自发组织中发展出来的，而是为西班牙继位战争筹资的纯政治组织。它与中世纪银行之间的区别仅在于它建立业务的方式，即以汇票为基础的方式。

现代的汇票是一种支付手段，其特征是涉及三方当事人，即收款人、出票人和付款人。自接受之后，出票人就应一直承担责任，付款人或承兑人也需要承担责任。此外，在通过背书的方式将汇票转让给第三方时，每位背书人都需要承担责任，确保不会产生与汇票开具所为目的有关的问题。在出现不支付的情况时，可以采用一种特殊强制执行程序，这在中世纪还涉及债务监禁方法。对于现代的银行来说，汇票的重要性便在于这些特征，而且这些特征为汇票提供了一种保证，即可以在指定时间提取特定款项，这保证了汇票的流动性。这在中世纪却是不可能的。诚然，汇票在当时是非常常见的，但它只是与现代的支票类似的一种票据。它只是一种支付手段，且通常是外地支付手段，人们依据该支付手段可以向其他地方的债权人进行货币债务偿还。承诺付款的个人所居住的地方与进行付款的地方之间的差异对该票据具有重要影响，这在教会法极力斥责地方汇票为高利贷情况下尤其如此。

最初，典型的中世纪汇票包括两份独立文件。其中一份是"公开信"（litera aperta），也就是我们所说的外地付款汇票。例如，热那亚的商人A承诺在特定日期通过他的债务人C向巴塞罗那的商人B支付一定数目的款项。如果该汇票是由王公开具的，该汇票则需要由他的库房兑付，他的库房需要向朝廷缴纳一定数额的款项。第二份文件是"封口信"（litera clausa）或"划汇单"，这逐渐演化成了现代的汇票。这份文件用于通知出票人的债务人以债权人（即出票人）的名义支付一笔款项。公开信必须是书面文件，且必须有连署人正式签名，而封口信则是普通信函。这两份文件都被交给接收该汇票的人。该票据的进一步发展是因为费用问题，公开信被逐渐省略掉。最初在公开信中列出的约束性承诺被列入到划汇单中，并被认为是划汇单的一部分，划汇单的重要性也由此增加。不过，这个票据依然与现代的汇票存在差异，即在17世纪之前，这个票据是不能通过背书流通的。

这个票据的规定中包含"承诺对你或你指定的使者照付"这一准则，这一准则使得该票据可为第三者占有，并使得第三者替代指定收款人获得付款这一行为合法化。但随着进行支付正式机制在大集市中发展起来，这一条款也逐渐消失了。它们通过将票据交给清算所记录来获得净差额付款，提供了在避免货币运输风险的情况下进行票据结算的可能性。实际上，汇票就是一种贴现票据，在这方面，人们默认这些票据是可以通过存款银行或本地商人组织结算的。这种情况可为从事汇兑业务的商人提供有利条件，使得他们能够垄断汇兑转让收费并拒绝背书。因此，甚至是在16世纪，在转让任何汇票时都需要开具新的票据，而不是在原有的票据上加注背书。此外，16世纪时，关于汇兑的法律已经达到了现在的发展水平，而且"chi accetta paghi"（承兑人必须付款）这一规定排除了法律方面的所有含混表达。这种无条件支付促使汇票演变成现代的银行票据。

中世纪银行家在付款方面的职责是接受票据，而现代的银行家则是将票据贴现，即他根据票据付款，但为了让人们之后兑付汇票，他会扣除贴现息，这样，他可以将运营资本投资到汇票中。首先进行此类汇兑业务的机构是英格兰银行。

英格兰银行成立之前的英国银行业历史表明，作为贵金属交易者和金属存货所有者的金匠能够开展银行业务，且通常垄断硬币重量和纯度的检测，但他们从未发挥过上文所述的银行家角色。他们像中世纪银行家一样接收存款，资助斯图亚特王朝和克伦威尔的政治事业。他们还开展存款业务，并依据这些业务出具支付票据，此类票据最初是出具给他们的客户的，但这些"金匠票据"的流通不仅限于这个客户圈子。1672年的国家破产使所有这一切都结束了。当时，英国政府宣布无力偿还债务只能支付利息，而金匠的存款人—顾客有权在任何时间取回他们的资金，结果就是金匠没有能力满足存款人的付款需求。这个情况的结果是在当时的英国，存款人要求建立国家垄断银行，就像意大利城市之前的情况一样。

政治当局利用这个需求垄断了银行业务，并为国家从中获得了一份利益。虽然我们不知道商人的论据是什么，但商人希望国家银行能够凭借它们提供的保证吸引大量存款，从而为他们提供较低利息的贷款，而且，他们还希望从铸币困难中解脱出来。另外，我们不能使用现代的观点来看当时的情况，根据现代的观点，一家大发行银行承担着通过适当的贴现政策，凭借其信用为国家吸引黄金，或促使累积的库存进入流通的任务。而他们反而希望银行能够发挥储存银行的功能，也就是在一定数量的金属的基础上将其票据用于流通，从而帮助减少金银比率的波动。

1694年，基于资助奥伦治的威廉与路易十四之间的战争的纯政治动机，英格兰银行成立。在英格兰银行成立之时，他们曾采用过英国的习惯程序，即某些赋税，尤其是盐税被抵押给了放款人，而参与该事项的债权人被组织成为一个具有法律特权的公司。

这个新机构遭受到很多利益相关方的反对。首先站出来反对该项目的是作为奥伦治威廉的对手的托利党人，其次是害怕国王地位得到加强的辉格党人。因此，英格兰银行只能被组织成一个独立的私人公司而不是国家银行，而且，该银行还需要在其规章中列明这样一条规定，即只有在得到议会的特别授权之后才能为国家预先垫付资金。因此，于托利党人看来，该银行只适用于共和国政体而不适用于君主专制政体。他们主张建立采用这样一种组织方式的银行的前提条件是王国处于与银行有利害关系的资本家群体的控制下。最后，金匠也开始反对英格兰银行，他们之所以反对是因为他们被排除在银行业务范围之外，而且与贵族一样，他们对商人阶级的政治和经济势力感到恐惧。

英格兰银行成立时的股份资本为1 200 000英镑。所有这些资本都到了国家的口袋中，作为交换，该银行获得了开展汇票业务的权利。这些权利是非常重要的，因为这与票据的发行有关。事实上，银行在之后通过贴现政策对这一项权利的利用是任何人都没有预料到的。但无论如何，它是第一个系统购汇的机构，可以通过对未到期的汇票进行贴现来为生产者和商人缩短等到商品到达最终消费者手中再提现的时间。在英格兰银行中，资金周转加速显然是汇票交易的目的。该银行以任何其他银行都未采用过的系统方法来开展该业务。

在欧洲以外的其他国家中，银行业发展只在部分方面与欧洲类似。在印度和中国，银行业在几十年内依然保留着古代和中世纪的特征。它们不同于西方银行的地方在于它们享有与货币本位监管有关的特殊权力。在中国，银行家可以铸造银两，决定信贷条件，确定利率，并规定付款的所有条件。因此，商业结算的标准化掌握在他们手里。但在涉及对外贸易时，该结算机制就是一种信贷业务，而这种业务，例如在广州，掌握在少数几个中国大家族手中。在中国分为几个独立的小国时，银行也进行战争资助，正如在欧洲的情况一样。随着统一的中国帝国建立后，开展这种业务的机会就消失了。

在印度，银行业务整体上受到了教派或种姓的严格控制。在印度，在国家分立时期，政治信贷是由银行筹措的，不过随着莫卧儿帝国的成立，这种情况就结束了。因此，只有在涉及政府预算和通过贷款来预支收入时才会进行政治货币交易。现代，印度和中国的银行职能依旧以支付业务和小额或临时信贷业务为主。这里没有系统的商业信贷，也没有能够利用贴现政策的任何商业组织。亚洲本土商业只涉及支票和各种各样的支付转让书，不过并没有汇票。此外，中国银行家依旧对本位制的监管享有垄断，这一现象出现的原因是中国的票据发行与使用比较混乱。

第二十一章
前资本主义时期的利息

最初，利息只是国际法律或联邦法律中的一种现象。在部落村庄或氏族共同体中，利息或贷款是并不存在的，因为当时并不存在为了付款而进行的价值转移。在经济生活中使用的外部资源是以邻里帮助的形式提供的，例如，与房屋建筑有关的邀请劳动或紧急情况下的支援活动，这类活动都以无偿帮助氏族兄弟的责任为基础。甚至罗马的消费借贷（一种没有利息的贷款）也是从这些原始风俗遗留下来的痕迹。宗教团体借鉴了这种在需要时提供帮助的义务，并将该义务强加给有着相同信仰的兄弟，这个义务由此得到推广。最著名的例子就是以色列人的事例。在西方人看来，犹太人特殊而又让人反感的原因并不是他们收取利息，世界各地的人都有收取利息，包括中世纪的修道院，而是他们只对异族人收取利息，但他们之间却不收取利息。

《摩西五经》禁止向兄弟收取利息或放高利贷，这一禁令的提出部分是因为军事原因，部分是因为宗教原因。首先，氏族兄弟不能因债务而被监禁，更不能因此让军队受到损失。因此，古代埃及宗教原则将此归因到穷人的诅咒，即一种带有神权的特殊力量，而且该思想之后被写入《申命记》中。在内在道德与外在道德之间由此树立起来的区别在教徒被放逐后依旧留存了下来。在以色列人变成犹太教徒之后，虽然可以向异族人（Gojim）收取利息，但同胞之间依然不能收取利息。因此，迈蒙尼德（Maimonides）之后提出这样一个问题：犹太人是否有义务向他们收取利息。[1]

禁止向兄弟收取利息的规定也是早期伊斯兰教和婆罗门教的特征之一。无论在任何地方，利息来自借给部落之外的人的借款，或阶级之间的借款。从这一点来说，债权人与债务人之间的差别最初是居住在城市的贵族与居住在乡村的农民之间的差别。中国、印度和古罗马的情况也是这样，而且在《旧约全书》中，该概念也占据主导地位。禁止收取利息这一禁令的可行性取决于这样一个事实，即所有的信贷最初都是紧急借贷，且纯粹是为了消费，由此，与工匠师傅阶级的利息要求相反的兄弟责任思想产生。此外，另一个因素是在禁止收取利息的警告之后还存在一项强烈的军事利益，因为债务人正面临着成为无地贫民的危险，而这些贫民是没有能力为自己配备战争装备的。

具体财产的借贷的出现提供了打破禁止授予利息这一禁令的机会。首先出现的是牲口借贷。在游牧民之中，有产者与无产

---

[1]　此外，最早的基督徒的超世俗博爱原则中并不存在这种观点。教会在之后提出的利息禁令的基础是《路加福音》6：35；但根据A. 梅克斯（A. Merx）的观点，人们对《路加福音》中的内容有误解。（《按照最古老的文本解释的四福音书》，卷二，第2页，与卷一，第223页及以下。）梅克斯表示，这一误解又因亚历山大时期的克莱门特的权威而被传入《圣经》中，成为教堂后来所采取的立场的基础。

者之间的差别是非常明显的。没有牲口的人会立即成为被剥夺法律保护者，且只能期望通过牲畜借贷和牲畜饲养来重新成为正式公民。与之类似的借贷还包括种子借贷，这被认为是一种习惯做法，尤其是在巴比伦。无论在哪种情况下，借贷的对象可以产生很多的同种类物品，而且如果借贷人自己保留部分牲畜或农作物收成似乎并不是一个不公平的概念。此外，在城市生活发展起来的地方，禁止收取利息的禁令都被打破了。

在信奉基督教的西方，用于工业用途的信贷最初很少表现为收取一定利息的贷款，而是表现为一种合作。导致该制度安排出现的因素与其说是教会对高利贷的禁止，不如说是与海外商业冒险活动有关的高风险。鉴于这种风险，这类交易的主要问题不是固定的利率。相反，债权人希望分取一部分利益作为他们提供资金所冒的风险的补偿。因此，在意大利的康孟达中（即为促进海运而进行的付款，dare ad proficuum de mari），利率取决于交易的规模，以及目的港口的远近。这些原始的贸易信贷业务并没有受到教会对高利贷的禁令的影响。与海运相反的是，在陆路运输方面，按照固定利率收取利息的定额贷款成为惯例，因为陆路运输的风险要小于海外贸易。陆路平安这一准则表明资本贷款应该与企业的经营结构无关。

然而，与此同时，教会对高利贷的反对不断增强。所以，禁止收取利息的禁令不是纯自然经济时代的产物，只有在随着货币经济的发展开始失效时，该活动才达到全面发展。教皇格雷戈里九世（Gregory IX）甚至认为海运贷款也是高利贷。同样，认为教会在利益方面奉行机会主义策略并支持资本主义发展的看法也是错误的。事实上，教会反对利息的决心不断增加，且强迫很多人在临死之时将利息返还，就像现在的忏悔室强迫把偷来的物品归还给失主一样。但是，货币经济越发展，规避禁令的情况就越多，因此教会通常只能纵容这种情况。最后，15世纪，佛罗伦萨大银行家的势力壮大，反对收取利息的所有努力都成为徒劳。当时的神学试图对这一禁令做出温和的解释，但悲剧的是，拥有俗权的教会却不得不依靠收取利息的借款。

起初，在教会设立借款机构（官方当铺）之前，唯一的解决办法是依靠犹太人的货币借贷。这个方法存在这样一个特点，即这个方法可以给政治当局采用"掠夺政策"的机会，也就是，通过要求居民向犹太人支付利息对居民进行剥削，此外，国家不定期地没收利润和未了的债务，并将犹太债务人驱逐出境。这样，犹太人就被从一个城市驱逐到另一个城市，从一个国家驱逐到另一个国家。王公之间建立起了掠夺犹太人的正式组织，例如，为了分取将犹太人从一个管辖区赶到另一管辖区时获得的财务，班贝格主教与纽伦堡的霍亨索伦领主之间成立的组织。同时，教会对收取利息的态度变得越发谨慎。诚然，正式的禁令废除命令并未颁布，但在19世纪，教会的证言却一再承认在特殊情况下，收取利息是合法的。

在北欧，禁止高利贷的禁令被新教打破了，不过不是立即打破的。在加尔文教派的宗教会议中，教徒一再提出不准借款人和他的妻子参加圣餐，但加尔文（Calvin）本人却在《基督教宪章》中宣称禁止收取利息的目的只是为了保护穷困人民免于贫困，而不是为了保护借钱进行交易的富人。最后，研究古典文献学的加尔文教派的领导克劳迪亚斯·萨尔玛休斯（Claudius Salmasins）在他于1638年发布的《论高利贷》一书和之后的若干论文驳斥了禁止收取利息的理论基础。

第四部分
现代资本主义的起源[★]

★ 现代资本主义的起源[★]

★ 第四部分的参考书目——J. A. 霍布森（J. A. Hobson），《现代资本主义的演变》，第2版，伦敦，1906；L. 布伦塔诺（L. Brentano），《现代资本主义的开端》，第4版，共2卷，慕尼黑和莱比锡，1922；G. 施穆勒，《企业的发展历史》，载《法律、行政管理和经济年鉴》，卷十四—十七（1890—1893）；A. 托因比（A. Toynbee），《浅谈18世纪英国的工业革命》，伦敦，1884；W. 桑巴特，《19世纪的德国经济》，第3版，柏林，1913。

第二十二章
现代资本主义的含义与前提条件

在人类群体需求的工业供应是通过企业方法进行时，无论涉及哪些需求，资本主义开始出现。更具体地说，一个合理的资本主义企业就是一个采用资本会计制度的企业，也就是按照现代簿记方法和试算平衡方法进行计算，从而确定盈利能力的企业。平衡法最早是由荷兰理论家西蒙·史蒂文（Simon Stevin）在1698年提出的。

无须说，个体经济可以按照资本主义路线实现不同程度的发展。一部分经济供应可以按照资本主义方式组织，而其他部分的经济供应则需要按照手工业或庄园的形式组织。因此，在很早的时候，热那亚城市的部分政治需求，即进行战争的需求，是按照资本主义方式，通过股份公司满足的。在罗马帝国，首都居民的粮食供应是由官员负责的，而这些官员不仅拥有对下属的管辖权，为此还拥有支配运输组织的服务的权利。这样，经理制或强迫贡献类型的组织被与公共资源的管理结合了起来。现在的情况和过去的大部分时期不同，我们的日常需求都是以资本主义方式供应的，但我们的政治需求是通过强制贡献，也就是通过市民政治责任（军役、陪审团义务等）的履行来满足的。只有通过资本主义方式组织的需求供应占据主导地位，以至于如果该组织形式消失，整个经济系统将会崩溃时，这整个时代可以被称为典型资本主义时代。

虽然在历史的所有阶段都存在各种形式的资本主义，但通过资本主义方式供应日常需求只是西方国家的特征，而且就是在西方国家，资本主义方法是在19世纪中期开始才成为不可避免的方法的。在前几个世纪出现的此类资本主义萌芽仅仅只是先兆，甚至16世纪具有资本主义特征的企业也是如此，就算这些企业从当时的经济生活中消失，也不会引起什么重大变革。

现代意义上的资本主义存在的最基本前提条件是与日常需要供给相关的所有大型工业企业都采用合理的资本会计制度。此类会计涉及以下几点。第一，作为自主经营的私人工业企业可以自由处置的财产的所有物质生产手段（土地、设备、机械、工具等）的占有。这种现象只在我们这个时代存在，而且只有军队在这个方面是个例外。第二，市场自由，也就是市场中不存在对贸易的不合理限制。此类限制可能具有阶级特性，例如一个特定阶级有规定的生活方式或消费被按照阶级标准化，或存在阶级垄断，例如城市居民不能拥有地产，或者骑士或农民不能经营工业——在这些情况中，自由劳动市场和商品市场均不存在。第三，资本主义会计核算的前提条件是存在合理的技术，也就是最大限度减少计算的技术（这意味着机械化）。这一项还适用于生产和商业，即生产和商品流通的支出。第四项特征是拥有可比较的法律。如果想要合理运营，工业组织的资本主义形式必须能够依靠可比较的判断和管理。无论是在希腊城邦时代，还是在亚洲世袭制国家，还是在直到斯图亚特王朝时期的西方国家，这个条件均未得到满足。皇室的"廉价正义"和皇室赦免为经济生活的计算带来了无尽的干扰。英格兰银行适用于共和国而不适用于君主专制国家的说法与当时的条件相关。第五项是自由劳动力。必须存在在法律方面可以，且在经济方面被迫在市场上自由出卖自己的劳动力的劳动者。这与资本主义的实质相矛盾，但如果没有这类无产阶级（即被迫以出卖自己的劳动服务为生的阶级），资本主义是无法得到发展的。而且，如果只可能使用非自由劳动，资本主义也是无法得到发展的。只有在存在自由劳动情况下，合理的资本主义计算才有可能存在。只有在形式上是自愿，但实际上是因为饥饿而被迫出卖劳动的劳动者存在时才有可能根据事先约定的协议明确确定产品的成本。第六项也是最后一项是经济生活的商业化。这一项是指普遍使用商业工具表明对企业和财产所有权享有的权利。

总而言之，必须能够完全依靠市场机会和净收入计算来实现各种需求的满足。该商业化特征与资本主义的其他特征一起加剧了另一个尚未提及的特征（即投机）的重要性。只有在财产采用流通证券的形式后，投机才具有极大的重要性。

第二十三章
资本主义演化中的外部事实 [1]

    商业化涉及：第一，代表公司股份的证券出现；第二，代表对收入的权利的证券，尤其是国家债券和抵押借款形式的债券。这种发展只在现代西方国家出现。在古代，罗马收税员的股份委托公司中存在这类证券的前身，收税员就是通过此类股份证券向公众分配利益的。但这只是一个孤立的现象，对罗马生活中的供应、需求没有任何影响，就算这种证券完全不存在，当时的罗马经济生活状况也不会发生改变。

    在现代经济生活中，信用票据的发行就是合理聚集资本的一种手段。股份公司尤其属于这一范畴。这代表着两种发展路线的顶点。首先，为了预期收入可将股份资本集中起来。政治当局

    [1] 一般参考书目——W. 桑巴特，《现代资本主义》，慕尼黑和莱比锡，1916；J. 斯特里特尔（J. Strieder），《中世纪和现代初期的卡特尔、独资和股份公司等资本主义组织形式的研究》，慕尼黑和莱比锡，1914；朱利叶斯·克莱因（Julius Klein），《城市——西班牙经济史研究，1273—1836年》，坎布里奇（马萨诸塞州），1920；J. 戴维斯与S. 戴维斯，《美国公司早期历史论文集》，共2卷，坎布里奇（马萨诸塞州），1917；G. 考斯顿（G. Cawston）和A. H. 基恩（A. H. Keane），《早期特许成立的公司》，伦敦，1896；R. 缪尔（R. Muir），《英属印度的组成，1756—1858年》，曼彻斯特，1915；P. 博纳西厄（P. Bonnassieux），《大商业公司》，巴黎，1892。

希望获得对一定数额的资本的掌控，并知道该资本预计可以带来
多少收入，因此它将自己的收入出售或出租给股份公司。热那
亚的圣乔治银行就是此类金融活动的最典型事例，而且德国各城
市的收益凭证，特别是佛兰德斯的国库券也属于这一类。这一制
度的重要意义在于向希望分享经济利益的参与者筹集贷款，取代
最初通常以强制性法律来满足国家需求（通常没有利息并且经常
永远无法偿还）的情况。国家的战争成为有产阶级的一种业务活
动。在古代，有较高利息的战争借款并不存在，如果属民不能够
提供必要的财产，国家需要向外国金融家求助，而外国金融家提
供借款的条件是获得对战利品的权利。如果战争失败，他将失去
他提供的钱款。通过普遍经济利益为国家，尤其是战争筹措钱款
的措施是中世纪，特别是城市的发明。

在经济方面更重要的另一个组织形式是为商业企业筹措资金
的组织形式——不过，从这个开端开始向现代工业领域中最熟悉
的组织形式（即股份公司）的演化是非常缓慢的。在此需要对此
类组织的两种类型进行区分：第一种是超越单独商行的资源实力
的区域间大型企业，第二种是区域间殖民事业。

对于个体企业主没有能力提供资金的区域间企业，由群体
提供资金是最典型的做法，这在15世纪和16世纪的城市经营中尤
其常见。城市本身也会开展一些区域间贸易，但在经济史中，另
一种情况具有更重要的意义，即城市邀请公众参与它们组织的商
业企业。这是在相当大的范围内进行的。在城市向公众发出呼吁
时，由此组织起来的公司会被迫允许市民加入，因此，股份资本

的数额是不受限的。通常，第一次筹集的资金是不足的，因此需要进行额外的筹资，而现在，股东依据他们各自的股份承担有限的责任。城市通常会规定个人出资的最大限额，以确保所有市民都可以参与。这通常是根据所付税款或个人财富将市民划分为不同的团体，并保留各个阶级的资本投资份额。与现代的股份公司不同，投资往往是可以撤销的，而个人的股份则不是可以自由转让的。因此，整个企业只代表萌芽时期的股份公司。政府通常对业务经营进行监督。

这种形式的所谓的"受管制"公司是常见的，尤其是在铁制品贸易中，像施泰尔的情况一样。这在布料贸易中也非常常见，正如伊格劳的情况一样。上文提到这种组织机构的结果是不存在固定资本，而且就像在工人组织中一样，缺乏现代意义上的资本会计核算。股东不仅是商人，还包括王公、教授、侍臣，以及严格意义上的公众（他们为了获得巨大利润而乐意参与）。利润分红的方法是完全不合理的：仅根据毛利润进行分配，没有保留任何类型的储备金。只要消除官方控制，现代股份公司就会出现。

大型殖民公司构成了现代股份公司发展中的另一个初期阶段。其中具有最深远意义的是荷兰东印度公司与英国东印度公司，这两家公司都不是现代意义上的股份公司。由于各省的市民相互嫉妒，荷兰东印度公司通过在各省分配股份的方法从各省筹集资金，而不是允许任何一个城市购买所有的股份。政府（也就是联邦政府）参与公司的管理，尤其是因为它保留了将该公司的船只和大炮用于自己的目的的权利。现代意义上的资本会计核算是不存在的，股份自由转移也是不存在的，不过与股份自由转移有关的相对广泛交易很快就出现了。正是这些成功的大公司使股份资本成为众所周知且广受欢迎的办法，所有欧洲大陆国家都效仿了这类办法。国家创立并为此授予特权的股份公司可以监管参加商业企业的一般条件，而国家则对业务活动的各个细节进行监管。直到18世纪，年终余额清算和库存盘点才成为惯例，而这些办法得到认可的原因是很多公司破产。

除了通过股份公司为国家需要筹措资金之外，国家还可以通过自己的措施直接筹措资金。最初，该措施是以资源抵押为基础的强制借贷和以预期收入为担保的债券发行。中世纪的城市以固定财产和征税权力作抵押，通过债券获得了额外收入。这些年金债券可被视为现代统一公债的先驱，但这仅限于一定的范围之内，因为这种收入大部分是购买者终身享有的，而且还与一些其他对价结合。17世纪，除了这些方法以外，筹集资金的需求又促使了很多权宜之计的产生。君主利奥波德一世曾试图筹集一份骑士贷款，派遣多名使者去邀请贵族认购。但他收到的大部分回复是将这项指令转给有钱人的劝告。

如果想要理解德国城市在直到中世纪末期这段时间的金融运作，我们必须记住这样一个事实：当时并不存在诸如有序预算之类的东西。各个城市，与土地领主一样，都是过着周复一周的生活，就像现代的小家庭一样。支出是随着收入即刻调整的。而包税办法可以帮助克服没有预算的管理中的困难。这可以让行政管理当局明确他们每年能够获得的税款收入，且有助于帮助他们对开支进行规划。所以包税是财务合理化的突出手段，而且欧洲国家起初是临时，之后开始长期使用该方法。包税方法还使得为了战争目的而对公共收入贴现成为可能，因此在这方面具有特殊的重要意义。意大利各城市在失去自由之后才实现了税务的合理管理。意大利贵族是第一个按照当时通用的商业簿记原则管理财务的政治机构，不过当时还不包括复式簿记法。这个制度从意大利各城传播到了国外，并经由勃艮第、法国和哈布斯堡各邦传到德国领域内。纳税人要求整顿财务的呼声最高。

合理行政管理形式的第二个起点就是英国的国库体制，稽核一词就是这个体制遗留下来的痕迹。这是一种在没有数字计算工具时被用于计算国家应收款项的方格图案方法。不过，人们通常不是通过设定包含所有收入和支出的预算来进行财政管理的，而是采用一种专用基金制度，即某些收入被专门用于特定支出，且专为该用途征收。采用该方法的原因是王公权利与平民之间存在矛盾。平民不信任王公，认为这是帮助他们防止王公将税款用于统治者的私人目的的唯一方法。

16世纪和17世纪，王公的垄断政策中出现了促进财政管理合理化的另一种力量。王公自己掌握一部分商业垄断权，并出让一部分垄断特权，当然，授予垄断特权的条件是向政治当局缴纳一大笔款项。例如，位于奥地利卡尔尼奥拉省的伊德里亚水银矿的开采——鉴于白银的汞齐化方法的广泛应用，这些水银矿具有极大的重要性。这些水银矿一直是哈布斯堡王室的两个分支长期争夺的对象，且为德国和西班牙王室提供了巨额收入。垄断特权授予政策的第一个事例是君主腓特烈二世试图在西西里岛建立粮食垄断权。这个政策在英国得到了最广泛应用，并由斯图亚特王朝予以特别系统地发展。但这个政策也是在议会的抗议下最先被废除的。在斯图亚特王朝时期成立的所有新工业和企业都与王室特许经营有关，且被授予了垄断权。国王通过特权授予获得了巨大的收入，这为他提供了与议会进行斗争所需的资源。但是，在议会最终取得胜利之后，这些为财政目的而建立的工业垄断都瓦解了，几乎无一例外。这证明了像一些作者一样认为现代西方资本主义是王公垄断政策的产物是不正确的。[1]

[1] 参考H. 莱维（H. Levy），《经济自由主义》（英译本，伦敦，1913）。

第二十四章
第一次大投机危机[1]

　　我们已经了解到资本主义企业的特征和前提条件包括如下几项：企业主对物质生产手段的占有、市场自由、合理的技术、理性法、自由劳动和经济生活的商业化。除此之外，另一个诱因是投机，在财产可以被可自由流通票据替代之后，这一因素变得非常重要。这一因素引起的巨大经济危机就是其早期发展的标志。

　　1630年的荷兰郁金香狂热通常被认为是大投机危机之一，但这不应该被包含在内。郁金香曾成为通过殖民贸易富有起来的贵族的奢侈品，而且在此之后，郁金香的价格突然上涨。公众被可以简单获得利润的愿望误导，而且在同样突然出现的狂热衰退之后，很多人都受到了毁灭性的打击。但是，所有这些对荷兰的经济发展并没有深远意义。在各个时期，所有与赌博有关的东西都成为投机的对象，且会导致危机。不过，18世纪20年代，苏格兰

---

　　[1]　一般参考书目——W. R. 斯科特（W. R. Scott），《1720年花钱的英格兰、苏格兰和艾尔兰股份公司的制度与财政》，共3卷，剑桥（英国），1910—1912；A. 阿夫达里昂（A. Aftalion），《法国、英国和美国的周期性生产过剩危机及周期性循环》，巴黎，1913；M. 布尼亚蒂安（M. Bouniatian），《英国贸易危机历史》，慕尼黑，1908；N. A. 布里斯科（N. A. Brisco），《罗伯特·沃波尔的经济政策》，纽约，1907。

人约翰·劳（John Law）和法国的大投机，以及同时代的英国南海投机却是另一回事。

在大国的财政管理中，通过发行之后可赎回的证券来预计收入的方法是长期以来的习惯办法。受西班牙继位战争的影响，英国和法国的政府财政需求达到了异常高的程度。英格兰银行的建立满足了英国的财政需求。但在法国，国家已经负债累累，而且在路易十四逝世之时，没有人知道如何处理这些债务。在摄政时期，约翰·劳认为自己从苏格兰银行的成立中得到了一些心得，提出了关于金融事务的理论。但不幸的是，他没有机会在英国试行自己的理论。他认为通货膨胀（也就是流通手段的极大增加）是对生产的一种刺激。

1716年，约翰·劳获得了成立私立银行的特许，这个特许起初并没有特殊性质。它只规定必须接受以国家信用债券缴纳的资本，并且应该接受以银行票据缴纳的税款。与英格兰银行不同的是，对于如何取得定期而又可靠的收入来维持其发行票据的流动性，这没有明确的计划。结合这家银行，约翰·劳创建了密西西比公司。路易斯安娜领地需要获得至多一亿里弗[1]的资金支持，为此，该公司接受了相同数额的国家债券作为股份认缴金额，并由此换得了该地区的贸易垄断权。只要对路易斯安娜领地计划进行检查，我们会发现这样一个事实：路易斯安娜领地需要一个世纪的时间才能够产生足够的收入来偿付资本。最初，约

---

[1] 大革命前法国货币本币单位。

翰·劳打算开展与东印度公司类似的事业，但完全忽略了这样一个事实，即与印度不一样，路易斯安娜领地并不是一个文明古国，而是一个印第安人定居的森林荒地。

1718年，在发现一家愿意承包间接税款的股份公司对他造成竞争威胁后，劳将密西西比公司与印度公司合并起来。新公司主要负责与中国和印度进行贸易，但没有政治权力可以保证法国能够在早已被英国占据的亚洲贸易中立足。不过，摄政政权向劳授予了铸币权和所有税款的承包（涉及国家生死的大权），以换取利率为3%的贷款，这笔贷款被用于偿还庞大的流动债券。此时，公众开始了不理智的疯狂投机。在第一年，股息达到200%，股票的价格从500涨到了9 000。这个发展阶段只能以以下事实解释：因为当时并不存在系统交易机制，所以卖空交易是不可行的。

1720年，劳成功为自己获得了财政总监的职位。但是，他的整个企业很快就解体了。国家规定约翰·劳银行券为唯一合法货币，但该方法无效。之后，国家试图通过严厉限制贵金属交易来维持其公司，但该方法依旧无效。劳的失败是不可避免的，这是因为路易斯安娜领地的贸易和与中国或东印度的贸易产生的收益不足，甚至都无法支付一部分资金的利息。虽然该银行业接收存款，但它没有可转换成现款的外部资源进行偿付。银行最终以完全破产结束，而且它发行的票据失去价值。这造成的结果就是给法国公众带来了长久打击，但在这时，发给持票人的可自由转让的股份证书得到了推广。

在同一年，英国也出现了类似的现象，不过英国的发展过程并不像法国那样狂热。在英格兰银行成立后不久，竞争制度概念开始流行起来（1696年）。英格兰银行是一项土地银行项目，作为该项目的基础的思想与之后体现在德国土地建议中的思想一样，即使用土地信用而不是汇票作为银行券的准备金。但是，因为英国缺乏必要的流动性，这个项目没有得到开展。不过，这并没有阻止托利党人在1711年辉格党政府倒台以后采取与约翰·劳在之后几年所遵循的路线相似的路线。

英国贵族希望建立一个集中力量来与英格兰银行的清教徒基础对抗，同时偿还庞大的公债。为此，南海公司成立，为国家提供了大量预付款，以此换取了南太平洋贸易的垄断权。英格兰银行也没有精明地置身于该项目之外，它甚至与创建者互相抬价，但因为托利党人出于政治上的敌对而拒绝它的参与，该银行的建议未被采纳。

事情的进展与约翰·劳设立的机构的历程相似。对于英格兰公司，银行破产也是不可避免的，因为南海贸易的利润不足以支付垫款的利息。但在这种情况出现之前，就像在法国的情况一样，投机活动促进了可转让证券的产生。最终结果是大量财产被耗尽，而很多冒险家却满载而归，而且国家（以一种不是很光彩的方法）实现了利息负担的大幅度减轻。英格兰银行仍然保持着原来的声望，成为以合理汇票贴现为基础，且因此拥有必要的资金流动性的唯一金融机构。其之所以如此，是因为汇票仅代表已经售出的货物，而且除了伦敦以外，其他地方都没有定期、充足的货物周转。

从那时开始，类似的投机危机也有发生，但从未达到过如此规模。合理投机的第一次危机是在100年以后，也就是解放战争结束后出现的，而且自此之后，几乎每间隔10年就会出现一次这种危机——1815年、1825年、1835年、1847年等。正是鉴于这些危机，卡尔·马克思在《共产党宣言》中预言了资本主义灭亡。这些危机中的首次出现以及之后的定期重复出现是以投机的可能性和外部利益相关方在大型商业企业的参与为基础的。

危机的发生是由这样一个事实引起的，即由于过度投机，生产资料（但不是生产本身）的增长快于商品消费需求的增长。1815年，欧洲大陆封锁解除的预期导致了建厂热潮，但战争对欧洲大陆的购买力造成了严重破坏，欧洲大陆已经无法消化英国的产品。虽然该危机被勉强解决，而且欧洲大陆的购买力开始发展，但在1825年，新的危机还是发生了，这次危机发生的原因是生产资料（而不是商品）被投机生产出来，规模超出了之前规模，而且超出了需求。

这种规模的生产资料的制造成为可能的原因是随着19世纪的到来，铁器时代开始。炼焦工艺的发明、高炉和更大深度的采矿作业都促使铁成为生产资料制造的基础，而在18世纪，所有的机械都是使用木料制造的。这将生产从自然所造成的基本局限中解放出来。但与此同时，危机成为经济秩序中亟待解决的问题。广泛性意义上的危机包括长期失业、贫困、市场供应过多和可以摧毁工业生活的政治动乱等，这些危机是随时随处都存在的。中国或日本的农民在遇到饥荒时会认为老天不帮助他们，或他们得罪了神灵，因此上天不让他们风调雨顺。而在西方，在最贫苦的劳动者看来，危机是由社会秩序引起的。这两个看法之间存在很大差异。在第一种情况下，人们会求助于宗教信仰；而在第二种情况下，人们会认为人类的做法是错误的，劳动人民因此会得出需要进行变革的结论。如果没有发生危机，合理的社会主义就不会产生。

第二十五章
自由批发贸易[1]

18世纪，批发商最终与零售商分离，构成了商人阶级的一个固定分支。然而，例如汉撒同盟的商人还不是典型的批发商。批发贸易具有重要意义，首先是因为它涉及新的商业形式。其中一种新形式是拍卖，这是进口批发商尽快实现货物交易，并获得国外付款的一种方式。代替集市成为一种建制的典型出口贸易形式是委托贸易。委托贸易就是把将要出售的货物交付给第三方（即受托人），受托人必须按照委托人的指令进行货物销售。这样，受托人和委托人并不像早期贸易商那样在集市中见面，而是以投机的方式将货物运到国外。委托贸易的一个积极前提条件是在目的地确定有正式的外汇牌价，因为如果没有，委托贸易将会面临极高的风险。一个消极的条件是以货样为基础的贸易还没有出现，因此购买者必须亲自验货。委托贸易一般是海外贸易，这种

---

[1] 一般参考书目——桑巴特，《现代资本主义》，卷二，第429页及以下；《社会科学大词典》（第3版，卷三和卷四）中的词条"股票交易市场"（由R. 艾伦贝格编写）和"市场与量度"［由K. 拉特根（K. Rathgen）编写］；《社会科学大词典》（第3版，卷六）中的词条"邮政"［由P. D. 费舍尔和M. 阿兴博恩（M. Aschenborn）编写］；J. C. 荷母梅翁（J. C. Hemmeon），《英国邮局的历史》，坎布里奇（马萨诸塞州），1912；《简明词典》（第三版，卷八）中的词条"公报"，由L. 萨洛蒙（L. Salomon）编写。

贸易在商人与零售商没有往来的地方非常流行。

进一步的发展包括采购代理商和销售代理商的出现，其中采购代理商负责在国外进货但并不负责验货。这类贸易的最早方式是以货样为基础的。在这一发展出现之前，外地销售就已经存在了，买进和卖出的"适销商品"必须达到传统规定质量。商品是否达到传统规定质量是由商业仲裁法庭决定的。不过，凭货样销售是远距离交易的一种特殊现代形式。这个形式在18世纪末期和19世纪的商业中发挥了重要作用。但之后，这个形式逐渐被等级标准化和规范化所取代，这使得免送货样贸易成为可能。这个新办法要求明确确定等级。正是在按等级进行贸易的基础上，投机和与货物有关的汇兑交易在18世纪才可以出现。

集市是交易所发展的一个早期阶段。集市与交易所有一个共同点，即贸易只发生在商人之间。而这两者之间的区别在于集市中的交易都是现货交易，而且集市是定期举行的。交易所与集市之间的一个中间类型是所谓的"常设集市"。16世纪至18世纪，所有的大型商业中心中都出现了名为交易所或股票交易所的机构。不过，从严格意义上说，这类交易所中尚未出现交易所交易，因为经常进出交易所的大部分商人都不是本地人，而是非常住商人，他们进出交易所是因为交易所与集市有关联，而且货物都是现货交易或按照货样交易，而不是按照标准等级交易。现代意义上的交易所交易首先出现在可流通票据与货币领域，而不是在商品领域内，因为可流通票据与货币本身就是标准化的。直到19世纪，那些可以准确划分等级的商品才进入交易所。

在成熟的交易所交易领域出现的创新是理性的期货交易或看涨式投机（即希望在交货日期之间低价买入商品而进行的卖空）。如果没有此类交易，就会发生像郁金香热潮和密西西比公司这类的危机。诚然在销售人员尚未拿到货物的时候签订交货协议的情况在之前常有发生，但这种情况一般是被禁止的，因为害怕这样会导致货物卖空，对消费者不利。任何地方的期货交易都不会像现代交易所中的交易那些系统有序，而在交易所中，看涨式投机与看跌式投机一直都是对立存在的。期货交易的第一个对象就是货币，尤其是纸币和银行票据、国家年金债券和殖民地票据。因为人们对政治事件的影响或企业利润可能存在不一样的观点，这些票据成为投机活动的适当对象。相比之下，最初的市价表上没有工业票据。随着铁路的兴建，这类投机出现了巨大扩张，与铁路修筑有关的票据首次引起了投机活动的热潮。19世纪，一些商品（包括粮食，一些可大批量买卖的殖民地产品，其他获取）被列入交易所投机贸易范围内。

对于以这种方式进行的批发贸易发展，特别是投机贸易来说，存在足够的通讯社和商业组织是必不可少的条件。不过，诸如构成现代交易所业务基础的那些公共通讯社发展得非常晚。18世纪，不仅英国议会对它的议程保密，就连自视为商人俱乐部的交易所也对他们的信息采取同样的保密政策。它们担心物价的公开会引起反感，从而对它们的业务造成损害。报业机构也是直到很晚才开始为商业服务。

报业机构不是资本主义产物。它们起初从世界各地搜集政治新闻，之后开始主要搜集各种奇闻逸事。不过，报纸在很晚才开始刊登广告。报纸之前并不是没有完全没有刊登过广告，但最初的广告只是与家庭公告有关，而作为商人为寻找市场而发出的通知的广告在18世纪末才正式出现——在一个世纪以来一直占据世界第一的《泰晤士报》中首次刊登。直到19世纪，正式的物价表才开始普遍出现。最初，所有的交易所都是封闭的俱乐部，正如美国至今一直在实行的交易所一样。所以在18世纪，业务的开展主要依靠有组织的信件交换，如果没有可靠的信件传递，地区间的合理贸易是办不到的。信件传递部分是由商业行会完成的，部分是由屠宰者、车轮修造工等完成的。信件传送合理化的最后阶段是通过邮局实现的，邮局负责收取信件，并与商家签订有关信件传递的价目合同。在德国，持有邮局特许经营权的图恩家族和塔克西斯家族（Thurn and Taxis）促使信件传递合理化取得显著进展。不过，最初的信件往来数量非常少。1633年，英国的全国往来信件只有一百万封，等于现在一个拥有4 000人口的地区的信件往来数量。

在开始兴建铁路之前，商业组织领域内没有发生任何变化，至少在大体上没有发生变化。与中世纪末期的威尼斯船只相比，18世纪的远洋船舶的排水量只是稍大一些。军舰的数量有所增多，而且战舰的体积也已经增加。这推动人们不断增加商业船只的数量和体积，但在木质结构时代，这一推动力并没有带来太大影响。船闸的构建为内河航运提供了便利，但直到19世纪之前，该行业一直保留了行会组织，因此没有出现惊人的创新。陆路运输也一如从前。邮政行业的出现并没有带来任何变革，因为邮政行业仅仅负责信件和小包裹的递送，并没有参与对经济生活具有决定性影响的大规模生产。

只有道路得到了极大的改善，这是通过收税关卡的兴建实现的。在这方面，由苏利公爵掌管财政的法国政府起到了带头作用，而英国则是将道路承包给收取通行费的私人企业家使用。收税关卡的建立在商业生活中引起了一项革命，而且在铁路兴建之前，没有任何一项变革能够与这次革命比拟。当然，当时的道路交通密度与现代的道路交通密度不可同日而语。1793年，经过吕内堡的马匹共有70 000匹，而在1846年，德国境内用于货物运输的马匹只有40 000匹。陆路运输的费用是之后的铁路运输费用的10～20倍，是同一时期的内河航运费用的3～4倍。德国的陆路运输量最高为5亿吨／千米，而在1913年，铁路运输量为670亿吨／千米。

就一般经济生活，而不是仅仅就商业而言，铁路是历史中最具革命性的一种工具，但铁路出现的基础是铁器时代的开始，而且与很多其他东西一样，铁路也是王公和朝臣的玩物。

第二十六章
16世纪至18世纪的殖民政策[1]

在这里，我们需要探讨对广阔的非欧洲领域进行的占有和剥削在现在资本主义发展中的意义。不过，我们在这里只能提及较早的殖民主义政策的最突出特点。欧洲国家通过对殖民地的攻占获得了大量财富。这种累积手段就是垄断殖民地的产品、殖民地的市场（也就是将货物运到殖民地的权利），以及在祖国和殖民地之间进行运输的利润。1651年英国的《航海法》对最后一项垄断提供了特别保证。所有国家的财富累积都是靠武力实现的，无一例外。不过，每个国家采取的方法可能不同：有的国家通过自己的机构对殖民地进行管理，以直接从殖民地获取利润；有的国家将殖民地分包给公司，以换取一份款项。我们可以发现两种剥削方式：在西班牙和葡萄牙属殖民地采用的封建剥削方式，以及荷兰与英国属殖民地采用的资本主义剥削方式。

---

[1] 一般参考书目——H. 梅里韦尔（H. Merivale），《论殖民与殖民地》，第2版，伦敦，1861；H. E. 莫里斯（H. E. Morris），《从古至今的殖民历史》，共2卷，伦敦，1904；G. L. 贝尔（G. L. Beer），《旧殖民制度，1600—1754年》，共2卷，纽约，1912；A. 萨托利乌斯·冯·特肖森（A. Sartorius von Waltershausen），《英属北美殖民地的劳工宪法》，斯特拉斯，1894；St. B. 威克斯（St. B. Weeks），《南部贵格会与奴隶制》，巴尔的摩，1898。

封建殖民形式的先驱尤以位于黎凡特区域内的威尼斯和热那亚的殖民地，以及圣殿骑士团的殖民地为代表。在这些殖民地中，获得货币收入的方法是将需要开发的区域划分、分封，从而进行剥削，例如在西班牙采用的"监护征赋制度"。

资本主义殖民地逐渐发展成了种植园。所需的劳动力由土著提供。这种劳动制度已经在亚洲和非洲取得了有利结果，因此，欧洲国家认为在转移到海洋彼岸的殖民地时，这个制度的适用机会似乎可以大幅扩大。然而，美洲的印第安人完全不适应种植园劳动，[1] 于是人们开始将黑奴运到西印度群岛，用黑奴取代印第安人，黑奴进口也逐渐成为一项大规模的常规商业活动。[2]这类贸易是基于奴隶贸易特权（买卖黑奴合同）进行的，最早的一个此类特权是查理五世在1517年授予佛兰芒人的。一直到18世纪，这些奴隶贸易特权在国际关系中发挥着重大作用。在《乌特勒支条约》中，英国排除其他国家，获得了向南美洲中的西班牙殖民地输送黑奴的权利，但与此同时，英国也承担了输送特定最大数量黑奴的义务。奴隶贸易的影响是巨大的。据估计，19世纪初期，生活在欧洲殖民地中的奴隶大约有700万人。奴隶的死亡率也非常高，19世纪，奴隶的死亡率达到25%，更早时期的死亡率是这个数值的数倍。1807年至1848年，又有500万名奴隶被从

---

[1] 黑人也有类似情况，他们在最初也表明不适用工厂劳动和机械操作；他们大多数会昏睡过去。这个事例说明在经济史中确实存在民族区别。

[2] 奴隶贸易的主要支持者最初是阿拉伯人，他们直到现在还在维持着在非洲的地位。在中世纪，犹太人和热那亚人开始平分这一业务；之后，葡萄牙人、法国人和英国人开始参与这项业务。

非洲运出，从非洲运往海外的奴隶的总数相当于一个欧洲强国在18世纪的人口数。

除了黑奴之外，还有白人半奴隶，即"契约奴仆"。这类奴仆在英属北美洲殖民地尤其众多，17世纪，那里的白人半奴隶的数量超过了黑奴的数量。这类奴仆部分来自被放逐的罪犯，部分来自贫困的可怜人（这些穷人希望通过这种方式挣得数目不菲的路费）。

使用奴隶劳动的利润是非常大的。据估计，18世纪的英国，每名奴隶每年可赚取15～20英镑。奴隶劳动的利润取决于严格的种植园纪律、对奴隶的无情驱使和不断的奴隶进口（因为奴隶本身不会繁育），以及对农业资源的开发。

通过殖民地贸易实现的财富累积对现代资本主义的发展没有太大意义。必须强调的是，这个事实与维尔纳·桑巴特（Werner Sombart）的观点相反。的确，殖民地贸易使得大量财富的累积成为可能，但这并没有促进西方劳动组织形式的发展，因为殖民地贸易的基础是剥削原则，而不是通过市场运作获得收入的原则。此外，据我们所知，例如在孟加拉国，英国的驻守费用是运往该地区的所有货物的货币价值的五倍。因此，在当时的情况下，殖民地为国内工业提供的市场是相对不重要的，主要利润来自运输业务。

在奴隶制度被废除时，资本主义的殖民地剥削方法也被废除。道德上的动机只是奴隶制废除的部分原因。持续、一致反对奴隶制的唯一的基督教教派是贵格会。卡尔文派、天主教和所有其他教派都未曾不屈不挠地提倡废除奴隶制。在奴隶制废除方面具有决定性意义的事件是北美殖民地的丧失，而且甚至是在独立战争期间，北美殖民地就开始禁止奴隶制。北美殖民地反对奴隶制实际上出于纯民主政治原则，因为人们希望阻止种植园制度与种植园主贵族政治的发展。表现为清教徒对任何形式的封建制度反感的宗教动机也发挥了一定的作用。1794年，法国国民工会基于政治平等主义宣布废除奴隶制，其中的政治平等主义被以适宜的理论掩盖了起来。在此期间，维也纳议会在1815年开始禁止奴隶贸易。随着主要奴隶消费区域（即北美殖民地）的丧失，英国的奴隶贸易利润显著减少。这些国家的议会法令使得英国能够抑制外国奴隶贸易，同时可以进行活跃的走私贸易。1807年到1847年，在政府的默许下，500万人被以走私的方式从非洲运到了英属殖民地。直到1833年的议会改革之后，英国及其所有殖民地才真正开始禁止使用奴隶，而且该禁令才得以认真实施。

16世纪到18世纪，奴隶制度在欧洲国家的财富积累方面发挥了重要作用，但在欧洲的经济组织方面，奴隶制度并没有发挥太大的作用。奴隶制度引起了大量年金领受者的产生，但在促进资本主义工业组织与资本主义经济生活组织的发展方面的作用甚微。

第二十七章
工业技术的发展[1]

要对工厂概念进行明确的定义不是一件容易的事情。说起工业，我们会立即想到蒸汽机和劳动机械化，但机器的先驱是我们所说的"器械"——需要按照机器使用方法使用，但通常使用水力驱动的劳动器械。机器与器械之间的区别在于器械为人支配，而对于机器，这个关系是反过来的。不过，现代工厂的真正突出特征一般并不是使用的劳动工具，而是劳动场所、劳动手段、动力来源的所有权集中到同一个人手中，也就是集中到企业者手中。18世纪之前，这些所有权的组合是非常罕见的。

虽然英国效仿了其他国家的做法（例如意大利），英国的发展决定了资本主义演化的特征。通过对英国发展的追溯，我们可以发现如下阶段。（1）可以确定的最早的真正工厂（不过该工厂依然采用水力驱动）是1719年的一家丝织厂，该工厂位于

---

[1] 一般参考书目——A. 离德勒（A. Riedler），《技术的历史与未来意义》，柏林，1900；L. 贝克（L. Beck），《关于铁的历史》，共5卷，布伦瑞克，1884—1903；查斯·巴贝奇（Chas. Babbage），《论机械与制造业经济》，伦敦，1832；G. 冯·舒尔策·格弗尼茨（G. von Schulze-Gaevernitz），《大型企业、经济与社会进步》，莱比锡，1892；桑巴特，《现代资本主义》，卷一，第482页及以下和卷二，第609页及以下的综述；L. 达姆施泰特（L. Darmstaedter），《自然科学与技术的历史手册》，柏林，1908。

德文特河畔，且在德比附近。这家丝织厂是基于特许建立的，该工厂所有者借鉴了意大利的创新。在意大利，有各种财产关系的丝绸制造厂早已存在，但工厂的产品只能满足奢侈的需求，而且只是没有现代资本主义特征的时代的产品。不过，我们还需要在这里提到这些工厂，因为劳动工具、所有生产材料和产品都归企业主所有。（2）在使用水力驱动且同时可以运转一百个线轴的器械被发明之后，羊毛加工厂在获得特许后成立（1738年）。（3）亚麻混织产品生产的发展。（4）斯塔福德郡的试验促使陶瓷工业出现类似发展。陶器是在劳动场所和工具的所有权归企业主所有的情况下，按照现代劳动分工，并使用水力生产的。（5）从18世纪开始的纸张制造，纸张制造的永久基础是现代文件和报纸使用的发展。

不过，劳动机械化与合理化出现的决定性因素是棉花制造的命运。该工业17世纪从欧洲转移到了英国，并与从15世纪发展起来的古老民族工业（即羊毛工业）进行竞争，竞争的激烈程度不亚于之前发生的羊毛工业与亚麻工业之间的竞争。羊毛生产商的势力非常强大，成功实现了对亚麻混织的限制和禁止，而且直到1736年的《曼彻斯特法案》颁布之后，亚麻混织的生产才得以恢复。棉织品的工业生产最初受到这样一个事实的限制，即虽然织布机已经得到改善和扩大，但纺锤依然停留在中世纪的水平，以至于人们无法获得足够数量的纺织材料。1769年以后，纺锤技术得到了一系列的改善，这使得上述关系发生了转变，而且在水力和机械的帮助下，大量的纱线被生产出来。然而，人们依然无法按照相应的速度将纱线织成棉布。1785年，随着卡特莱特（Cartwright，是最早将科学与技术结合，从理论角度处理技术问题的发明者之一）发明了动力织布机，纺纱与织布之间的差异消失了。

　　如果没有劳动手段的革命，资本主义发展可能会停止，最具特色的现代资本主义可能不会出现。现代资本主义的胜利主要取决于煤和铁。我们知道，早在中世纪，煤炭就已经被用于消费，正如伦敦、卢提西和茨维考的情况一样。但直到18世纪，技术仍取决于这样一个现实：铁的熔化与所有制备都是使用木炭进行的。这在英国导致了森林过度砍伐问题。不过，德国没有遭受这样的命运，因为17世纪和18世纪的德国没有出现资本主义发展。无论在任何地方，森林的砍伐都会导致工业发展在某一个点陷入停滞。只有在煤炭被投入使用后，熔炼才不再依靠有机植物材料。需要注意的是，早在15世纪，第一批高炉就已经出现了，但这些高炉使用的燃料是木材，而且这些高炉仅被用于战争目的，而不是私人目的，部分与海洋运输有关。此外，15世纪，用于制造炮筒的铁刨钻床被发明出来。与此同时，重达一千磅[1]的重型夹板锤出现。该夹板锤是使用水力驱动的，所以除了被用于铸铁处理之外，还可以被用于机械锻造。最后，17世纪，现代意义上的辊轧法也得到实施。

　　进一步的发展中存在两个问题。这两个问题分别是森林的滥

---

　　[1]　一千磅约等于454千克。

伐危险，以及矿井的持续进水问题。第一个问题更加急迫，因为
与纺织行业的不断扩展相比，英国的炼铁工业正在逐渐萎缩，而
且到18世纪初期，炼铁工业看起来似乎已经到了尽头。这个问题
是通过1735年发现的煤炭炼焦法和1740年实施的高炉运作来解决
的。1784年，搅炼法被作为一种创新办法引入时，该问题得到了
进一步的解决。矿井所面临的威胁是随着蒸汽机的发明消失的。
最初的一些尝试表明可以用火将水提升到地表，而且在1670年到
1770年，以及将近18世纪末的这一段时期，蒸汽机已经可以被投
入使用，这使得生产现代工业所需的足够数量的煤成为可能。

　　上文所述发展的重要意义体现在三个结果中。

　　首先，煤和铁的使用使得技术和大批量生产不再受有机原
料的固有质量的限制，工业从此以后不再依靠畜力或植物。通过
复杂的开采过程，矿物燃料被开采出来。借助开采出来的矿物燃
料，铁矿被开采出来，而借助于矿物燃料和铁，人们才有可能将
生产扩展至之前无法想象的程度。因此，铁成为资本主义发展的
最重要因素。如果没有这项发展，这个制度或欧洲会变成什么样
就不得而知。[1]

　　其次，通过蒸汽机实现的生产过程机械化解除了人类劳动
对生产的限制。不过该限制并没有被完全解除，因为为了看管机
器，人工劳动依然是不可少的。但无论在哪儿，机械化生产过程
的引入一直都是为了一个明确目标——解放劳动力，因此所有的

---

[1] 另一方面，地下矿藏的开挖肯定受到时间限制；铁器时代的持续时间最
多不超过一千年。

新发明都意味着使用看管机器所需的较少人工劳动来替代繁杂的手工劳动。

最后，通过与科学相结合，商品的生产被从固有的传统束缚中解放出来，转而由自由运用的智慧管理。的确，18世纪的大部分发明都不是以科学的方法发明的，例如在炼焦法被发现时，没有人想到该方法在化学方面的重要意义。工业与现代科学的联系，尤其是与系统的实验室工作的联系是由贾斯特斯·冯·李比希（Justus von Liebig）建立的，这使得工业能够成为现在的样子，并促使资本主义实现全面发展。

新生产方式（正如在18世纪的英国的发展一样，依赖于所有生产资料集中于企业主手中）的劳动力雇佣是通过强制手段实现的，不过，这是以间接方式进行的。《济贫法》与伊丽莎白女王颁布的《学徒法令》与这一点尤其相关。这些措施是必要的，因为大量农民变成贫农，只能在乡间流浪——这是由农业体制改革造成的。在农业体制改革中，大租户取代了依附他人的小农，可耕地被变成牧羊场（不过，后者有时会被高估），这两项使得土地所需劳动力逐渐减少，可以参加强制劳动的过剩人口由此产生。没有找到工作的人都会被投入纪律严明的贫民习艺所中，而没有获得雇主或企业主开具的证明书而离职的人都会被视为无业游民。除非被强制送到习艺所，没有工作的人不会获得任何资助。

第一批工厂劳动力就是这样招募的。劳动者很难适应这样的劳动纪律。但有产阶级的势力巨大，他们通过治安法官获得了政治当局的支持（在没有适用的约束法律时，治安法官可以根据各种指令采取行动，而且治安法官的决定在很大程度上取决于自己的判断）。直到19世纪下半叶，他们一直对这些劳动力实施着专断控制，并利用工人来促进新型工业的发展。另外，从18世纪初期开始，关于企业主与劳动者之间关系的规定开始出现，是现代劳动条件管理的先驱。第一份反实物工资制的法案是在安妮女王和乔治一世统治时期通过的。然而在整个中世纪时期，工人一直在做斗争，试图获得将他们自己的劳动产品带入市场销售的权利，并确保立法从此以后禁止使用其他人的产品作为他们的工资，保证他们可以获得货币报酬。在英国，另一个劳动力来源是小业主阶级，这一阶级中的大部分人都变成了工厂工人，即无产阶级。

在这些新建工业的产品销售市场中出现了两个重要的需求来源，即战争需求和奢侈品需求，也就是军事管理部门和宫廷的需求。军事管理部门成为工业产品的消费者，而消费规模主要取决于大规模雇佣兵的发展程度，而且随着军队纪律的发展，武器和所有军事技术的合理化，军事管理部门变成了重要的消费者。在纺织工业，军队制服的生产是主要业务，因为军队自己无法生产制服，但为了方便统一管理和对士兵的控制，制服却是维持纪律的一个必要手段。大炮和火器的生产成为炼铁工业主要业务，物资的供应也在贸易中占有类似地位。除了陆军之外，海军也是工业产品的重要消费者。战舰尺寸的增大也是促进工业产品市场产生的一个因素。不过，18世纪末之前，商业船只的尺寸并没有发生太大的变化，而且直到1750年，进入伦敦的船只的载重量通常只有大约140吨，而军舰的载重量早在16世纪就已经达到了1 000吨，而且在18世纪，1 000吨成为标称载重量。与陆军一样，海军的需求随着航行的次数和范围的增加而增加（这也适用于商船），这在16世纪以后尤其如此。直到那时，黎凡特地区的航行通常需要一年。此时，船只在海中航行的时间已经延长了很多。而且，与此同时，陆地上的战役规模不断增加，这就需要提供更多的物质、军需品等。最后，17世纪以后，船只建造与大炮建设速度迅速提高。

桑巴特（Sombart）曾经认为标准化的大规模战争物质供应是影响现代资本主义发展的决定性条件之一。这个理论的适用必须被降到合适的范围。每年用于陆军和海军的开支却是非常巨大的：在西班牙，国家收入的70%被用于军事目的；而在其他国家，国家收入的三分之二或更多被用于军事。不过，我们发现在西方世界之外的国家，例如莫卧儿帝国和中国，军队也配备有火炮（不过尚未配备制服），但这一事实并未引起资本主义发展。此外，即使是在西方，随着资本主义的发展，军队的需求逐渐由军事管理部门自己的工坊和武器与军需品工厂来满足，也就是说，这是按照反资本主义路线发展的。因此，认为战争是现代资本主义产生的主要推动因素之一（通过军事需求）的这个结论是错误的。的确，战争与资本主义有关，且这不仅限于欧洲，但这个因素并不是资本主义发展的决定性因素。否则，不断增加的国家军队需求供给会再次阻碍资本主义的发展，但这种情况并没有发生。

对于宫廷和贵族的奢侈需求，法国的情况最具代表性。从16世纪开始，国王每年直接或间接花费在奢侈品上的费用为1 000万里弗。王室和最高社会阶层的开支对很多工业构成了强有力的刺激。除了作为享受资料的巧克力和咖啡之外，最重要的物品包括刺绣品（16世纪）、亚麻制品及为整理这些制品而产生的熨斗（17世纪）、长筒袜（16世纪）、伞（17世纪）、靛蓝染料（16世纪）、帐幔（17世纪）、地毯（18世纪）。从需求量来说，最后两种物品在奢侈品工业中是最重要的，因为这些物品表明了奢侈品的大众化，这是资本主义生产的重要方向。

在中国和印度，宫廷的奢侈程度是欧洲国家无法想象的。但这一事实并未对资本主义或资本主义工业产生重大推动。这之所以如此，是因为这一需求的供应是通过强制缴纳并以经理制方法安排的。这个制度一直得到实施，以至于直到现在，北京周围区域的农民依然需要像3 000年前一样向宫廷缴纳同样的东西，不过他们不知道如何生产这些物品，因此需要向生产者购买。在印度和中国，军队的需求也是由强制劳动和实物贡纳来满足的。欧洲国家并非没有采用东方国家的经理制贡纳制度，不过，该制度是以其他形式出现的。在欧洲，王公通过间接的方法将奢侈品工业的劳动者转化成强制劳动者，通过授予土地、长期契约和各种特权来将他们与工作场所绑定在一起，不过在奢侈品行业中处于领先地位的法国，情况却并非如此。在法国，手工艺机构留存了下来，其中部分机构采用了外放分工组织形式，部分机构采用了作坊体制，但无论采用哪种形式，工业的技术和经济组织都未发生变革。

向资本主义发展的决定性推动力只来自一个来源，即大众市场需求。但大众市场需求只能通过需求的大众化，特别是上层阶级奢侈品的替代品的生产在小部分奢侈品工业中出现。这种现象的特点是价格竞争，而为宫廷生产产品的奢侈品工业则遵守质量竞争的手工艺原则。15世纪末，英国试图与佛兰芒羊毛工业进行价格竞争，并为此颁布了多项出口禁令，这是首例着手进行价格竞争的国家组织政策。

16世纪和17世纪的重大价格变革为通过降低生产成本和价格来获得更多利润的独特资本主义趋势提供了有力手段。这一改革正是贵金属向欧洲的不断流入（这是随着海外大发现出现的）引起的。贵金属向欧洲的流入从16世纪30年代一直持续到30年战争时期，对经济生活的不同分支造成了不同影响。农业产品的价格几乎都是普遍上涨的，这使得农户可能开始面向市场生产。工业产品的价格情况与农业产品正好相反。总体而言，工业产品的价格保持稳定，或者出现轻微上浮，因此与农产品相比，其价格实际上是在下降。价格的相对下降是由技术和经济变革引起的，而且会促使企业主通过降低生产成本来增加收入。因此，发展的顺序不是先出现资本主义然后出现价格下降，而是正好相反——先是价格相对下降，再是资本主义发展。

17世纪，为了降低成本而追求技术和经济关系合理化的趋势促进了发明浪潮的出现。这个阶段的所有发明都旨在降低生产成本。将永恒运动作为能源的概念只是这个普遍运动的众多目标之一。这些发明家的发明历史可以被追溯至很久以前。但如果对前资本主义时期的最伟大发明家列奥纳多·达·芬奇（Leonardo da Vinci）发明的设备进行研究（就来自于艺术领域而不是科学领域的试验而言），我们会发现他迫切想要实现的目标不是降低生产成本，而是合理掌握技术。前资本主义时期的发明家都是按照经验工作的，他们的发明多少具有偶然的性质。采矿是一个例外，而且正是采矿问题导致了技术的进步。

与发明有关的一项积极改革是首次颁布的理性专利法，即1623年的英国专利法，这部法案包含现代法令中的一切主要规定。直到那时，对发明创造的开发是通过作为花费补偿的特殊补助金安排的。与之相反的是，1623年的法案将对发明的保护期限限制为14年，并规定企业主在此之后使用该发明的条件是向原发明者支付一定的专利费。如果没有这部专利法的推动，对18世纪的纺织行业领域内的资本主义发展具有重要作用的发明可能不会出现。

再次将西方资本主义的显著特征与其原因结合起来，我们发现了以下几点。首先，只有这种建制产生了过去任何地方都未存在过的合理劳动组织。无论在何时、何地，都存在贸易，贸易可以被追溯到石器时代。同样，我们在不同的时代和文化中发现了战时财政、国家税赋、税务包收、任务分包等，但却没有找到合理的劳动组织。此外，我们在其他任何地方都发现了一种原始、完全一体化的内部经济，这使得同一部落或氏族的成员之间不存在任何经济行动自由，但在对外贸易方面存在绝对自由。一方面，内部和外部道德准则是不相同的，其中在对外道德准则中，财政程序是完全冷酷无情的。中国氏族经济或印度种姓经济的规定最为严格，而另一方面，从事对外贸易的印度教徒也是最不择手段的。与之相反的是，西方资本主义的第二个特征是解除内部经济与外部经济之间、内部道德准则和外部道德准则之间的壁垒，并将商业原则和以此为基础的劳动组织引入内部经济。最后，在其他地区（例如巴比伦）也出现了原始经济的瓦解，但其他地方并没有像西方各国一样出现企业主劳动组织。

如果这种发展只在西方出现，则其原因可能在于西方独有的一般文化演进的特殊特征。现代意义上的国家，即采用专门行政机构、专职官员、基于公民概念的法案的国家只在西方出现。这种制度在古代和东方是很难发展起来的。只有西方出现了由法学家编制的、被合理解释和应用的合理法案，而且也只有西方出现了市民概念（罗马公民、市民），因为只有西方出现了特定意义上的城市。此外，只有西方才有现代意义上的科学。中国人和印度人也对神学、哲学和基本人生问题进行了探究，甚至达到了欧洲国家尚未达到的深度，但这些国家的人民却不了解理性科学以及与科学有关的技术。最后，西方文明区别于其他文明的另一点是西方人多以理性道德准则指导生活。任何地方都存在巫术与宗教，但有序生活的宗教基础（如果一直遵守，可以导致明确的理性主义）是西方文明特有的。

第二十八章
市民[1]

　　根据市民概念在社会历史中的使用，市民概念具有三个不同意义。首先，市民可包括具有特定社会或经济利益的某些社会范畴或阶级。根据这个定义，市民阶级并不是一元的。市民阶级可以被分为大市民和小市民，企业主和手工劳动者都属于这一阶级。其次，从政治意义上说，市民意味着国家的一员，是特定政治权利的持有者。最后，对于阶级意义中的市民，我们的理解是，这个阶级与官僚阶级、无产阶级或该阶层之外的其他阶级并不相同，他们是"有财产和文化的人"，由企业主、资金收入领受者，以及一般有学术文化、一定阶级生活标准和一定社会威望的人组成。

　　在上文所述的概念中，第一个概念具有经济性质，是西方文明所特有的。手工业劳动者和企业主现在而且一直存在于世界各地，但在其他任何地方，他们从未被纳入一个单一的社会阶级中。在古代和中世纪城市，市民这个概念的迹象就已经存在。

---

　　[1]　一般参考书目——马克斯·韦伯，《经济与历史》，蒂宾根，1922，第513页；N. D. 菲斯泰尔·德·库朗奇（N. D. Fustel de Coulanges），《古代城市》，巴黎，1864。

在西方，作为政治权利持有者的市民早已存在，而在西方以外的其他地区，我们只能发现这类关系的痕迹，例如，巴比伦的贵族，以及《旧约全书》中的约瑟林（享有完全法律权利的城市居民）。但越往东去，这种痕迹就越少。在伊斯兰世纪，以及印度和中国并不存在市民概念。最后，作为不同于贵族和无产阶级的有资产和文化，或者有资产或有文化的人，市民的社会阶级意义也是一个独特的现代西方概念，与无产阶级这个概念一样。在古代和中世纪，市民是一个阶级概念。一个人可以凭借特定阶级团体的成员身份成为市民。但它们的不同之处在于，在这种情况下，市民享有消极意义和积极意义的特权。从积极意义上说，以中世纪城市为例，市民只能从事特定的职业；从消极意义上说，某些法律要求被豁免，例如持有采邑的资格、参加十字军的资格、加入宗教群体的资格。具有一个阶级的成员资格的市民永远是特定城市的市民，而这种意义上的城市仅在西方世界出现，或只在初期阶段存在于其他地方，例如早期的美索不达米亚。

城市为整个文化领域做出的贡献是巨大的。城市推动了政党和政治家的产生。诚然，派系、贵族派系和谋求官职者之间的斗争贯穿于整个历史，但在西方之外的任何城市都未出现现代意义上的政党，而且，诸如政党领导者和部长职位谋求者之类的政治家也少有出现。此外，城市（也只有城市）推动了艺术的发展。与迈锡尼和罗马艺术不同，希腊与哥特艺术都是城市艺术。城市还推动了现代意义上的科学的产生。在希腊城市文明中，科学思想是从数学这门学科中发展出来的，而且这门学科已经具有了持续发展到现代的形式。巴比伦的城市文化与天文学的基础具有类似关系。此外，城市是特定宗教制度的基础。不仅与以色列宗教不同的犹太教是一个城市组织（无法遵守教会仪式规定的农民），早期的基督教也是一个城市现象，而且城市越大，基督教徒所占的比例就越大。清教和虔信派的情况也是这样。农民成为一个宗教团体的成员是一个现代现象，因为在古代的基督教中，异教徒一词在当时是指邪教徒和农村居民，正如在被放逐之后，居住在城市的法利赛教派教徒蔑视不懂法律的乡村居民一样。甚至是托马斯·阿奎那（Thomas Aquinas）在对不同社会阶级及其相对价值进行探讨时也以极其轻蔑的语气谈及农民。最后，只有城市能够推动神学思想的产生，而在另一方面，只有城市能够保护未受神职者束缚的思想。如果离开城市这个环境，柏拉图以及作为其主要思想问题（如何让人成为有用市民这个问题）就可能不存在了。

对于一个地区是否应该被视为城市这个问题，我们不能根据城市的空间范围来回答。[1]从经济观点来看，无论在西方各国还是其他地区，城市首先是一个商业和工业所在地，需要其他地区连续不断地提供生活物资。从经济角度来看，各种类型的大区域的区别在于生活物资的来源和与此相关的支付手段。不以农业生产为生的大区域可能会使用自己的产品（也就是工业产品），

---

[1] 例外，在欧洲尚未出现具有城市性质的区域时，北京就已经被看作是城市了。不过，北京最初的正式称谓是"五城"，而且在行政方面，北京被作为五个大村落来管理；因此并不存在北京市民。

或通过贸易或租金，或通过年金来为其进口的货物付款。这里的"租金"是指官员工资或土地租金。对于依靠年金的事例，可以参考威斯巴登的情况。在威斯巴登，进口商品的成本将由政治官员和部队官员的年金支付。可以根据被用于支付生活物资进口成本的收入的主要来源对大城市进行划分，但这种情况适用于全世界，这适用于大区域，但不能被用来区分城市。

城市的另一个一般特征是城市在过去通常是一个堡垒。在很长一段时间内，任何一个设防地点都会被视为城市。从这一方面来说，城市通常是政治和宗教管理机构所在地。在西方，在一些情况下，城市会被理解成一个主教所在地。在中国，城市是官吏所在地（这是一个决定性的特征），[1] 而且城市是根据官吏的等级进行划分的。在意大利，甚至是在意大利文艺复兴时期，城市是按照官员和上层阶级居民的等级，以及长住贵族的等级区分的。

诚然，在西方以外的其他地方也存在作为设防地点和政治与宗教管理机构所在地的城市。不过，在西方以外的其他地方并不存在单一共同体意义上的城市。在中世纪，城市的突出特征是拥有自己的法律和法庭，以及不同程度的自治。中世纪的市民之所以被称为市民，是因为他接受法律的管辖，并参与行政管理官员的选举。在西方以外的其他地方并不存在政治共同体意义上的城市，这是需要解释的一个事实。如果说这一现象是由经济方面

---

[1] 相反，直到现代，日本的官员和大名一直居住在皇宫中；这些地方是按照面积大小区分的。

的原因引起的，这是令人难以置信的。这也不是由实现了统一的特殊"日耳曼精神"引起的，因为在中国和印度都存在比西方更具有凝聚力的统一团体，但这些地方都没有出现城市的那种特定联合。

为了探究这个问题，我们必须追溯到某些最基本的事实。我们不能基于中世纪的封建或政治授予，或者根据亚历山大大帝在向印度进军时建立的城市来对这个现象进行解释。最早出现的将城市作为政治单位的提法表明了城市的革命性质。西方的城市是通过诸如兄弟会这类的古代结盟组织和中世纪联盟组织的建立而兴起的。因此，中世纪的斗争与冲突所披的法律外衣（通常与表面情况有关）与表面下隐藏的事实是无法区别的。霍亨斯陶芬家族发布的取消城市生命并不是旨在禁止关于市民的任何具体假定，而是禁止联盟组织，即旨在互相帮助与保护，且涉及政治权力篡夺的武装兄弟会。

中世纪的第一个事例是726年的革命运动，这次革命运动以威尼斯为中心，并导致意大利开始摆脱拜占庭的统治。这次革命运动主要是为了反对君主在军事压力下发起的破坏圣像运动，因此，宗教因素（不过不是唯一的因素）是促成这次革命的一个动因。在革命运动开始之前，威尼斯的公爵（就是后来的总督）是由君主任命的，不过，军事护民官或地方长官大多数是由某些家族的成员奉命担任的。自革命运动开始之后，军事护民官或地方长官的选任落在服兵役的人手中，也就是可以担当骑士的那些人手中。革命运动就这样开始了。不过，威尼斯公社这个名称在400多年以后，也就是1143年才出现。古代的"结盟"与之类似，尼希米（Nehemiah）在耶路撒冷采取的措施就是一个很好的示例。这位领导者使主要家族与选出的一部分人宣誓团结在一起进行城市的管理与保护。我们可以假设所有古代城市的起源都有类似的背景。城邦通常是此类团体或结盟组织的产物，联盟人员并不一定要住在附近区域，但明确的联盟宣誓却是需要的，因为盟誓意味着共同餐礼的确定和礼仪联盟的形成，而且还意味着只有那些将死者葬在卫城、自己居住在城市中的人才可以参加这个礼仪团体。

这种发展只在西方出现的原因有二。首先是防卫组织的特殊特性。西方城市在最初据说是一个防卫组织，也就是具有足够的经济实力进行自我装配、配备武器、自行训练的组织。从社会史方面来说，这类军事组织是遵循自我装备原则还是遵循由提供马匹、武器和物资的领主装备的原则是一个根本性区别，这与经济生产资料是工人财产还是企业主财产这个问题一样。在西方国家以外的其他地方，城市的发展受到这样一个事实的阻碍，即王公的军队比城市出现得早。最早的中国史诗并没有像《荷马史诗》一样称赞驾着战车奔赴战场的英雄，而是称赞作为士兵领导者的军官。印度的情况也是一样，抗击亚历山大大帝的军队也是由军官率领的。在西方，由军事领导者装配的军队和战士与战斗装配的分离（正如劳动者与生产资料的分离一样）都是现代社会的产物，而在亚洲，当时的情况正处于历史发展的顶峰。埃及或巴比伦-亚述的军队并未呈现出与荷马时代的民众军队、西方封建军队、古代城邦的城市军队或中世纪行会军队类似的情形。

这个差异是由这样一个事实引起的，即在埃及、西亚、印度和中国的文化演化中，灌溉是非常重要的问题。水害治理问题是官僚机构存在、依附阶级提供强制劳役、从属阶级依附于帝王官僚机构的运行的条件。国王还通过军事垄断来表达自己的权力，这是亚洲和西方军事组织存在差异的基本原因。在亚洲的军事组织中，皇家官员和军官从开始就是中心人物，而在西方的军事组织中，这两者最初是不存在的。宗教兄弟会与自行武装的形式让城市的起源和存在成为可能。诚然，在东方国家也存在类似发展的萌芽。在印度，我们发现了即将促成西方意义上的城市建立的那种关系，也就是自行武装与合法市民的结合；如果一个人可为军队提供一头大象，那这个人便可以成为梵沙利自由城的正式市民。在古代的美索不达米亚，骑士也会相互进行战争，并建立了具有自治管辖权的城市。但这两个地区的萌芽在之后都随着以水利监管为基础的王国的建立消失了。因此，这种发展只在西方才达到完全成熟的阶段。

在东方，阻碍城市发展的第二个障碍是与神学有关的思想和制度造成的。在印度，种姓不能构成礼仪共同体，因此也不能构成一个城市，因为不同种姓之间的礼仪制度并不相同。犹太人在中世纪所处的特殊地位也可以由这些事实解释。大教堂与圣餐是城市统一的象征，但犹太人却不能在教堂祈祷，也不能参加圣餐仪式，所以他们注定要形成离散的犹太人社团。与此相反的是，城市在西方自然而然发展起来的原因是古代的神职具有广泛的自由，祭司没有将与神明的交流垄断在自己手中，这与亚洲的情况不同。在古代西方，因为没有如印度一样的神学限制阻碍，城市的官员负责主持仪式，因此城邦对属于神明所有的物品和祭司的财富拥有所有权，这导致祭司职位是通过拍卖的方式授予的。在之后时期，西方出现了具有决定性意义的三件大事。首先是犹太人中间出现的预言，这在犹太教范围内摧毁了神学的统治，神学思想仍然存在，但已经成为邪魔外道，不再神圣。第二是圣灵降临节的圣迹，该仪式融入了基督教精神，这是基督教热情在早期得到广泛传播的关键因素。第三是在安提俄克，保罗对未收割礼的伙伴表示支持——这与彼得的观点相反（《加拉太书2》；第11页及以后）。因此，虽然神学在古代城邦中仍然在一定程度上保留下来，但氏族、部落和民族之间的神学屏障已经被消除了，这使得西方的城市建立成为可能。

虽然严格意义上的城市是西方国家特有的建制，但在城市之中依然存在两个基本区别：第一，古代与中世纪的区别；第二，南欧与北欧之间的区别。在城市共同体的发展初期，古代城市与中世纪城市之间存在很大相似性。在这两类城市中，只有骑士出身的人，即过着贵族生活的家庭才是城市团体中的积极成员，而其他所有人口都只是被迫服从。这些骑士家庭在城市定居的意愿是为了分享贸易机会。在意大利摆脱拜占庭统治的革命成功后，威尼斯的一部分上层阶级家庭聚集到了里亚尔托，这是因为里亚尔托是与东方进行贸易的重要场所。需要记住的是，虽然威尼斯已经在政治方面取得独立，但在海上贸易和海上战争方面，威尼斯仍然是拜占庭的一部分。古代的情况也是如此，富裕家庭并不会亲自进行贸易，而是以船只所有者或货币出借人的身份进行贸易。古代的一个特征是所有重要城市距离海岸不超过一天的行程，只有那些因为政治或地理原因获得特殊贸易机会的地方才会繁荣起来。因此，桑巴特提出的土地租赁是城市和商业之母的说法是错误的。事实恰好与之相反，人们之所以在城市定居是因为有机会且有意愿将土地出租用于贸易，而贸易对城市的建立具有决定性影响。

在中世纪早期，威尼斯的一个新人物的发展过程大致如下。他从一个商人，也就是零售商开始做起。之后，他开始到海外经商，也就是他从上层阶级家庭获得货币或货物的信贷，然后将其带到黎凡特地区进行交易，并在回国以后与向他提供借贷的人分享利润。如果他在海外贸易中取得成功，他会在国内购买土地或船只，以跻身于威尼斯的圈子中。作为一名船只所有者或土地所有者，他可以顺利地晋升为贵族。这种情况一直存续到1297年大议会结束的时候。对于以土地和资本的租金（两者都取决于贸易利润）为生的贵族成员，其在意大利的常用称谓是"scioperato"，而在德国的常用称谓是"ehrsamer Mussigganger"，这两个词语的含义"富贵闲人"。的确，在威尼斯贵族中仍然有一些继续从事贸易的家庭，正如在改革时期，失去财产的贵族家庭开始以工业为生。但是，正式市民和城市贵族阶级的成员通常都拥有土地和资本，他们以这些财产的收入为生，且不会亲自参与贸易或工业。

因此到目前为止，中世纪的发展与古代的发展相一致。但随着民主制的建立，它们之间开始出现区别。在最初，它们在以下方面存在类似之处：公民（Δημοε）、平民（plebs）、人民（popolo）和市民（Burgerschaft）是指不能过上骑士生活的广大市民，这四个不同词语都是表明了民主制的影响。贵族，即拥有骑士地位和封建资格的人受到了监督，被剥夺了参政权，并被剥夺了法律保护，正如列宁（Lenin）对俄国资产阶级所做的一样。

无论在什么地方，民主化的基础都是纯军事性质的，也就是说民主化的发展依赖于训练有素的步兵（诸如古代的重装步兵和中世纪的行会军队）的兴起。具有决定性的事实是军事训练可以确保他们能够在斗争中获得优势。[1] 而军事训练意味着民主制的胜利，因为社会各界希望且必须获得非贵族民众的合作，为此，非贵族民众需要被给予武器和政治权力。此外，在古代和中世纪，货币也发挥了一定的作用。

民主制的建立方式也是类似的。例如，在刚刚成立的国家中，人民通常会组成一个单独群体来进行斗争，这些群体都有自己的领导者，例如，作为反对君主的民主制代表的斯巴达长官、罗马的护民官，以及在中世纪意大利城市中的人民长官或商人长

---

[1] 甚至是从亚历山大大帝时期流传下来的最古老的希腊报告也表明，印度军队中存在战术部门和组织，不过，印度军队中也存在英雄格斗。在莫卧儿帝国的军队中，自我武装的骑士与军事领主招募、武装的战士并肩作战，不过骑士享有更高的社会地位。

官。这些官吏的一个特征是他们在最初无疑是"非法的"官吏。意大利城市的执政官的头衔上依然带有"蒙主之恩"字样，但人民长官的头衔中不再带有此类字样。护民官的权力来源是不合法的。护民官神圣不可侵犯的原因却正是他不是合法官吏，因此受到神权干预和民众报复行为的保护。

这两个发展历程的最终目标也是相同的。在这方面具有决定性意义的是社会阶级而不是经济阶级的利益，而且，这主要是防范贵族家庭侵害利益的问题。人们开始意识到他们自己是富有的，且曾与贵族一起为保护城市而战并取得了胜利，他们拥有适当的武装，因此感觉自己受到了区别对待，并且不再满足于他们过去接受的从属阶级地位。最后，这些独立组织（Sonderbund，独立联盟）的官吏可以使用的手段也是类似的。各地的独立组织的官吏都在争取介入涉及人民与贵族的诉讼的权利。罗马护民官和佛罗伦萨的人民长官通过调节权利（即通过呼吁或私行审判行使的权利）实现了这个目标。[1] 这类独立联盟提出城市法规只能在经人民批准后才能生效的主张，并最终确定人民决定的一切才是法律的原则。罗马的法律原则是"人民决定的一切约束全体人民"，这在佛罗伦萨的法典和列宁的一切非工人阶级都被排除在无产阶级专政之外的思想中都有对应的规定。

民主制获得支配地位的另一个方法是强行加入平民群体中。在古代，贵族必须加入部落，而在中世纪，贵族不得不加入行

---

[1]　1918年的德国革命具有显著的类似问题：士兵委员会要求获得废除司法判决的权力。

会，不过在很多情况下，人们并没有认识到这一措施的最终意义。最后，各个地区的政府管理职位突然出现了大规模的增加，这一政府冗员现象是由获胜政党用战利品酬谢其成员的需要导致的。

到目前为止，古代民主制与中世纪民主制之间存在一些一致的地方。但除了这些一致之处以外，这两者之间还存在一些差别。首先，这两者在城市分类方面存在根本性的差异。在中世纪，城市是由行会组成的，而在古代，城市却没有行会性质。从这个角度来对中世纪的行会进行研究，我们发现不同的行会阶层相继掌权。在佛罗伦萨这个典型的行会城市，首个掌权的行会阶层逐渐发展成区别于次要行会的若干主要行会的集合体。主要行会集合体包括商人、外汇经纪人、珠宝商和需要大量工业资本的企业主；此外，该结合体还包括法学家、医生、药剂师和具有现代资产阶级意义的"有资产和文化的人"。对于由企业主构成的行会，我们可以假设至少有50%的成员是靠收益或未来将靠收益为生的。这类有资产和文化的人通常被称为popolo grasso，即"有油水的"人。在《圣经·旧约》的诗篇中，特别是在表达善良、虔诚的人对诸如领年金者和贵族这些上层阶级或（按照诗篇中反复使用的词语）"有油水的人"的怨恨的诗篇中也存在相同的表达。

小资本家也被纳入主要行会中，但屠宰者、面包师、纺织工等归属于次要行会，这类人在意大利至少是位于工人阶级边缘的。不过，在德国，他们在某种程度上是大企业主。此外，纯粹劳工（例如梳理工）很少能够获得权力，这类劳工获得权力的情况只在贵族最低阶层联手反对中产阶级时发生。

在行会的支配下，中世纪的城市实施一种特殊的政策，即所谓的城市经济政策。该政策的目标是：首先，维持就业和谋求生计的传统途径；其次，通过专利权和城市市场的强制使用让周围的乡镇在最大限度上服从城市利益；最后，该政策还旨在限制竞争并防止向大型工业的发展。尽管如此，随着家庭工业和作为现代无产阶级先驱的永久熟练工阶级的发展，贸易资本与行会组织的手工艺劳动之间出现了冲突。但在民主制占据支配地位的古代，这些是不存在的。不过，在早期也存在出现此类情况的痕迹。因此，在罗马，赛维鲁（Severus）军事组织的残留痕迹（例如手工艺者、军队铁匠等）或许就是此类残留痕迹。但民主制得到充分发展的时期，没有任何资料提到此类事务，而且直到罗马时代晚期，此类迹象才再次出现。因此，在古代并不存在作为城市管理机构的行会，更不用说行会政策和在中世纪末期才出现的劳资对立。

在古代并不存在资本与劳动之间的对立，但存在另一种对立，即土地所有者与无地者之间的对立。无产阶级并不像莫姆森（Mommsen）断言的那样是只能通过生育后代来为国家做贡献的人，而是土地所有者和正式公民的无继承权后代，也就是勤勉者的无继承权后代。古代的政策旨在防止此类无产者的产生，为此，债务劳役受到了限制，债务法的规定也变得宽松。在古代，常见的明显差异是城市债务人与农民债务人之间的差别。住在城市的是向外借钱的贵族；住在农村的则是借钱的小农；根据古代的债务法，这种情况很容易引起土地的丧失和无产化。

出于所有这些原因，古代城市没有实施中世纪城市实施的生活政策，而是仅实施了旨在维持份地，也就是地产（人们依赖这些地产生活并为自己提供装备）的政策。实施此类政策的目的是防止共同体的军事实力减弱。因此，格拉古兄弟（Gracchi）进行的大改革绝对不能被按照现代意义理解为与阶级斗争有关的一种措施，相反，他们的目的是纯军事的。这项改革代表了维持市民军队并避免被雇佣兵代替的最后尝试。在中世纪，贵族的反对者是企业主和手工艺者；而在古代，贵族的反对者是农民。与这两种冲突之间的差异对应的是这样一个事实，古代城市的划分是沿着不同于中世纪的标准进行的。在中世纪，贵族家庭不得不加入行会；而在古代城市中，贵族不得不加入村落，即由农村土地持有者组成的地区——在这些地区内，他们与农民适用同样的法律规定。在中世纪，他们需要成为工匠，而在古代，他们需要成为农民。

古代民主制发展的另一个特征是不同阶层在民主制中出现分化。首先，有能力为自己配备铠甲和盾牌，因此能够到前线作战的阶级（也就是纳税人阶层）开始掌权。之后，在古代的部分地区，特别是雅典，由于海军政策的影响，无产阶级占据了支配地位，因为舰队必须由所有阶层的人操纵。雅典的好战态度导致了这样一个结果，即水手在公民大会中获得了支配地位。在罗马，随着辛布里人和条顿人的入侵，类似的发展过程首次出现。不过，这并没有致使士兵获得市民权，而是导致了以最高统治者为首的职业军队的出现。

除了古代发展与中世纪发展的这些区别之外，在阶级关系方面也存在差异。中世纪行会城市的典型市民是商人和手工艺者，而且如果商人或手工艺者拥有房屋，那他们就是正式市民。古代的情况则相反，正式市民是土地所有者。因此，在行会城市中会出现阶级不平等现象。非土地所有者需要土地所有者作为他的受托人（truehander），以此来获得土地，他们在法律上居于不利地位，而且这种法律上的从属地位只能逐渐变得获得平等，但并不能在所有地方完全实现平等化。从市民人身关系来看，中世纪城市的市民是自由的。"城镇空气让人自由"原则规定，逃跑的农奴在城市居住一年零一天以后，领主就没有权利召回这些农奴。尽管这一原则并未在所有地区得到承认，而且还受到一些限制，尤其是受到霍亨斯陶芬王朝的立法限制，但该原则与城市市民的法律意识相适应，而且城市市民正是根据该原则追逐他们的军事和税收利益。因此，实现阶级平等、消除不自由成为中世纪城市发展的主要趋势。

相比之下，古代早期最突出的阶级区别与中世纪相似。贵族与继骑士武士之后成为乡绅的平民之间的区别得到了承认，此外，依附关系与奴隶关系也得到了承认。但随着城市权力的增长和向民主制的发展，阶级之间的区别变得越发明显。奴隶被大批量购买与装运，并形成了一个数量不断增长的下层阶级，这其中包括被解放的奴隶。因此，与中世纪的城市相比，古代城市呈现出了不断加剧的不平等状态。最后，在古代并不存在与中世纪的行会垄断类似的痕迹。在雅典民主制占统治地位时，我们在提及伊瑞克提翁神殿的石柱安放问题的资料中发现自由雅典人民和奴隶在同一个自愿群体中一起工作，而且奴隶担任自由雅典工人的工长。但在中世纪，因为存在强大的自由工业阶级，这种关系是不可能存在的。

整体而言，上述论证可产生这样一个结论，即古代的城市民主制是一个政治行会。诚然，古代城市民主制具有明显的工业利益，而且是垄断性的，但工业利益是服从于军事利益的。因此，与中世纪末期的手工业行会一样，古代的民主市民行会也不希望有太多人加入。由此产生的市民数量限制正是希腊城邦衰亡的原因。政治行会的垄断包括军事殖民（即将征服的土地分给市民）和战利品的分配。最后，城市以政治活动场所入场费收入来支付粮食拨款，以及陪审费和宗教仪式出席费用。

因此，长期战争在希腊正式市民之中是常态，而且诸如克里昂（Cleon）这类的煽动政治家知道他们可以用哪些理由来煽动战争，因为战争可以让城市变得富有，而长时间的和平则意味着市民破产。那些试图通过和平手段赚取利润的人都没有获得这样的机会。这些人包括被解放的奴隶和外邦人，不过这些人之中首先出现了与现代中产阶级类似的特点，即没有土地所有权但依然富裕。

在古代城邦中，只要依然保持城邦特有的形式，手工业行会或与之类似的组织就不会出现。相反，市民的政治军事垄断却会建立起来，并逐渐演化成为士兵行会。对于这个事实，我们可以通过军事理由进行说明。古代城市代表着那个时代的军事技术的最高发展，当时没有任何一支军队能够与希腊重装备步兵或罗马军团相抗争。这说明古代工业的形式和方向与通过战争获得的利益和仅依靠政治手段获得的其他优势有关。与市民相对的是出身卑微之人，就是以现代意义上的和平手段获取利益的人。相比之下，中世纪早期的军事技术中心在城市之外，在骑士之中。当时，没有任何人可以与武装的封建主相抗衡。因此，市民的行会军队从不冒险采取进攻行动，而只是采取防御行动，唯一例外就是1302年的库尔特雷战役。因此，中世纪的市民军队不能够履行古代重装步兵或罗马军团的贪婪社会功能。

在中世纪的西方世界中，南部城市与北部城市之间存在明显的差异。在南部，骑士阶级一般居住在城市里，北部的情况正好与南部相反——他们从一开始就居住在城市之外，或被排除在城市之外。在北部，城市的特权授予状中包含有可以禁止高级官员或骑士居住的规定，而且，北部的骑士阶级不允许城市贵族加入，认为他们出身卑微。南部城市与北部城市之间存在差异的原因是这两个地区的城市是在不同时期建立的。在意大利公社开始兴起时，骑士的军事技术已经发展到了顶峰，因此，城市不得不雇用骑士或与骑士结盟。所以从本质上说，归尔甫派–吉伯林派战争是不同骑士团体之间的斗争。因此，城市坚持要求骑士在城市定居，或强迫他们加入城市。城市并不希望骑士离开城堡活动（这会使道路通行变得不安全），而是希望满足市民的需求。

英国城市的情况却与这些情况形成了最鲜明的对比。与德国和意大利的城市不同，英国城市从未发展成为城邦（只存在极少数例外情况），也不能够或不曾试图控制周围的村落或将它们的管辖权扩展至周围村落。英国城市既没有这么做的军事实力，也没有这么做的想法。英国城市的独立性来自这样一个事实：国王将征税权租给了它们，只有分摊租金的人才是正式市民，而且依照规定，城市需要作为一个整体来提供指定的金额。英国城市拥有特殊的地位的原因有二：一是在征服者威廉掌权之后，英国的政治权力出现高度集中；二是13世纪以后，英国自治团体在议会中团结在一起。如果英国贵族想要开展反对君主的行动，他们就必须依靠城市的金钱支持，就像城市需要贵族的军事支持一样。自城市派代表参加议会之后，城市实施政治独立政策的动机和可能性就消失了。城市与农村之间的对立很早就消失了，城市允许很多有地的绅士成为市民。城市市民最终占了上风，但一直到最近，贵族仍然掌握着形式上的事务领导权。

现在，我们将讨论这些关系在资本主义演化方面的影响。在这方面，我们必须强调古代工业与中世纪工业之间的差异，以及资本主义的不同类别。首先，在不同的历史时期存在多种不合理的资本主义形式。这些不合理的资本主义形式包括：第一，主要从事税务包收（在西方各国，以及中国和西亚）或战争融资（在中国和印度，在诸侯国分立时期）的资本主义企业；第二，与贸易投机有关的资本主义，在每个历史时期都存在这类商人；第三，货币借贷资本主义，主要利用外来者的需求。所有这些资本主义形式与战利品、税收、通过职位获得的财物或官方高利贷，以及贡纳与实际需求有关。需要注意的是，从前的官员就像恺撒得到克拉苏（Crassus）资助一样得到他人的资助，并通过利用他们的职位来偿还这些预付的款项。不过，所有这些都与具有不合理性质的临时经济活动有关，所有这些安排都没有促进合理劳动组织体制的产生。

相反，合理的资本主义是着眼于市场机会，因此也是为了真正意义上的经济目标组织的，而且，资本主义制度越合理，资本主义制度与大众需求和大众需求供应之间的关系就越紧密。不过，推动资本主义发展成为一种制度的是中世结束以后的现代西方发展；而在整个古代时期，只有一个资本主义阶级的理性主义可以与现代资本主义的理性主义相媲美，这个阶级就是罗马的骑士阶级。在希腊城市需要进行贷款、出租公共土地或签订供应契约时，该城市需要在地区间的不同资本家之间引起竞争。与希腊相反，罗马拥有理性的资本主义阶级，而且自格拉吉兄弟进行改革之时起，该阶级一直在国家中发挥着决定性作用。这个阶级的资本主义与国家和政府机会、公地或征占土地与领域土地的出租或税务包收和政治冒险活动与战争的融资有关。它有时会对罗马的公共政策造成影响，不过它需要应对官僚贵族的经常敌对态度。

中世纪末期的资本主义开始倾向于市场机会，而且该时期的资本主义与古代资本主义之间的差异是在城市丧失自由后的发展中出现的。我们在这方面又发现了古代、中世纪和现代在发展路线方面存在一个基本差异。在古代，城市自由被官僚组织的世界帝国清除。在该帝国中，政治资本主义不再存在。最初，君主不得不依靠骑士阶级的财力，不过，他们正在逐渐将他们从中解放出来，将骑士阶级排除到税务包收之外，并由此将骑士阶级排除到最有利可图的财富来源之外——正如埃及国王能够不依靠资本家的力量而满足其领域内的政治和军事需要，并将包税人的地位降为税务官员。在罗马帝国时期，各地区的领域土地租金开始减少，达到了有利于永久世袭占有的程度。国家经济需求的供应是通过受奴役者的强制贡纳和强制劳役而不是通过竞争性契约来实现的。各个阶层的人们开始按照职业分化，国家的需求被按照共同责任的原则交由新成立的团体承担。

这类发展意味着古代资本主义受到抑制。招募的军队取代雇佣军，船只也是通过强制服役的形式提供的。在有剩余粮食的地区，所有的农作物收成会被按照城市的需求分配给各个城市，而且私人贸易是被禁止的。道路建设和需要提供的所有其他劳役都由依附于土地和职业继承的特定群体承担。最后，在罗马的城市共同体（通过其市长行事，与村落共同体通过它的共同会议行事一样）要求富有的市议员按照他们的财富缴纳收益，因为居民对应向国家提供的贡纳和劳役承担共同责任。这些劳役是按照籍贯原则规定的，而籍贯原则是按照托勒密王朝统治时期的埃及的籍贯制建立的；被奴役人员只能在他们的原籍共同体中提供他们的强制赋役。在该制度被确定以后，资本主义者再也没有获得盈利的政治机会。在基于强制贡纳的罗马帝国（赋役国家）的晚期，资本主义已经没有容身之地，就像在强制劳役基础上组建的埃及（奴隶制国家）的情况一样。

现代城市的命运是完全不同的。在现代，城市的自治权被逐渐取消。17世纪和18世纪，英国城市变成了一个仅具有财政和社会阶级意义的行会集团。在同一时期，德国的城市（除了帝国城市之外）仅仅是一切都服务上级命令的地理实体（诸侯国城市）。在法国城市，这类发展出现的时间甚至更早一些。而在西班牙，城市的权力在公社暴乱发生期间被查理五世剥夺了。意大利城市处于"君权"的统治之下，而俄国城市从未获得西方意义上的自由。各国的城市都被剥夺了在军事、司法和工业方面的权力。从形式上说，城市的旧有权力并没有发生变动，但实际上，现代城市的自由被彻底剥夺了，正如在古代随着罗马统治权的确立而发生的情况一样。这虽然与古代的情况存在差异，但无论是在战争还是和平时期，在持续的权力竞争中，他们都受到相互竞争的国家支配。这种竞争性斗争为现代西方资本主义提供了最大的机会。这些分立的国家必须为流动资本进行竞争，因为对他们来说，流动资本代表着可以帮助它们获得权力的有利条件。在国家为了自己的需要而与资本的联合中，国家公民阶级产生，这就是现代意义上的资产阶级。因此，为资本主义创造发展机会的是封闭的民族国家，而且，主要民族国家未被世界帝国所取代，该资本主义就会持续存在。

第二十九章
理性型国家

（A）国家；法律与官吏

属于理性型国家意义的国家仅在西方世界存在。在中国的旧体制下[1]，一个人数较少的所谓官员阶层（即官僚阶级）存在于氏族与商业、工业行会的不可动摇的权力之上。这些官吏主要是接受人文教育，在朝廷担任一定职务并享有俸禄的学者，他们没有接受过任何行政管理培训；他们对法学理论不甚了解，但却善于写文章——他们擅长八股文，熟读中国典籍并可以做出诠释。在政治服务方面，他们不具有任何重要性。这些官员并不会亲自处理行政管理工作；行政管理工作都由这些官吏的家臣负责。官吏的任职地点是经常变换的，旨在防止他们在其管理区域培植自己的势力。此外，官吏不会被分配到自己家乡所在省份任职。这一措施致使管理无法与公众沟通，因为他们不通晓任职地区的方言。采用此类官吏制度的国家与西方国家存在一些差异。

事实上，这个国家的所有事情都是以这样一个神学理论为基础，即皇后的美德与官员的功绩（是指他们在文学修养方面的完

---

[1] 参考马克斯·韦伯，《宗教社会学论文集》，蒂宾根，1920，卷一，第276页及以下，以及该书所引用的著作。

美表现）足以感动上天，可以保证平时的一切事物井然有序。如果发生干旱或任何不幸事故，皇帝就会颁发诏书，要求强化科举或加快案件审理，以安抚神灵。中国是一个农业国家，所以，农民氏族占有经济生活的十分之九（剩下的十分之一属于商业和贸易行会组织），他们的权力是不可动摇的。从本质上说，万事都是任其自流的，官员不会进行过多的管理，只会在暴乱或意外事件发生时才开始干预。

理性型国家的情况却大不相同，而且现代资本主义只在理性型国家才能发展起来。理性型国家的基础是专业官员机构与理性法律。中国早在7世纪和11世纪就进行过行政管理改革，试图使用经过培训的官员代替接受人文教育的学者，但这一改革只维持了一段时间，因为在改革开始后不久出现月食，中国的制度安排又恢复了原样。不过，我们不能由此断定中国人的神学思想与专业的行政管理并不相容。专业行政管理的发展与理性型国家的发展只是受到了对神学的执着依赖的阻碍。鉴于这个事实，中国的氏族势力是不可动摇的，这与西方的氏族势力不同（可以通过城市和基督教的发展打破）。

从形式，而不是内容来看，现代西方国家的理性法律法规（受过培训的官员需要依据这些法律法规做决定）是从罗马法中发展出来的。罗马法最初是罗马城邦的产物。在罗马城邦之中，民主制从未获得过支配地位，而且希腊城市采用的司法形式也从未在这里出现过。一个希腊法庭在审理小案件时，原告与被告双方会通过哀婉的陈述、眼泪和毁谤对方来说服法官。在罗马，这类办法在政治审判中也有出现，正如西塞罗（Cicero）的演讲所表明的那样。但民事审判的过程是不同的，在民事审判中，执政官会指派一名承审员，并就需要做出不利于被告的判决或不予审理的情况做出严格的指示。在查士丁尼一世统治时期，拜占庭的官僚阶层考虑到系统、固定的法律容易学习可以为官员带来利益，所以对理性法律法规进行整理，使之变得条理清晰而又系统化。

在西方，随着罗马帝国的衰落，法律被意大利司法人员所掌握。这些司法人员，还有大学机构，都希望恢复罗马法。司法人员依旧采用罗马帝国的契约形式，并根据时代的需要为其赋予了新的解释。与此同时，系统的法学理论在大学机构中发展起来。不过，该发展中的根本特征是程序的合理化。与所有原始民族的情况一样，古代德国的法律审理是僵硬的形式事务，如果一方当事人在惯用词语中用错一个字，该当事人就会败诉，因为惯用词语具有神学意义，人们认为用错字是天降灾祸。德国在案件审理中采用的这类神学性质的形式主义与罗马法中的形式主义一致。同时，法兰西王国创建了代表和律师制度，由此在合理化方面发挥了部分作用。在代表和律师制度中，代表和律师的任务就是正确表述审判中的惯用词语，特别是与教会法有关的词语。此外，教会的庞大行政管理组织也需要采取固定的形式来执行与世俗有关的纪律和其内部纪律。最无法忍受德国的审判或上帝判决的便是资产阶级。商人不能同意通过背诵法律常用词语的竞赛来决定商业索赔，并在各地获得了免除法律竞赛和审判的权利。在经过最初的犹豫之后，教会最终接受了此类程序是歪理邪说且无法容忍的观点，并根据尽可能合理的方针确定了教会法诉讼程序。之后，世俗和宗教两方面的司法程序的双重合理化蔓延到了整个西方。

罗马法的复兴是农民阶级没落的开端，也是资本主义发展的基础。罗马法原则的适用在某些情况下的确是对农民不利的。例如，在将原来的马尔克公社的权利转换成封建义务的时候，作为马尔克公社首领的人被认为是罗马意义上的所有人，而马尔克公社成员需要为保有地承担封建赋税。但另一方面，法兰西王国正是通过接受罗马法培训的法官才得以阻止农民被领主驱逐出去。

资本主义发展的基础并不全然是罗马法。作为资本主义发源地的英国并没有采用罗马法，因为有一批与宫廷相关的辩护士可以防止国家法律制度腐化。这一群人控制着法律理论的发展，因为法官就是从他们这个阶层中选举出来的，正如现在的情况一样。这个阶层阻止了英国的大学对罗马法的教授，旨在由此防止外人进入司法界。

事实上，现代资本主义的特有制度都并非来源于罗马法。年金债券（无论是起源于个人债务还是战争贷款）是从中世纪法律中发展出来的，而在中世纪法律中，德国法律思想发挥了一定的作用。同样，股票也起源于中世纪和现代法律，而古代法律中并没有与股票相关的痕迹。汇票的发展也是如此，阿拉伯、意大利、德国和英国的法律对汇票的发展都具有推动作用。商业公司也是中世纪的产物，在古代出现的只有委托公司。抵押、注册担保、信托契约和委托书也都是发源于中世纪，而不是古代。

只有从形式法律思维的创建角度来看时，罗马法的接受才具有重要意义。从法律结构来说，每一种法律体系都是以形式法律原则或物质原则为基础。对于物质原则，我们的理解是着重于实用和经济方面的考量的原则，正如伊斯兰教下级法官进行审判所依据的原则。在所有的神权政体和专制主义政体中，司法遵循物质原则，与之相反的是，在官僚政治中，司法都是形式主义的。腓特烈大帝非常讨厌法学家，因为他们常常从形主义意义上实施他基于物质原则颁布的法令，并导致他的这些法令没有达到任何结果。从这一点上说，罗马法总体上是帮助形式主义法律制度摧毁物质法律制度的工具。

不过，形式主义法律是可靠的。在中国可能会出现这样一种情况，即一个人将自己的房子卖给了另一个人，但在之后因自己变得穷困潦倒而要求回到原来的房子。如果房屋购买者拒绝遵守古代中国的兄弟互助教训，神明会愤怒。所以，贫困的卖主最终会作为无须缴纳租金的房客住进这个房子里。资本主义无法在如此构成的法律的基础上运行。资本主义运行所需的法律是像机器一样可靠的法律，仪式-宗教和神学方面的考虑都应该被排除。

这样一部法律的创建需要通过现代国家为实现其权力要求而与法学家结盟实现。16世纪，现代国家曾在一段时间内试图与人文主义者结盟，并兴建了第一批希腊大学预科，认为接受大学预科教育的人适合担任国家职务，因为大部分政治斗争是通过互换公文实现的，所以只有学习拉丁文和希腊语的人才能具备必要的条件。这个错误的观念只持续了很短一段时间，人们很快就发现，接受大学预科教育的人并不能仅靠这单一的教育就具备参与政治生活的条件，他们最终还需要法学家的帮助。在通过接受人文教育的官吏治理国家的中国，皇帝并没有听命于他的法学家，而且，不同的哲学流派一直在就哪个流派才是最优秀的政治家这个问题进行争论，直到正统的儒学最后获得胜利。印度也只有文人而没有接受培训的法学家。相比之下，西方国家设立有按照形式主义组织的法律体制（这是罗马法则的产物），而且，接受法律培训的官员比其他专业行政官员更优秀。从经济史的角度来看，这个事实具有重要意义，因为国家与形式法学的结合可间接推动资本主义发展。

（B）理性型国家的经济政策

为国家制定一项名副其实的经济政策，也就是持续而又一致的经济政策，完全是源自现代的一种建制。该建制所产生的第一个制度就是所谓的重商主义制度。在重商主义发展之前，存在两种广泛适用的商业政策，即以财政利益为主的商业政策和以福利为主的商业政策，其中福利是从惯用的生活标准这个角度来说的。

在东方，商业政策主要是从礼仪方面考虑的，包括种姓和氏族组织，这阻碍了审慎经济政策的发展。在中国，国家的政治体制经历了巨大的变革。而且，中国的对外贸易曾在一个时期取得高度发展，范围扩展至印度。但后来，中国的经济政策转向闭关锁国，所有的进出口业落在13家商号手中，且集中在广州一个港口。对内政策主要以宗教方面的考虑为主，官府只在发生自然灾害时才会对其中的弊端进行调查。各省份之间的合作问题一直是政策的着眼点，而且是通过赋税还是通过强制服役来满足国家需求一直是一个重要的问题。

在日本，封建组织引起了同样的结果，并促成了对外部世界的完全封锁。日本封建组织这么做的目标是稳定阶级关系，他们担心对外贸易会扰乱财产分配情况。朝鲜出于礼仪的考量采取了闭关锁国政策，他们害怕外国人（也就是世俗之人）的进入会让神明愤怒。在中世纪的印度，我们发现有希腊和罗马商人，还有罗马士兵，以及获得特权的犹太移民，但这些萌芽都没有得到发展，因为后来的种姓制度使得一切变得固化，并阻碍了有计划的经济政策的实施。另外一个因素是印度教强烈反对出外行商，出外经商的人在回国后需要获得重新加入其种姓的批准。

在西方，直到14世纪，有计划的经济政策才得到了在城市中发展的机会。在王公之间出现过经济政策的萌芽，因为我们发现在加洛林王朝时期存在体现在各个方面的价格管制，以及公众对福利的关注。但其中的大多数措施都停留在书面上，而且除了查理曼大帝（Charlemagne）提出的铸币改革和度量衡制度之外，其他一切都在之后消失了，没有留下任何痕迹。此外，对于他们与东方的关系，王公本来也愿意实施一项商业政策，但因为没有船只，这些政策只能被放弃。

在君主统治的国家放弃争斗时，教会却开始关心经济生活，努力将最低限度的法律上的诚信和宗教伦理加注到经济交易中。

教会采取的最重要的措施之一是维持公共治安，该措施最初只是在特定日期实施，最后则成为一般原则。此外，大教会产业团体，特别是修道院支持非常理性的经济生活，这虽然不能被称为资本主义经济，但却是当时最理性的经济。之后，随着教会恢复了原有的禁欲思想并将该思想与时代结合，这些努力逐渐失去了信服力。我们还发现了腓特烈·巴巴罗萨（Frederick Barbarossa）统治时期实施的商业政策的萌芽，包括价格管制，以及旨在为德国商人获得优惠条件而与英国签订的关税条约。腓特烈二世维护了公共治安，但通常奉行仅对富有商人有利的纯粹财政政策；他还向富有商人授予了特权，并免除了他们的关税。

德国国王采取的唯一经济政策措施是争夺莱茵河通行费，然而，鉴于莱茵河沿岸分布有众多的小领主，该项措施基本上是无用的。除此之外，德国国王没有采取其他有计划的经济政策。给人留下这样一种政策的印象的措施是纯政治性质的，例如，君主西格蒙德（Sigmund）对威尼斯实施的禁运，或在与科隆进行争夺时偶尔实施的莱茵河封锁等。关税政策都是由自有土地的王侯决定，而且这些政策通常缺乏对工业的持续鼓励，少有例外。这些政策的主要目标有以下几点。第一，支持本地贸易并限制外地贸易，特别是促进城市与周围村庄之间的商品交易，出口关税始终高于进口关税。第二，在关税方面为本地商人提供优惠。道路通行费是有差别的，王公都努力为自己的道路提供有利条件，旨在能够更便利地将道路作为收入来源；为了这个目的，他们甚至强制要求使用某些道路，并促使市场法律系统化。第三，城市商人被授予特权，巴伐利亚公爵路易就以压制农村商人自夸。

保护性关税在当时还未得到普遍应用，不过也存在少数例外，例如，蒂罗尔（Tirolese）为抑制意大利进口产品的竞争而实施的酒税。总体说来，关税政策由财政考量和维持传统生活标准的目标所主导。13世纪的关税契约也是如此。关税的征收方法经常变动。最初的关税是一种从价税，占货物价值的六十分之一。在14世纪，鉴于该税收也起到货物税的作用这个事实，税收金额提升到了货物价值的十二分之一。在当时，诸如保护性关税之类的现代经济政策措施并不存在，唯一存在的便是直接禁止贸易这个措施。在国内手工艺者或后来的雇佣工人的生活水平需要得到保护时，禁止贸易的措施常常会被暂停。有时，批发贸易是允许的，而零售贸易则是被禁止的。王公实施首个理性经济政策的痕迹出现在14世纪的英国。这就是自亚当·斯密（Adam Smith）以来的所谓的重商主义。

（C）重商主义

重商主义[1]的实质在于将资本主义工业的观点带入政治中，把国家作为仅由资本主义企业主构成的国家对待。对外经济政策所依据的原则是充分利用对手，也就是以最低的价格进口，

[1] 关于重商主义，可参考词条"重商制度"，载于《简明词典》，第3版，卷六，第650页及以下；和启发性词条"贸易平衡"等，载于帕尔格雷夫（Palgrave），《政治经济词典》，共3卷，伦敦，1895；另可参阅，亚当·斯密，《国富论》，第4册；G. 施穆勒，《重商制度》，（英译本，刊载于艾希莉的经济丛书中）；W. 桑巴特，《中产阶级》，慕尼黑与莱比锡，1913；P. 克莱门特，《法国保护制度的历史》，巴黎，1854；A. P. 厄舍，《法国粮食贸易史，1400—1710年》，坎布里奇（马萨诸塞州），1913。

并以最高的价格卖出，其目的是强化政府对对外关系的掌控。因此，重商主义意味着国家政治权力的发展，这是直接通过增加人民纳税能力来实现的。

重商主义政策的前提是将尽可能多的货币收入来源包含到相关国家中。如果我们认为重商主义思想家和政治家将贵金属所有权和国家财富混为一谈，那我们就错了。他们非常清楚国家财富的来源是人民的纳税能力，而他们千方百计地将因为商业而即将消失的货币留在国内的目的只是增加人们的纳税能力。重商主义政策中的第二点就是最大限度地促进人口增长——这明显与该体制特有的实力追求政策直接相关。而且，为了维持新增人口，必须努力获得最大的国家市场，这尤其适用于需要使用大量国内劳动力的产品，因此适用于最终产品而不是原材料。最后，这个国家的商人应该尽力经营贸易，从而通过他们的收益来提供纳税能力。从理论层面来说，该制度获得了贸易平衡理论的支持，该理论认为在进口产品价值超过出口产品价值时，国家会变得贫困；该理论是于16世纪在英国最早提出的。

英国明显是重商主义的发祥地。在这里，重商主义原则的应用痕迹最早可以追溯至1381年。在懦弱的国王查理二世（Rictard II）统治时期，英国出现货币紧缩，议会为此组建了一个调查委员会，该调查委员会首次对贸易平衡概念的所有基本特征进行了调查。该调查委员在当时只提出了一些紧急措施，包括禁止进口和刺激出口，但这些措施并未使英国政策具有真正的重商主义特征。通常说来，真正的转折点可以被追溯到1440年。在当时为了矫正所谓的弊端而通过的一系列就业法令中，一条法令提出了两条建议。这两项建议虽然在之前已经得到实施，但这都是偶然为之的。第一条建议是将商品运到英国的商人必须将他们获得的所有价款换成英国货物；第二条建议是在海外进行贸易的英国商人必须将他们的部分收益以现金的形式带回英国。直到1651年的航海法颁布以及外国航运被取消之时，整个重商主义制度在这两条建议的基础上逐渐发展起来。

从国家与资本主义利益的联盟这个意义上说，重商主义曾以两种形式出现。其中一种形式是阶级垄断——这种阶级垄断以其典型形式出现在了斯图亚特王朝和英国国教的政策中，尤其是后来被砍头的劳德主教（Bishop Laud）的政策中。该制度旨在建立基督教社会主义意义中的全民阶级组织，实现阶级之间的稳定状态，建立以基督教的博爱为基础的社会关系。相较于将所有穷人视为不愿意工作或犯罪的人的清教，它对穷人的态度是友好的。事实上，斯图亚特王朝的重商主义主要是按照财政方针产生的；新兴工业只能在获得皇室垄断特权的基础上进口产品，而且还处于国王为了财政剥削而实施的永久控制之下。在法国，科尔伯特（Colbert）的政策也是如此，但并不像英国政策那样始终如一。他的目的是在垄断权的支持下，人为促进工业的发展。他的观点与胡格诺派相同，因此并不赞同对胡格诺派实施迫害。在英国，皇室和英国国家的政策在长期议会期间被清教徒推翻。他们与国王之间的斗争持续了数十年，他们的口号是"推翻垄断"（部分垄断权被授予了外国人，部分垄断权被授予了朝臣，而殖民地则由国王的亲信管理）。小企业主阶级在当时也已经发展起来，尤其是在行会内部，不过也有部分在行会外部；这些小企业主也参加到了反对皇室垄断政策的队伍，议会最终剥夺了垄断者的选举权。在清教徒的这些斗争中体现了英国人民但对托拉斯和垄断的百折不挠的非凡经济精神。

重商主义的第二个形式可以被称为是民族的。该制度仅限于保护真正存在的工业，这与通过垄断创建工业的尝试背道而驰。根据重商主义制度创办的工业几乎没有一个延续到重商主义时期之后；斯图亚特王朝的经济创举与西方大陆国家的经济措施和后来的俄国经济措施一起消失了。由此可见，资本主义发展并不是民族重商主义的产物，资本主义是随着财政垄断政策在英国首先发展起来的。事情的经过是，18世纪斯图亚特王朝的财政垄断政策崩溃之后，不依靠政治行政管理机构的企业主阶层取得了议会的系统支持。在此，非理性与理性资本主义发生了最后一次冲突，也就是财政、殖民特权和公共垄断领域内的资本主义与以市场机会为导向（市场机会是在可销售服务的基础上，依靠本身的业务利益发展而来的）的资本主义之间的冲突。

这两类资本主义的冲突点在英格兰银行。英格兰银行是由苏格兰人帕特森（Paterson）建立的，他是斯图亚特王朝的垄断权授予政策产生的那类资本主义冒险家。但清教徒商人也属于这个银行。苏格兰银行最终放弃投资资本主义路线是与南海公司有关。除了这个冒险事业之外，我们还可以逐步追溯帕特森和他那类人的影响力逐渐减少，奉行理性资本主义的银行成员（都有直接或间接的清教徒出身，或被清教影响）获得更大影响力的过程。

　　重商主义也发挥了经济史中常见的作用。在英国，在非国家的清教徒科布登（Cobden）和布赖特（Bright）及其与工业利益相关者（现在不需要重商主义支持）的联盟的推动下，自由贸易建立，重商主义因此最终消失。

第三十章
资本主义精神的演变

　　将人口增长看作是西方资本主义演化的真正关键因素是一个得到普遍认可的错误。卡尔·马克思的看法与这个观点正相反，他认为每个经济时代都有自己的人口规律。虽然以如此笼统的形式提出的这个说法不一定是正确的，但在当前情况是正确的。18世纪到19世纪，西方的人口出现了最快的增长。与此同时，中国的人口也出现了同样快速的增长（从六七千万增长至4亿，这难免有些夸大），与西方人口增长大致相符。尽管如此，中国的资本主义不仅没有得到进一步的发展，反而倒退了。在中国，出现人口快速增长的阶层与西方国家是不同的。人口的快速增长使中国成为大量小农的聚集地；这个阶级与西方国家的无产阶级对应，其人口增长仅达到这样一个程度：使得外国市场有足够的苦力［"苦力（coolie）"最初是一个印度词语，是指邻居或同一个氏族的人］可用。在欧洲，就以下事实而言，人口的增长确实有利于资本主义发展：在人口较少的情况下，该制度无法获得必要的劳动力。不过，人口本身并不能促进资本主义发展。

　　当然，我们也不能像桑巴特一样把贵金属的流入视为资本主义出现的主要原因。诚然，在一定情况下，贵金属供应的增加会导致价格革命（正如1530年以后在欧洲发生的情况一样），而且在存在其他有利条件时，例如在发展过程中出现了某种形式的劳动组织时，大量现金会流入某些群体手中，这会刺激资本主义的发展。但是，印度的事例证明仅仅依靠贵金属输入是不会产生资本主义的。在罗马统治时期，大量贵金属流入印度（每年有大约2 500万赛斯特斯），用于购买印度商品，但这些贵金属的流入仅在很小的程度上促进了商业资本主义的发展，大部分贵金属最终都被送进了印度王公的宝库中，而不是被变成货币且被用来创办具有合理资本主义特征的企业。这个事实证明，贵金属的流入会导致产生哪种趋势完全取决于劳动制度的性质。在发现新大陆以后，美洲的黄金和白银被首先运到了西班牙。但在西班牙，随着黄金与白银的流入，资本主义的发展退化了。接着，公社受到抑制，西班牙贵族阶级的利益受到损害。此外，货币被用于军事目的。因此，贵金属虽然流经西班牙，但没有对西班牙造成太大影响，而是推动了早在15世纪就已经出现了有利于资本主义的劳动关系变革的其他国家的发展。

因此，人口增长和贵金属流入都不能导致西方资本主义的产生。对于促进资本主义发展的外部条件，我们首先要说的就是地理条件。在中国和印度，对于通过贸易获得利润并使用贸易资本创建资本主义制度的阶级来说，在这些地区进行重要国内贸易的运输费用巨大，这必然会造成严重阻碍。而在西方，地中海的内海位置和通过河流实现的纵横贯通都有利于国内贸易发展。但是，我们并不能高估这个因素的影响。古代文明具有明显的沿海特征。与中国的水路相比（时常出现台风），西方拥有更有利的商业机会（这多亏了地中海的作用），但在古代，西方并没有出现资本主义。即使是在现代，与热那亚或威尼斯的资本主义发展相比，佛罗伦萨的资本主义发展更加蓬勃。在西方，资本主义出现在内地的工业城市，而不是作为海外贸易中心的城市。

军事需求也有利于资本主义的发展，但这并不是因为军事需求本身，而是因为西方军队的具体需要的特殊性质。此外，奢侈品需求也是有利的，不过这也不是因为奢侈品需求本身。在很多情况下，这反而导致了不合理形式的发展，例如法国的小作坊和与很多法国王公有关的劳动者强制定居地。最后，导致资本主义出现的因素是合理的常设企业、合理的会计制度、合理的工业与理性法律。但除此之外，还包括其他因素，其中必要的辅助因素包括理性精神、整体生活行为的合理化以及理性经济伦理。[1]

所有伦理及其产生的经济关系的开端都是传统主义、传统的神圣不可侵犯性以及从祖辈流传下来的对贸易和工业的完全依赖。该传统主义一直延续到现在，而且仅仅在一代之前的西里西亚，通过多支付一倍工资的方法诱使在承包的地块上割草的农业工人多劳作一些是无用的。他们更愿意减少一半的工作量，因为他可以通过这一半的劳作获取之前全部工作的工资。这种不能和不愿意放弃惯例的一般情况正是维持传统的推动因素。

然而，最初的传统主义可能通过两种情况而得到根本强化。

---

[1] 参考马克斯·韦伯，《宗教社会学论文集》，卷一，第30页及以下。

首先，物质利益可能与传统的维持联系在一起。例如在中国，在国家试图对某些道路进行变动，或增加更多的合理运输方式或路径时，某些官员的额外收益就会受到威胁；在中世纪，以及在现代引入铁路时，西方的情况也是一样如此。官员、领主和商人的此类特殊利益在限制合理化发展方面发挥了重大的作用。神学思想对贸易模式化的影响更大——因为害怕天降灾祸，人们对生活行为的改变具有极深的厌恶。总体说来，这种反对可以对经济特权造成一些损害，但损害的大小取决于人们对他们害怕的神学威力的普遍信念。

仅仅依靠经济动机是无法克服传统障碍的。认为理性主义与资本主义时代区别于其他时代的特征是更高的经济利益这个观点是不成熟的，因为相对于东方商人，现代资本主义的倡导者并没有拥有更强大的经济冲动。单单经济利益的释放只会导致不合理结果的产生，诸如可能是经济利益的最强化身的科特斯（Cortez）和皮萨罗（Pizarro）这类人都没有合理经济生活的概念。如果经济冲动是普遍存在的，那么，关于经济冲动在哪种关系下可以变得合理且可以合理调整，以至于可以生成具有资本主义企业特点的机构，则是一个有趣的问题。

最初，对于追求盈利的两种相反态度是并存的。对内，人们需要坚持传统，坚持部落、氏族和家庭共同体成员之间的虔诚关系，禁止在通过宗教聚集在一起的团体的领域内无限制地追求盈利。对外，人们可以在经济关系中无限制地追求盈利，而且最初，每一位外国人都被视为敌人，与他们之间的关系不适用任何道德限制。也就是说，关于内部和外部关系的伦理规定是截然不同的。一方面，该发展过程涉及在传统兄弟关系之中引入计算，逐渐取代旧有的宗教关系。在家庭共同体中建立会计制度后，经济关系不再是纯粹的共产主义关系，淳朴的虔诚关系及其对经济冲动的抑制就会结束。这方面的发展在西方尤为典型。同时，另一方面，随着经济原则在对内经济中的适用，对盈利的无限制追求得到了一定缓和。最终的结果是有节制的经济生活出现，经济冲动在一定的范围内起作用。

具体来说，各地区的发展过程是不同的。在印度，对盈利谋取活动的限制仅适用于两个最高阶层，即婆罗门和拉吉普特贾特。这两个种姓的成员被禁止从事某些职业。例如，婆罗门种姓成员可以经营饮食店，因为只有他们的双手是清洁的；但是如果他们通过放债获取利息，他们就会被驱逐出该种姓，拉吉普特贾特的情况也是如此。不过，拉吉普特贾特的成员可以加入商业种姓，而且该种姓成员在进行贸易时会不择手段，其程度是其他国家的商人所无法比拟的。最后，在古代，只有利息受到了法律限制，而"顾客留心"原则是罗马经济伦理的一个特征。不过，现代资本主义在那里并没有得到发展。

最后的结果是出现这样一个奇怪的事实：只有在正式占据统治地位的理论与东方理论、古代经典理论存在明显区别，并在原则上与资本主义存在强烈敌意的区域才会出现现代资本主义萌芽。经典经济伦理的概念被总结为商人之间流传的一个古老评断（这个评断是来自原始的阿里乌斯教派）："商人从来不会得到神明的喜爱"，商人可能没有罪恶，但他们无法获得神明的欢心。直到15世纪，该主张依旧有效。不过，在佛罗伦萨，在经济关系变换的压力下，对该原则的修改逐渐成熟起来。

天主教和之后的路德派的伦理观反对所有的资本主义倾向，原因主要是他们对资本主义经济中的一切关系的非人性化感到厌恶。而且，正是这种非人性化关系使得某些事情不再是处于教会的管辖和影响范围之内，并妨碍了教会渗入并按照伦理对他们进行改造。奴隶主与奴隶之间的关系可以受到伦理规则的直接约束，但抵押债权人与债务抵押财产之间的关系或背书人与汇票之间的关系如果不受道德约束，就会很难处理[1]。教会因此采取的立场的最终结果是中世纪经济伦理不允许讨价还价、索价过高和自由竞争，并以公平定价和保证每个人的生活机会这一原则为基础。

其实，这一思想束缚的打破并不像桑巴特所说的那样是由犹太人引起的。[2]从社会学角度来说，犹太人在中世纪的地位与一个印度种姓在不实施种姓制度的世界中的地位类似：他们都是流浪民族。不过，他们之间存在一个明显差别，即根据印度宗教的承诺，种姓制度是永久有效的。个人可以在经过轮回以后升天，所需时间的长短取决于他的行为，但这只是在种姓体制中才有可能。种姓是永恒不变的，试图脱离种姓的人会受到诅咒，且

---

[1] 同上，卷一，第544页。

[2] W. 桑巴特，《犹太人与现代资本主义》［由M. 爱波斯坦（M. Epstein）翻译］，伦敦，1913。

会被罚入地狱，遭受恶狗撕咬。相反，犹太教却主张来世的种姓关系与今世的关系相反。犹太人在今世之所以被作为流浪民族践踏，是因为，正如《申命记·以赛亚书》所述，他们需要为祖先的罪孽承受惩罚，或者是为了拯救整个世界，这是拿撒勒的耶稣（Jesus）完成使命的前提条件，社会革命最终会将他们从这个处境中解放出来。在中世纪，犹太人是位于政治社会之外的客居民族，他们不会被允许加入任何城市的市民群体，因为他们不能参加主的晚餐仪式，因此不能属于这个联盟。

犹太人并不是唯一的客居民族，例如，除了犹太人之外，考尔辛人也具有同样的地位。考尔辛人都是基督教商人，从事货币交易，因此也像犹太人一样受到君主的保护，并可以在支付一定款项后获得进行货币交易的特权。犹太人明显不同于基督教客居民族的地方在于他们不与基督教徒通商和通婚。最初，基督教徒会毫不犹豫地接受犹太人的款待，而犹太人却担心他们不会遵守他们关于食物的礼仪规定。在中世纪反犹太主义首次爆发时，教会法院告诫忠实的信徒不得做出不端行为，因此不得接受轻视基督徒的犹太人的款待。而且，自以斯拉（Ezra）和尼希米（Nehemiali）时期开始，基督徒不能与犹太人通婚。

犹太人受到驱逐的另一个原因是犹太手工艺者的存在，在叙利亚甚至还存在犹太骑士阶级。不过犹太农民很少存在，因为农业生产与礼仪要求并不相符。礼仪方面的考量是犹太经济生活集中在货币交易方面的主要原因。犹太教徒非常虔诚，这使得他们更加重视法律和持续学习，而且与其他职业相比，他们更容易从事汇兑业务。此外，虽然教会对高利贷的禁令对汇兑交易有所约束，但该业务是必不可少的，而且犹太人并不受教会法的管辖。

最后，犹太教依旧奉行最初得到广泛使用的内外道德态度两元论，根据该两元论，犹太人可以从不属于同一教派或未加入组织的外界人中获取利益。在这个二元论的影响下，其他不合理的经济事务，尤其是税款包征和所有类型的政治筹资都得到了批准。在之后的几个世纪中，犹太人在这类事务中获得了特殊的技巧，这使他们成为有用而又被需要的人。但所有这一切都属于流浪资本主义，而不是起源于西方的理性资本主义。因此，现代经济局面的创始人，即大企业主中并不包含犹太人。这些企业主通常是基督教徒，而且也只有基督教徒才有这个可能。相反，犹太制造商是在现代出现的。如果没有其他原因的话，犹太人是不可能推动理性资本主义的确立，因为他们是在手工业组织之外。而且就算是在他们掌握有大量无产阶级，而且可以以家庭工业企业主或制造商的身份将无产阶级组织起来的地区，例如在波兰，他们也无法与行会并存。总之，真正的犹太伦理是一种特殊的传统主义思想，就像《塔木德经》一样。虔诚的犹太人对任何创新的敬畏就与原始民族成员对按照神学信仰确定的制度的敬畏一样。

不过，就将对巫术的敌意灌输给基督教这一点来说，犹太教对现代理性资本主义的发展具有重要意义。除了犹太教和基督教，以及两三个东方教派（其中一个教派在日本）之外，没有教派公开敌视巫术。这种对巫术的敌意可能是由环境引起的：以色列人在迦南看到的是农业之神——太阳神的神力，而耶和华则是火山、地震和瘟疫之神。这两个教派的教士之间存在敌意，而且耶和华教派的教士最终取得胜利，这致使太阳神教派教士的丰产术受到怀疑，并被指责为堕落和不敬神明。犹太教使得基督教成为可能，并使基督教成为基本上脱离巫术的宗教，所以从经济史角度来看，犹太教做出了巨大贡献。不过，巫术在基督教盛行的领域之外占据主导地位，这是经济生活合理化的最严重障碍之一。巫术还涉及技术和经济关系的模式化。在中国开始试图兴建铁路和工厂时，与风水术的冲突开始出现。根据风水术的要求，在山脉、森林、河流和墓山选定施工位置时，人们需要先看看风水，以免打扰了神明的安宁。[1]

印度种姓与资本主义之间的关系也是如此。对于每一名印度人来说，每种新技术方法的采用首先意味着他需要脱离原来的种姓并加入地位较低的其他种姓。因为他们相信灵魂轮回一说，地位贬低的现实意义是他的净化机会被推迟到下一次重生。这样，他几乎就不会赞同此类改变了。此外，任何种姓都会使其他种姓变得不洁。因此，工人不敢接受经过其他人的手递过来的装满水的容器，所以无法被雇佣到同一个厂房工作。直到现在，在被英国统治了大约一个世纪以后，这个障碍才得以克服。很明显，资

----

[1] 在这些官吏发现他们有利可图时，这些困难就不再是不可克服的了；现在，他们成为铁路的主要股东。从长远意义来看，在资本主义获得必要条件之后，宗教伦理障碍则不能阻挡资本主义的到来；但资本主义可以越过神学障碍并不意味着在神学具有重要作用的地方也会出现真正的资本主义。

本主义很难在被神学信仰束缚的经济群体中得到发展。

想要摧毁巫术的力量，建立合理的生活行为，自古以来就只有一种方法，那就是重大的理性预言。不过，并非所有的预言都可以摧毁巫术力量，只有在预言家可以以神迹的形式提供凭证时，预言才可以打破传统的巫术规则。预言将整个世界从巫术的束缚中解放出来，并由此为现代科学和技术，以及资本主义打下了基础。在中国，此类预言没有出现；所有的预言都是外来的，正如老子和道教的情况一样。而在印度则出现了一种救世宗教；与中国的情况不同，该宗教已经了解了伟大预言的使命。不过，这些预言都是以示范形式出现的，也就是说，典型的印度教预言家，例如释迦牟尼（Buddha），就公然过着一种通向救赎的生活，但并不自视为上帝派来完成这个责任的代表；他的观点是，救赎是自由选择的目的，想要获得救赎的人需要过着这种生活。不过，人们可以拒绝得到救赎，因为并非所有人都希望进入天堂，只有真正意义上的哲学家才会因为厌恶这个世界而愿意准备采取禁欲的生活方式，远离世俗生活。

因此，印度教的预言对智者阶层具有直接的影响。这些人变成了居住在森林的隐士和贫苦的僧人。不过，对于广大民众来说，佛教的建立具有不同的意义——提供了向佛祖祈祷的机会。由此出现了一些可以创造神迹的圣人，他们需要被他人好好供养，这样才能够回报人们的善行，保证他们获得更好的来世，或保证他们获得财富、长寿等，也就是今世的福气。因此，纯粹意义上的佛教只存在于少数僧侣中。世俗之人根本不遵守规范生活的道德规则。虽然佛教规定有《摩西十诫》，但这与犹太人的戒律不同——佛教的戒律并没有提出有约束力的命令，只是提出一些建议。在过去和现在，最重要的修行都是僧侣的肉身修行。此类宗教精神永远不能使巫术消失，最多只能以一种巫术取代另一种巫术。

与提倡禁欲修行的印度救世宗教及其对民众造成的不完全影响形成鲜明对照的是犹太教和基督教，这两种宗教从一开始就是平民的宗教，而且至今一直保持着这个特性。古代宗教反对诺斯替教的斗争实际上是智者反对贵族统治的斗争，这种斗争是提倡禁欲修行的宗教所共有的，其目的是防止他们夺取教会中的领导权。这类斗争对基督教在民众中取得胜利，并因此对广大民众中的巫术的抑制具有决定性作用。诚然，人们直到现在依然无法完全消灭巫术，但巫术已经沦为一种邪魔外道。

关于巫术的这一发展的萌芽可以被追溯到古代的犹太人伦理中，犹太人伦理与我们在埃及人的格言和所谓的预言书中发现的观点有很大的关联。但埃及伦理中的最重要戒律是无用的，因为只要在死者的心脏部位放置一只圣甲虫，人们就可以让死者成功隐瞒所犯下的罪过，从而骗过死者的判官，最终进入天堂。犹太人的伦理中没有此类诡计，基督教的伦理也是如此。虽然基督教在圣餐中将巫术升级为一种圣礼形式，但它并没有表示基督徒可以通过这种方式躲避埃及宗教中的最终审判。如果想要研究宗教对生活的影响，我们就必须区分宗教的正式教义与该宗教强调的关于今世和来世的实际程式（这实际上可能与宗教的本意相反）。

我们还需要对内行宗教与平民的宗教进行区分。内行宗教仅对日常生活起到示范的作用，这类宗教的要求是非常高的，但他们却未能对日常伦理做出规定。在不同的宗教中，这两者之间的关系是不同的。在天主教中，就宗教人士所支持的宗教要求与世俗人员的责任，即福音劝谕的并存而言，这两者是和谐共存的。真正的完全基督徒是修道士，虽然修道士的一些美德被视为理想，但并不要求每个人都坚持修道士的生活方式。这种结合的优点在于伦理并不像佛教中那样断然分离。总体说来，修道士的伦理标准与平民的伦理标准之间的区别意味着在宗教意义上最有价值的人会脱离社会去建立一个单独的共同体。

这并不是基督教的特有现象，这在宗教历史中也屡见不鲜，正如禁欲主义的强大影响所示的那样（禁欲主义意味着执行明确、有规则的生活方式）。禁欲主义始终是在这个意义上发挥作用。这种按照禁欲主义决定的有规则生活方式可以产生巨大成就，中国西藏的事例可以很好地说明这一点。西藏是一个荒凉的地方，似乎受到了大自然的惩罚；但奉行独身禁欲主义的团体却在拉萨进行了宏伟的建筑工程，并将佛教教义传播到了整个地区。在中世纪的西方也出现了类似的现象。在那个时代，修道士是第一批开始过着理性生活的人，他们通过理性的方式有条不紊地工作，只为了实现一个目标，即来世。对于他们来说，时钟只是用来报时，一天的时间只是用来祷告。修道士团体的经济生活也是理性的。在中世纪早期，修道士担任了部分官职，在威斯总督因任命权之争而失去任命教会人员管理海外贸易企业后，他们的权力也就随之瓦解了。

不过，理性的生活方式依然只局限在修道士之间。虽然方济会运动想要通过三级制度把该生活方式推广到平民之中，但忏悔室制度阻碍了该生活方式的推广。教会通过忏悔和苦修的方式来感化中世纪的欧洲人，但对于中世纪的人来说，在他们犯下应受惩罚的罪行后，通过忏悔的方式来去掉罪恶意味着可以从教会教义引起的负罪感中解脱。有规则的生活方式的统一性和力量实际上已经被打破了。教会在其对人性的认识中忽略了个人的严密统一伦理人格，而是坚持认为无论忏悔和苦修的警告有多么严厉，人们还是会在道德方面再次堕落，也就是说，教会对公正者和不公正者施予同样的恩惠。

宗教改革使得教会最终放弃这种制度。路德宗教改革致使教会放弃福音劝谕，这意味着二元伦理消失，而且具有普遍约束力的道德与宗教人士的特别有利法典之间的差异也消失了。超脱俗世的禁欲主义就此结束。之前留在修道院修行的虔诚教徒现在需要在世俗生活中推行他们的宗教。新教的禁欲教义为俗世内的禁欲主义规定了适当的伦理标准。禁欲主义不再要求独身，但婚姻仅被视为抚育儿童的一个合理制度。禁欲主义不再要求苦修，但不允许人们因为追求富裕而走向骄奢淫逸。因此，塞巴斯蒂安·弗兰克（Sebastian Franck）用一句话对宗教改革的精神进行了正确的总结："你以为自己逃离了修道院，但所有人一生都在修行。"

　　禁欲思想的这一转变具有深远的意义，而且在清教禁欲信仰的发祥地，该转变的意义一直存续到现在。这一点在美国宗教教派的重要性方面尤其明显。虽然国家与教会是分开的，但最迟在25年或20年前，银行家或医生在定居或结婚时都会被询问所属的教派，而且其前程的好坏完全取决于他的答案。在个人被允许加入某一教会之前，他的道德品行会受到严格的调查。不像犹太教一样奉行内外两套道德标准的宗教的成员身份就等同于个人业务信誉和可靠性的保证，这会帮助个人获得成功。因此出现了"诚实是最好的计策"这个原则，而且在贵格会、浸礼宗和卫理工会的教徒中，根据经验得出的上帝会照顾自己这个教条被反复提及。"不信奉神明的人彼此不能信任，他们在需要进行买卖时会来找我们，虔诚是通往财富的最可靠道路。"这绝对不是伪善言辞，而是宗教信仰与初始无法预料且无法制定的结果的结合。

　　诚然，将财富的获得归因于虔诚信仰可导致一个两难困境，这在各个方面都与中世纪的修道院经常面对的困境类似。宗教行会会带来财富，财富会导致堕落，而堕落又会导致改造的必要。加尔文教派提出人只是上帝赐予的一切的管理者这个观点，试图通过这个观点避免这种困境。该教派谴责享乐，但却不允许脱离俗世，反而是认为共同劳动及遵守合理的劳动纪律是个人的宗教任务。之后，从这个思想体系中产生了我们所说的"天职"一词，这个词语常出现在受《圣经》的清教译本影响的语言中。[1]这体现了作为上帝指派任务的履行，根据理性资本主义原则进行的理性活动被赋予的价值。归根到底，这是清教徒和斯图亚特王朝产生分歧的根源所在。清教徒与斯图亚特王朝的思想都受到资本主义的支配；但对于清教徒来说，犹太人是一切惹人讨厌的事物的化身，因为他们从事可以迎合宫廷需要的不合理、不合法职业，例如战争借款、税款包收和职位出租等。[2]

天职概念的发展很快就使得现代企业主和勤奋的劳动者产生了问心无愧的感觉；他为员工提供了永远救赎的希望，作为员工为了天职而苦行风险的报酬，以及在他通过资本主义对员工进行无情剥削时，员工合作的报酬，而在教会纪律对整个生活的控制达到现在无法想象的程度的一个时代，永远救赎代表着与今世情况完全不同的情况。天主教和路德教派也承认和实施宗教纪律。但在清教禁欲群体中，是否参加圣餐取决于是否遵守伦理标准（这又涉及商业信誉），而不是个人信仰的内容。任何其他教会或宗教中都没有促进资本主义个体产生的这类强大组织（可自行完善），而且与该组织相比，文艺复兴对资本主义的影响变得微不足道。其实施者专注于进行科学问题研究，且成为一流的实验家。实验从艺术和采矿方面逐渐转向了科学。

不过，统治者的政策主要取决于文艺复兴的世界观，这些

---

[1] 马克斯·韦伯，《宗教社会学论文集》，卷一，第63页及以下、163页及以下、207页及以下。

[2] 通常说来，虽然不是绝对，但可以通过犹太人的资本主义是投机性质的贱民资本主义、而清教徒自办主义是市民劳动组织这个说法来论证他们之间的不同。参考马克斯·韦伯，《宗教社会学论文集》，卷一，第181页及以下，注2。

世界观并没有像宗教改革中创新一样对人的精神造成转变。16世纪和17世纪初的重大科学发现几乎都是在反天主教的背景下得出的。哥白尼（Copernicus）是一名天主教徒，而路德（Luther）和梅兰希通（Melanchthon）却否决了他的发现。科学进步与新教并不等同。天主教会的确偶尔会阻碍科学进步；但除了涉及日常生活的物质需求的情况，新教的禁欲教派也与科学没有多少关系。另外，新教的特殊贡献是使科学为技术和经济服务。[1]

现代经济人文主义的宗教根基已经丢失，天职概念如今已经成为残余痕迹。禁欲信仰已经被一种悲观但并不意味着禁欲的世界观代替。这类世界观，正如曼德维尔（Mandeville）在《蜜蜂的寓言》描述的那样，认为在特定条件下，私人罪恶对公众可能是有利的。随着各个教派最初拥有的巨大宗教感染力完全消失，启蒙运动的乐观主义（认为利益一致）继新教禁欲主义之后出现在了经济思想领域中。该乐观主义成为18世纪晚期和19世纪初期的君主、政治家和作家的指导原则。经济伦理标准是在禁欲背景下出现的，而现在，经济伦理标准已经失去了宗教重要意义。只要工人阶级可以获得永远幸福的希望，他们就有可能接受自己的

---

[1] 另可参考E. 特勒尔奇（E. Troeltsch），《基督教教会和团体的社会教义》，共2卷，蒂宾根，1913（于1919年再版）。在马克斯·韦伯关于卡尔文教的重要意义的看法反对意见中，需要提及的是：L. 布伦塔诺（《现代资本主义的开端》，慕尼黑，1916，第117页及以下）和G. 布洛德尼兹（G. Brodnitz）（《英国经济史》，卷一，第282页及以下）的意见。关于韦伯在这一方面的理论的英语阐述，可参考P. T. 福赛斯编著的关于卡尔文教和资本主义的两篇论文，载于《现代评论》，1910。另外可以参考R. H. 托尼（R, H. Tawney），《宗教与资本主义的兴起》，伦敦与纽约，1926——英译者注。

命运。如果这个安慰破灭，经济社会中会出现各种紧张局面，这会导致经济社会发展缓慢。19世纪铁器时代初期，在早期资本主义结束时，这种情况发生了。